人民法院民商事
指导案例与类案裁判依据丛书

物权纠纷
指导案例与类案裁判依据

中国法制出版社
CHINA LEGAL PUBLISHING HOUSE

图书在版编目（CIP）数据

物权纠纷指导案例与类案裁判依据 / 中国法制出版社编．—北京：中国法制出版社，2023.8
（人民法院民商事指导案例与类案裁判依据丛书）
ISBN 978-7-5216-3649-9

Ⅰ.①物… Ⅱ.①中… Ⅲ.①物权-民事纠纷-案例-中国 Ⅳ.①D923.25

中国国家版本馆 CIP 数据核字（2023）第 115934 号

责任编辑：黄丹丹　　封面设计：周黎明

物权纠纷指导案例与类案裁判依据
WUQUAN JIUFEN ZHIDAO ANLI YU LEI'AN CAIPAN YIJU

编者/中国法制出版社
经销/新华书店
印刷/保定市中画美凯印刷有限公司
开本/710 毫米×1000 毫米　16 开　　印张/22.5　字数/262 千
版次/2023 年 8 月第 1 版　　2023 年 8 月第 1 次印刷

中国法制出版社出版
书号 ISBN 978-7-5216-3649-9　　定价：78.00 元

北京市西城区西便门西里甲 16 号西便门办公区
邮政编码：100053　　传真：010-63141600
网址：http：//www.zgfzs.com　　编辑部电话：010-63141812
市场营销部电话：010-63141612　　印务部电话：010-63141606

（如有印装质量问题，请与本社印务部联系。）

编写说明

Preface

2022年1月13日，最高人民法院召开全国法院案例指导工作推进会。会议强调，案例指导制度是中国特色社会主义司法制度的重要组成部分。做好案例指导工作，是深入贯彻习近平法治思想，加快建设公正高效权威的社会主义司法制度，更好发挥人民法院审判职能作用的必然要求，对于确保裁判尺度统一，促进法律正确实施，提高审判质效和司法公信力具有重要作用。会议还强调，要健全完善案例指导工作机制，确保裁判尺度统一，促进法律正确实施，努力让人民群众在每一个司法案件中感受到公平正义。要加强指导性案例应用，法官审判执行案件进行类案检索，应先行检索现行有效指导性案例，对指导性案例应当参照作出裁判。

为更好地发挥指导性案例在统一法律适用标准、规范司法行为、维护司法公正、提高审判质量等方面的重大作用，并通过典型案例引领，使当事人和社会公众对类似案件的裁判结果具有固定预期和明确参照，我们出版了“人民法院民商事指导案例与类案裁判依据丛书”。本丛书梳理并精心筛选了相关领域最高人民法院发布的指导案例、公报案例及典型案例以及部分地方人民法院发布的典型案例。“一个案例胜过一打文件”，相较于抽象的条文规定，这些案例是理论与实践相结合的重要载体，是法官审判经验和司法智慧的结晶，对于提高审判人员的司法能力，提升律师的执业水平，促进公民尊法学法用法、维护自身的合法权益具有重要意义，也可以为案例教学和运用法学研究提供鲜活样本和实务资源。

本丛书在内容和体例上具有以下特点：

第一，章节设置合理，内容全面。本丛书以《民事案件案由规定》为基础，结合实际情况，对类案进行合理划分、收录和编排，充分考虑了读者的实际需求和阅读习惯，力求做到条线清晰、重点突出。

第二，案例覆盖广泛，严格拣选。本丛书的案例分为三个层级，第一层级为最高人民法院指导案例；第二层级为最高人民法院公报案例及典型案例；第三层级为地方法院典型案例。通过汇总和分析前述经典案例，凝练裁判要点，帮助读者更好地把握法律精神、理解法律规定、适用裁判规则。

第三，裁判依据准确，检索便捷。本丛书精选类案处理的相关法律规定，收录了法律法规、部门规章、司法解释等规范性文件，这些规范性文件是当事人起诉、应诉和人民法院裁判的重要依据。

另需说明的是，为方便读者阅读，在确保内容准确的基础上，本书进行了必要的体例统一和编辑加工处理。

希望本丛书能在实现个案公正处理、提升公众法治素养、以合法理性的方式表达利益诉求、推动法律发展和完善等方面发挥积极影响，为推进案例指导工作高质量发展贡献力量。

由于编者水平有限，本丛书内容难免有疏漏之处和不妥之处，敬请广大读者批评指正。

中国法制出版社

目　录

Contents

第一编　物权保护纠纷

一、物权确认纠纷

二、返还原物纠纷

三、排除妨害纠纷

五、财产损害赔偿纠纷

第二编　所有权纠纷

一、侵害集体经济组织成员权益纠纷

二、建筑物区分所有权纠纷

三、业主知情权纠纷

四、相邻关系纠纷

五、共有纠纷

第三编　用益物权纠纷

一、探矿权采矿权纠纷

二、土地承包经营权纠纷

三、居住权纠纷

第四编　担保物权纠纷

一、抵押权纠纷

二、质权纠纷

三、留置权纠纷

第五编　占有保护纠纷

占有物返还纠纷

第一编　物权保护纠纷

一、物权确认纠纷

（一）最高人民法院公报案例及典型案例

001. 夫妻一方以他人名义购买房产，夫妻另一方应如何维护自己的权益[①]

于忠民与田胤先、刘颖房屋所有权确认纠纷案

裁判摘要

第三人撤销之诉的目的在于撤销原判决中对该第三人不利的部分。与再审程序不同，第三人撤销之诉中不对原审当事人的诉讼请求进行处理。

原告：于忠民。

被告：田胤先。

被告：刘颖。

原告于忠民因与被告田胤先、刘颖发生所有权确认纠纷，向上海市嘉定区人民法院提起诉讼。

原告于忠民诉称：于忠民与被告田胤先于1988年结婚，婚后育有两个女儿。2007年10月，田胤先以案外人李某名义购买了系争房屋，先后支付房款

① 参见《最高人民法院公报》2018年第7期。

1018万元、30万元。后李某调离上海，系争房屋预告登记至田胤先名下。2009年4月2日，田胤先在于忠民不知情的情况下，擅自将系争房屋登记至被告刘颖名下。2011年7月4日，田胤先出具书面证明，证实其将所购买的系争房屋赠与刘颖。2011年12月7日，于忠民向大连中院起诉田胤先、刘颖要求确认赠与行为无效。2012年2月8日，刘颖向大连中院提出管辖权异议申请。大连中院于2012年2月16日裁定驳回其管辖权申请。随后刘颖提出上诉，辽宁高院于2012年5月17日裁定驳回上诉。2012年5月14日，田胤先就系争房屋向嘉定法院提起诉讼。嘉定法院于2012年8月9日作出（2012）嘉民三（民）初字第504号民事判决书，判决确认田胤先在上海市嘉定区系争房屋中具有60%的所有权份额。于忠民认为系争房屋的购房款均系田胤先出资，系于忠民与田胤先的共同财产，田胤先擅自将其赠与刘颖，损害了于忠民的合法权益。现两被告恶意串通向嘉定法院隐瞒于忠民在大连中院已就赠与行为的效力提起诉讼的事实，致使原告未能参与该案的诉讼，且嘉定人民法院的该份生效民事判决损害了于忠民的合法权益，故起诉要求：撤销上海市嘉定区人民法院于2012年8月9日作出的（2012）嘉民三民初字第504号民事判决。

被告田胤先辩称：不同意撤销判决，要求驳回原告于忠民的诉讼请求。田胤先与被告刘颖之间是合作投资系争房产，且对收益等作出了约定。与刘颖之间不存在恶意串通，系争房屋原登记在刘颖名下，确认田胤先具有60%所有权份额并未损害于忠民的权益。

被告刘颖辩称：本案没有赠与的问题，被告田胤先从未取得过系争房屋的物权。与田胤先之间关于系争房屋是合作投资关系，刘颖已按照双方约定给付田胤先270万元，田胤先亦予以确认。原告于忠民主张撤销权已超过诉讼时效。刘颖在2012年8月30日大连中院庭审时已向于忠民出具了本案系争的生效判决。新修订的《中华人民共和国民事诉讼法》[①] 于2013年1月1日实施，于忠民应当在2013年6月30日前提出撤销权之诉，但于忠民并未

① 本书案例适用的法律法规等条文均为案件裁判当时有效，下文不再对此进行提示。

提出。撤销权之诉的诉讼时效不适用中止中断的规定。综上，要求驳回于忠民的诉讼请求。

上海市嘉定区人民法院一审查明：原告于忠民与被告田胤先系夫妻关系，于1988年12月28日登记结婚，目前仍为夫妻。被告刘颖与田胤先于2009年生育一非婚生之女。

2007年10月，田胤先以案外人李某的名义向上海新安亭置业有限公司（以下简称新安亭公司）购买了系争房屋，并于2007年10月24日之前通过李某等人支付房款1018万元，房屋于2007年10月19日预告登记至李某名下（2008年5月28日注销该登记）。田胤先于2008年4月8日向新安亭公司支付30万元，后因实测面积变动，新安亭公司分两次退还田胤先26337元。系争房屋于2008年6月6日预告登记至田胤先名下。2008年6月8日，两被告签订合作协议，约定：双方共同出资购买系争房屋；产权登记在刘颖名下，但属双方共同所有；返还各自出资后，收益归双方共同所有。2009年1月25日，田胤先出具收条，确认收到刘颖给付的部分购房款270万元，今后的税费、物业费等费用由刘颖负责缴纳，产权属双方共同所有，田胤先占60%，刘颖占40%，双方暂不使用该房屋，一旦出售先返还各自的实际出资，所得收益双方各得50%，处分该房屋时需双方一致同意。2009年3月13日，田胤先与新安亭公司签订关于注销系争房屋商品房预售合同及预告登记的注销协议，并于2009年3月16日注销登记。2009年3月24日，刘颖与新安亭公司签订系争房屋的《上海市商品房出售合同》，系争房屋于2009年4月20日登记至刘颖名下。2011年7月4日，田胤先出具证明一份，确认系争房屋系其于2009年4月赠与刘颖。2011年11月5日，田胤先出具系争房屋购买过程说明一份，陈述其以李某名义购买系争房屋，之后李某与新安亭公司解除预售合同，其本人与新安亭公司重新签订预售合同，并进行了预告登记；2009年3月将系争房屋赠与女友刘颖，并由新安亭公司配合注销了预售合同及预告登记，由刘颖重新与新安亭公司签订出售合同，并办理了产权登记，刘颖本人实际上并未支付任何房价款。

2011年12月7日，原告于忠民向大连中院提起诉讼，以被告田胤先在夫妻关系存续期间，隐瞒原告多次将大量夫妻共同财产用于给被告刘颖购买财产，于忠民得知后索要未果为由，要求两被告返还钱款2500万元。大连中院受理后，刘颖在答辩期间提出管辖权异议，以案件系涉不动产纠纷为由，要求移送上海法院审理。大连中院审查后认为该案的争议性质为确认赠与行为效力问题，不属于因不动产纠纷引起的诉讼，非专属管辖，裁定驳回了该申请。后被告刘颖提出上诉，辽宁高院裁定驳回上诉，维持原裁定。

在该案的管辖权异议上诉期间，被告田胤先于2012年5月14日，将被告刘颖诉至上海市嘉定区人民法院，要求判令确认田胤先对上海市嘉定区博园路6777弄4号房屋（以下简称系争房屋）享有60%的所有权。诉讼中，田胤先和刘颖共同向上海市嘉定区人民法院隐瞒了于忠民已就系争房屋向大连中院起诉的事实、于忠民的身份情况及两被告的关系。上海市嘉定区人民法院于2012年8月9日作出（2012）嘉民三（民）初字第504号民事判决书，判决确认田胤先在上海市嘉定区博园路6777弄4号房屋中具有60%的所有权份额，判决作出后，双方均未上诉，该判决已生效。

2012年8月30日，大连中院就原告于忠民诉被告田胤先、刘颖赠与合同一案进行开庭，庭审中于忠民变更诉讼请求，要求确认两被告之间的赠与行为无效；要求刘颖返还所赠与房屋并将涉案房产的登记状态恢复至于忠民与田胤先所有。同日，刘颖将上海市嘉定区人民法院（2012）嘉民三（民）初字第504号民事判决书作为证据在庭审中提交于忠民质证。2013年7月4日，大连中院作出（2012）大民一初字第3号民事判决书，判决确认田胤先赠与刘颖系争房屋的行为无效，刘颖将系争房屋过户至田胤先或原告于忠民名下。该判决作出后，刘颖于2013年7月20日向辽宁省高院提起上诉。经辽宁高院释明，于忠民以上海市嘉定区人民法院作出的（2012）嘉民三（民）初字第504号民事判决损害了其合法权益为由，于2013年9月26日向上海市嘉定区人民法院起诉要求撤销该判决。

2013 年 10 月 23 日，辽宁高院作出（2013）辽民一终字第 216 号民事裁定书，裁定撤销大连中院（2012）大民一初字第 3 号民事判决；驳回原告于忠民的起诉。

另查明，被告刘颖确认支付给新安亭公司的购房款均为被告田胤先所支付，其未向新安亭公司支付过房款。两被告目前均未使用系争房屋。系争房屋目前仍登记在刘颖名下。诉讼中，上海市嘉定区人民法院根据原告于忠民的申请，对系争房屋进行了司法查封。

审理中，原告于忠民认为若原审判决被撤销，应确认系争房屋的权属为原告与被告田胤先共同共有，要求被告刘颖返还赠与房产的份额；田胤先则认为若撤销权成立，系争房屋应由其享有 100%的所有权；刘颖则表示不同意撤销。

上海市嘉定区人民法院一审认为：本案的争议焦点：1. 关于诉讼时效。2. 关于原审判决是否应撤销。3. 关于判决撤销后的处理。

1. 关于诉讼时效。原告于忠民虽然于 2012 年 8 月 30 日获知原审判决，但当时大连中院尚未对原告起诉两被告要求确认赠与系争房屋的行为无效的诉讼作出判决，也就是说于忠民的民事权益是否会因原审判决而受到实际的损害尚不确定，而大连中院的一审判决支持了于忠民的诉请，故直至被告刘颖于 2013 年 7 月 20 日向辽宁高院提起上诉，于忠民经辽宁高院释明后，方知道其民事权益会因原审判决受到损害。而辽宁高院裁定撤销大连中院的判决，驳回于忠民的起诉，于忠民的民事权益方才受到了实际的损害，故诉讼时效应从于忠民知道其民事权益会受到损害之时起算，于忠民的起诉并未超过诉讼时效。

2. 关于原审判决是否应撤销。被告田胤先出资购买系争房屋的行为发生在其与原告于忠民的夫妻关系存续期间，该行为依照我国婚姻法规定应为用夫妻共同财产购买房屋。田胤先购买房屋并取得预告登记的准物权后，在被告刘颖并未支付过房款的情况下，未经于忠民同意，擅自将预告登记注销，并将房屋登记至刘颖名下，损害了于忠民作为夫妻一方对于共同财产的所有权和平等的处分权。原审判决根据房屋的权属登记在刘颖名下及两被告对于田胤先所占份额的确认对系争房屋的权属做出认定，侵害了于忠民的民事权益，应予撤销。

3. 关于原审判决撤销后，对原审原告田胤先诉讼请求的处理。两被告在原告于忠民已就系争房屋的赠与行为提起诉讼的情况下，由原审原告田胤先向上海市嘉定区人民法院提起诉讼要求确认其在系争房屋中占有60%的所有权份额，并故意向法院隐瞒于忠民已就系争房屋向大连中院起诉的事实、于忠民的身份情况及两被告的关系，企图通过诉讼阻挠大连中院相关案件的审理，侵害原告于忠民的合法权益，属于恶意诉讼，故对于原审原告田胤先的诉讼请求应予驳回。

据此，上海市嘉定区人民法院依照《中华人民共和国民事诉讼法》第五十六条、第一百一十二条，《中华人民共和国婚姻法》第十七条之规定，于2014年10月22日作出判决：

一、撤销（2012）嘉民三（民）初字第504号民事判决；

二、驳回原审原告田胤先的诉讼请求。

刘颖不服一审判决，向上海市第二中级人民法院提起上诉。

上诉人刘颖称：其支付了180万房款并将一台宝马轿车以70万元作为房款抵付被上诉人田胤先，刘颖已实际支付房款。被上诉人于忠民在大连中院的起诉与系争房屋没有关系，刘颖没有隐瞒于忠民起诉的事实。田胤先未取得系争房屋所有权，即便是赠与，也只是钱款。撤销判决的诉讼时效从当事人知道或应当知道之日开始计算，本案诉讼时效已过。田胤先出具给于忠民的陈述及赠与证明，田胤先和己方均不认可，原审没有任何证据可供确认。刘颖与田胤先不存在恶意串通，于忠民和田胤先是夫妻，是利益共同体，两人相互勾结侵犯刘颖合法权益。原判认定事实和适用法律均存在错误，请求二审予以撤销。

被上诉人于忠民辩称：原审判决认定事实清楚，适用法律正确，请求驳回上诉，维持原判。

被上诉人田胤先未作答辩。

上海市第二中级人民法院经二审，确认了一审查明的事实。

上海市第二中级人民法院二审认为：系争房屋是被上诉人田胤先在与被上诉人于忠民夫妻关系存续期间购买，田胤先对于系争房屋的处置未征得于忠民的同意，影响于忠民对系争房屋的民事权益。在（2012）嘉民三（民）初字第504号民事诉讼中，田胤先、上诉人刘颖未告知原审法院于忠民已就系争房屋向大连中院提起诉讼，导致于忠民因不能归责于本人的事由未能参加该案诉讼。于忠民提供的田胤先出具的证明、购房过程说明以及大连中院、辽宁高院的诉讼过程等证据能够证明已经发生法律效力的（2012）嘉民三（民）初字第504号民事判决书内容错误，损害其民事权益。于忠民请求撤销该判决的诉请，依法应予支持。

至于诉讼时效问题，原审法院对此已作阐述，理由确实充分，法院予以认同。上诉人刘颖关于此节的上诉意见，与事实不符，法院不予采纳。

鉴于被上诉人于忠民本案原审诉请即为（2012）嘉民三（民）初字第504号民事判决，原审法院在本案中一并驳回田胤先在该案件中的诉请，有所不妥，本院予以纠正。

据此，上海市第二中级人民法院依照《中华人民共和国民事诉讼法》第五十六条第三款、第一百七十条第一款第（二）项之规定，于2015年3月31日作出判决：

一、维持上海市嘉定区人民法院（2013）嘉民三（民）撤字第1号民事判决主文第一项；

二、撤销上海市嘉定区人民法院（2013）嘉民三（民）撤字第1号民事判决主文第二项。

本判决为终审判决。

002. 物业管理用房产权属于住宅区全体业主共有，由物业管理企业使用，任何单位和个人不得擅自转让或改变其使用性质①

徐州西苑艺君花园（一期）业主委员会诉徐州中川房地产开发有限公司物业管理用房所有权确认纠纷案

裁判摘要

业主委员会依照《中华人民共和国物权法》第七十五条第一款规定成立，具有一定目的、名称、组织机构与场所，管理相应财产，是《中华人民共和国民事诉讼法》第四十九条第一款规定的“其他组织”。业主委员会依据业主共同或业主大会决议，在授权范围内，以业主委员会名义从事法律行为，具备诉讼主体资格。

物业管理用房依规划定点建造，为区分所有权建筑物管理人进行管理维护业务必须的场所，依照《中华人民共和国物权法》第七十二条第一款的规定，为业主共有。在建筑物竣工验收交付后，物业管理用房的分割、转移、调整或重新配置，应当由业主共同或业主大会决定。

原告：徐州西苑艺君花园（一期）业主委员会，住所地：江苏省徐州市黄河南路369号艺君花园小区内。

负责人：侯立申，该委员会主任。

被告：徐州中川房地产开发有限公司，住所地：江苏省徐州市泛亚大厦1417室。

① 参见《最高人民法院公报》2014年第6期。

法定代表人：孙勇，该公司董事长。

原告徐州西苑艺君花园（一期）业主委员会（以下简称艺君业委会）因与被告徐州中川房地产开发有限公司（以下简称中川公司）发生物业管理用房所有权确认纠纷，向徐州市泉山区人民法院提起诉讼。

原告艺君业委会诉称：位于徐州市泉山区黄河南路369号艺君花园（一期）是被告中川公司于2000年开发建设的居民小区。2001年8月交付使用时，被告仅提供2间车库供物管使用。后得知，被告出租给他人经营幼儿园的8#楼东侧168平方米的房屋系本小区的物业管理用房。2008年8月，原告起诉要求被告交付物管用房时，被告出示了物管用房已变更为营业房的规划变更手续。2008年12月，原告向徐州市人民政府提起行政复议，撤销徐州市规划局的前述变更规划决定。后被告对此提起行政诉讼，经过徐州市中级人民法院、江苏省高级人民法院的审理，均判决维持了徐州市人民政府的复议决定。判决生效后，双方就物管用房的交付问题协商未果，原告故诉至法院，请求判决确认位于徐州市泉山区黄河南路369号艺君花园8#楼东侧的168平方米物业管理用房（具体见规划定点图）归徐州西苑艺君花园（一期）全体业主所有，诉讼费由被告承担。

被告中川公司辩称，1. 本案的原起诉主体为徐州西苑艺君花园（一期）全体业主，属于集团诉讼，当时起诉时徐州艺君花园业主委员会已经成立，因此徐州西苑艺君花园（一期）全体业主的诉讼主体是不适格的，原徐州西苑艺君花园（一期）全体业主的起诉应依法撤回或驳回。2. 物业管理用房作为配套设施建设，在2000年之前并没有强制性的规定。涉案的艺君花园小区于1997年规划定点、2000年6月开工建设、2001年8月29日验收通过。房屋交付后，被告即和物业公司签订了物业管理委托合同，把有关房屋作为物业管理用房移交给物业管理公司使用，完成了被告作为开发商的义务。故在当时对物业管理用房没有强制性规定的情况下，被告已经完成了约定或者惯例的义务。1997年规划定点的物业管理用房是针对规划图中共110500平方米的建筑面积设计的，而本案原告所在的小区仅21403平方米，根据《江苏省物业管理条例》的规定，被告至多向原告交付85.6平方米的物业用房即符合法律规定。3. 规划定点图中记载了营业房和物业管理用房，但图中“营业”二字体现的地点不一定就是营业房，“物业管理”四字体现的地点不一定就是物业管理用房，而是营业房、物业管理共两层，至于具体如何分配，应由被告来决定，只要能满足法律的基本要求即可。4. 就目前的房屋状况来讲，将涉案房屋的二层交付给原告，既能满足原告的要求，也满足法律的规定。

徐州市泉山区人民法院经审理查明：被告中川公司是原告艺君业委会所在的徐州市西苑艺君花园（一期）小区的开发企业。2000年6月21日，被告取得徐州市规划局徐市规地（2000）编号81《建设用地规划许可证》，规划定点图对西苑艺君花园（一期）物业用房规划为：2层（限高6米），物业用房260平方米。2000年11月15日，徐州市规划局为被告建设的西苑艺君花园项目核发了徐市规建（2000）268号《建设工程规划许可证》，核准建设7栋6层住宅楼21403平方米，车库3006平方米，阁楼3322平方米，营业房2032平方米，物管、公厕及泵房300平方米，共计30063平方米。在许可证附图和《放（验）线回单》对前述建筑物分别进行定点规划。徐州市规划局在规划定点图上许可的艺君花园8#楼分为三个部分，从东向西依次为：物业管理（2层、限高6米、东西长12米、南北宽7米）、营业（1层、东西长6米）、公厕（1层、东西长10米）。具体分布为，物业管理用房的面积是12×7×2=168平方米；泵房面积8×5=40平方米；公厕面积（梯形）［（7+3）\2］×10=50平方米，共计258平方米物业用房。2001年8月30日，徐州市建设局就被告的该建设项目签发了徐建验证（27）号住宅竣工验收合格证书，被告随即交付房屋，通知西苑艺君花园（一期）业主上房。后被告向徐州市规划局提交《关于变更中川“艺君花园”8#楼用途的申请报告》，申请将2000年11月规划的“艺君花园”8#楼物业管理用房大部分变更为营业房，而在保持原规划面积，在7#楼西侧底层设置相当面积的物业管理用房。2001

年 11 月 6 日，徐州市规划局在原规划定点图上签署了“同意原物业管理用房 126 平方米变更为营业用房”的意见，同日为被告填发了徐市规建 20010214 号《建设工程规划许可证》，许可建设 126 平方米营业房。2001 年 11 月 7 日，徐州市规划局相关负责人员分别在被告的《徐州市建设工程规划许可证申请书》中签署了“同意”调整。物管用房面积不少于原定点面积和“同意”的意见。变更后的规划图显示，在 8#二楼保留二间物业管理用房，分别记载为 28.45 平方米和 22.67 平方米。西苑艺君花园竣工交付房屋后，被告所交付并由原告使用至今的物业管理用房，有两间位于小区 7#楼西侧的底层、两间位于 4#楼的底层，均为原规划的车库范围。

另查明，2008 年 12 月，徐州西苑艺君花园（一期）全体业主向徐州市人民政府提起行政复议，请求撤销徐州市规划局所作的“将徐州西苑艺君花园（一期）物业管理用房 126 平方米规划变更为营业房，并将 7#楼西侧相同面积的车库变更为物业管理用房”的变更规划行政行为。2009 年 3 月 4 日，徐州市人民政府作出（2008）徐行复第 146 号行政复议决定书，决定：撤销徐州市规划局所作的将徐州西苑艺君花园（一期）物业管理用房 126 平方米规划变更为营业房，并将 7#楼西侧相同面积的车库变更为物业管理用房的具体行政行为。2009 年 4 月 22 日，被告中川公司不服徐州市人民政府的上述复议决定，向徐州市中级人民法院提起行政诉讼，请求撤销徐州市人民政府的上述复议决定，维持徐州市规划局将原物业管理用房变更为营业房及 7#楼西侧相同面积的车库变更为物业管理用房的行政行为。徐州市中级人民法院经审理，于 2009 年 6 月 16 日作出（2009）徐行初字第 23 号行政判决书，驳回了被告的诉讼请求。被告不服向江苏省高级人民法院提起上诉。江苏省高级人民法院于 2009 年 11 月 27 日作出（2009）苏行终字第 79 号行政判决，驳回上诉，维持原判。

后查明，2003 年 1 月 17 日，徐州市房产管理局将包括本案诉争物业管理用房在内的位于徐州市泉山区黄河南路 369 号艺君花园 8#楼的房产登记在被告中川公司名下（不含该楼西侧规划为公厕的部分），其房屋所有权证显示一层建筑面积为135.28平方米，二至三层建筑面积为165.9平方米；该房的房产档案显示该8#楼东侧上下为两层的部分东西长12米、南北宽7米。

2013年3月5日，法院组织双方当事人对本案所涉艺君花园8#楼进行了现场勘察。确认艺君花园8#楼目前正由被告中川公司向外出租作为幼儿园经营使用，在整体上，其外观分为三个部分：东侧为两层、中间为三层、西侧为一层，该楼东侧及北侧均有通向二层的简易楼梯的客观状态。

本案立案时的原告主体为徐州西苑艺君花园（一期）全体业主，后根据原告的申请，原告主体变更为徐州西苑艺君花园（一期）业主委员会。

本案双方当事人的争议焦点是：1. 艺君业委会是否具有原告诉讼主体资格；2. 行政机关的规划定点对本案当事人产生何种效力；3. 被告中川公司重新调配物业用房的效力如何；4. 争议建筑物的属性是物业管理用房还是经营性用房。

徐州市泉山区人民法院经审理认为：

1. 艺君业委会原告诉讼主体适格。依照《最高人民法院关于适用〈中华人民共和国民事诉讼法〉若干问题的意见》第四十条的规定，《中华人民共和国民事诉讼法》第四十九条规定的其他组织是指合法成立、有一定的组织机构和财产，但又不具备法人资格的组织。原告为对西苑艺君花园进行管理，依照《中华人民共和国物权法》第七十五条第一款的规定成立，具有一定目的、名称、组织机构与场所，管理相应财产，以特定代表人对外代表团体，是《中华人民共和国民事诉讼法》第四十九条第一款规定的“其他组织”。原告依据业主共同或业主大会决议，在授权范围内，以业主委员会名义，依照《最高人民法院关于审理建筑物区分所有权纠纷案件具体应用法律若干问题的解释》第十四条规定的物权请求权，向被告主张确认物业管理用房所有权，具备原告诉讼主体资格。

2. 行政机关的定点规划对本案当事人产生拘束力。建筑物建造规划定点是对建筑物地域及其范围、公共设施面积及负担率等特定事项的确定。依照《中华人民共和国城市规划法》第三十二条的规定，在城市规划区内新建、扩建和改建建筑物、构筑物、道路、管线和其他工程设施，必须持有关批准文件向城市规划行政主管部门提出申请，由城市规划行政主管部门根据城市规划提出的规划设计要求，核发建设工程规划许可证件。建设单位或者个人在取得建设工程规划许可证件和其他有关批准文件后、方可申请办理开工手续。定点规划为建筑物施工前，行政机关对土地使用人的权利义务的确定，属于行政许可行为。如土地使用人在特定期间内未对建筑物定点规划提出异议，即对其产生拘束力。本案中，被告中川公司在行政机关核发建设工程规划许可证后，未对定点规划提出异议，故被告应当遵守定点规划确定的义务建造物业管理用房。被告辩称物业管理用房是针对规划图中共 110500 平方米的建筑面积设计的，而非本案原告艺君业委会所在的小区 21403 平方米设计，并没有向法院提供相应的证据，故其辩称不予支持。另被告又辩称，根据《江苏省物业管理条例》规定的无偿提供设计面积的 3‰-4‰物业管理用房，被告至多向原告交付 85.6 平方米的物业用房即符合法律规定，目前提供的物业管理用房已经远远超过这个标准。因被告在申请建设工程规划许可，行政机关在其申请进行核准规划定点时，被告并未向行政机关提出异议，应当认定被告认可行政机关的定点规划，故对其辩称不予支持。规划定点在建筑物竣工验收后，作为物业资料移送管理人，即成为管理规约的一部分，对业主、管理人等产生约束。

3. 被告中川公司重新调配物业用房的行为因违法而不具有效力。江苏省人民政府于 1998 年 9 月 4 日发布施行的《江苏省城市住宅区物业管理办法》第三十八条规定，“住宅区开发建设单位应当按照有关规定建设物业管理用房，在住宅区整体移交时，一并移交给住宅区业主委员会。物业管理用房的产权属住宅区全体业主共有”。江苏省人大常委会制定、2001 年 3 月 1 日起施行的《江苏省物业管理条例》第二十六条亦明确规定，“新建物业在规划建设时，应当建设必要的物业管理配套设施，制定物业管理实施方案并报物业管理行政主管部门备案。建成后，物业管理行政主管部门应当进行物业管理配套设施验收。物业管理服务用房，其产权属该住宅区全体业主共有”。徐州市人民政府1999年3月31日公布实施的《徐州市城市住宅区物业管理暂行办法》第二十二条规定，“开发建设单位应当按照规划要求，建设物业管理用房，并在住宅区整体移交时，将物业管理用房移交给住宅区业主委员会，尚未成立业主委员会的，移交给物业管理行政主管部门。物业管理用房产权属住宅区全体业主共有，由物业管理企业使用，任何单位和个人不得擅自转让物业管理用房或者改变物业管理用房的使用性质”。根据上述规定，2001年8月30日，徐州市建设局为原告该建设项目签发了徐建验证（27）号住宅竣工验收合格证书，原告随即通知业主上房后，该处物业管理用房依法应属西苑艺君花园（一期）全体业主共有。本案中，被告在西苑艺君花园竣工验收交付后，即对西苑艺君花园物业管理用房无处分权，而其申请行政部门对物业管理用房变更，违反《中华人民共和国民法通则》第七十一条的规定，当属无效。

4. 本案诉争房产属性应当确认为物业管理用房。虽然徐州市规划局曾于2001年11月7日核准将原规划的物业管理用房大部分变更为营业房，并将7#楼西侧相同面积车库变更为物业管理用房，并予以核发建设工程许可证。但这种变更应当征得西苑艺君花园全体业主的同意，徐州市规划局未经业主同意即准予变更，实属滥用职权。因该变更规划行为被徐州市人民政府撤销，故应当恢复原状。从本案原规划定点图分析，规划的艺君花园小区的物业管理用房应为该小区8#楼东侧两层面积为168平方米的部分。被告中川公司辩称其已经提供4#、7#楼各两间车库作为物业管理用房，满足了西苑艺君花园全体业主的需求。因物业管理用房在于促使管理人对居住环境进行管理，满足全体业主对居住环境安全、健康、便利、舒适需求所必需的场所，其分割、转移、调整或重新配置，依照《中华人民共和国物权法》第七十六条第一款第七项规定，须经过业主大会决议。故被告再辩称其重新调配物业管理用房，采取用部分车库充当相当面积物业管理用房方式供原告使用，已经满足了原告实际需求，仅能认定是被告自认为而已，这种减损原告停车需求等其他利益需求而填补原告此种物业管理必须用房的利益，实为侵害原告利益而不当。因被告无证据支持其确已满足原告利益，故对其此辩称不予支持。

综上，原告艺君业委会请求确认位于徐州市泉山区黄河南路369号艺君花园8#楼东侧以徐市规建（2000）268号《建设工程规划许可证》规划定点图记载的物业管理用房归徐州西苑艺君花园（一期）全体业主共有，请求转移本案所设争议建筑物所有权登记的诉请符合法律规定，予以支持。依照《中华人民共和国民事诉讼法》第四十九条第一款，《最高人民法院关于适用〈中华人民共和国民事诉讼法〉若干问题的意见》第四十条，《中华人民共和国物权法》第三十三条、第七十三条，《最高人民法院关于审理建筑物区分所有权纠纷案件具体应用法律若干问题的解释》第十四条之规定，徐州市泉山区人民法院于2013年12月16日作出判决：

确认位于徐州市泉山区黄河南路369号艺君花园8#楼东侧（两层）（徐市规建（2000）268号《建设工程规划许可证》规划定点图记载的）物业管理用房归徐州西苑艺君花园（一期）全体业主共同所有。

一审宣判后，双方当事人在法定期限内均未提出上诉，本判决已经发生法律效力。

003. 动产交付时间如何确认[①]

肯考帝亚农产品贸易（上海）有限公司与广东富虹油品有限公司、第三人中国建设银行股份有限公司湛江市分行所有权确认纠纷案

裁判摘要

根据《中华人民共和国海商法》第七十九条第（三）项的规定，不记名指示提单可以经空白背书转让，但当提单持有人以其中一套正本提单换取提货单后，当事人已不可能将全套正本提单进行转让，故此后的所谓提单转让行为对当事人不产生拘束力。

《中华人民共和国物权法》第二十三条规定，动产物权的设立和转让，自交付时发生效力。交付是否完成是动产所有权转移与否的标准，动产由第三人占有时，则应根据《中华人民共和国物权法》第二十六条的规定进行指示交付。《最高人民法院关于适用〈中华人民共和国担保法〉若干问题的解释》第八十八条规定，出质人以间接占有的财产出质的，以质押合同书面通知占有人时视为移交。根据该条规定精神，提货单的交付，仅意味着当事人的提货请求权进行了转移，在当事人未将提货请求转移事实通知实际占有人时，提货单的交付并不构成《中华人民共和国物权法》第二十六条所规定的指示交付。

① 参见《最高人民法院公报》2012年第1期。

最高人民法院
民事判决书

（2010）民四终字第20号

上诉人（原审原告）：肯考帝亚农产品贸易（上海）有限公司。住所地，上海市虹口区广灵四路110-120号1幢。

法定代表人：蔡力，该公司中国区总裁。

委托代理人：黄灼，广东正大联合律师事务所律师。

委托代理人：杨梅华，广东正大联合律师事务所律师。

被上诉人（原审被告）：广东富虹油品有限公司。住所地，广东省湛江市霞山区湖光路5号。

法定代表人：罗君，该公司总经理。

委托代理人：王震，辽宁文正律师事务所律师。

原审第三人：中国建设银行股份有限公司湛江市分行。住所地，广东省湛江市人民大道中46号。

负责人：陈增华，该行行长。

委托代理人：薛峰，北京凯誉律师事务所律师。

委托代理人：张保华，天阳（北京）律师事务所律师。

上诉人肯考帝亚农产品贸易（上海）有限公司（以下简称肯考帝亚公司）因与被上诉人广东富虹油品有限公司（以下简称富虹公司）、原审第三人中国建设银行股份有限公司湛江市分行（以下简称湛江建行）所有权确认纠纷一案，不服上海市高级人民法院（以下简称原审法院）（2009）沪高民二（商）初字第4号民事判决，向本院提起上诉。本院依法组成由审判员陈纪忠担任审判长，代理审判员高晓力、沈红雨参加评议的合议庭，于2010年9月27日公开开庭审理了本案，书记员张伯娜担任本案记录。上诉人肯考帝亚公司的委托代理人黄灼、杨梅华，被上诉人富虹公司的委托代理人王震，原审第三人湛江建行的委托代理人薛峰、张保华，到庭参加诉讼。本案现已审理终结。

肯考帝亚公司向原审法院起诉称：2008年6月，肯考帝亚公司将其进口的马卡轮项下10186.03吨阿根廷大豆，按约定单价人民币4075元/吨（以下未标明币种的均为人民币）转让给富虹公司。同年9月10日，富虹公司将其进口的康劲轮项下阿根廷大豆以及提单质押给肯考帝亚公司，9月15日、10月8日，双方签署《确认书》、《货物置换协议》约定，肯考帝亚公司以马卡轮项下52231吨阿根廷大豆与富虹公司康劲轮项下52231吨阿根廷大豆等量置换。富虹公司已将马卡轮上用于置换的大豆提走。由于富虹公司在履行与湛江建行之间借款合同过程中，未真实披露康劲轮大豆的权属，导致湛江建行认为存放于湛江港的52231吨大豆属于富虹公司所有，并于2008年11月28日申请广东省湛江市中级人民法院（以下简称湛江中院）予以查封。肯考帝亚公司为此向湛江中院提出保全异议，被告知"查封大豆的权属问题须经实体审理"而拒绝解封。肯考帝亚公司遂提起本案诉讼，请求判令富虹公司停止侵害其对康劲轮项下堆存于湛江港码头52231吨阿根廷大豆（价值212841325元）的所有权，并排除妨碍。2009年4月28日，湛江中院应湛江建行的申请，将系争大豆予以变卖并将变卖所得款提存。为此，肯考帝亚公司变更诉讼请求为：1. 确认康劲轮项下被查封、变卖的原堆存于湛江港码头52231吨阿根廷大豆的所有权归属肯考帝亚公司；2. 判决湛江中院提存的康劲轮项下52231吨阿根廷大豆的变卖款及相应利息归属肯考帝亚公司所有，并由肯考帝亚公司取得。

原审查明：2008年4月18日，肯考帝亚公司、富虹公司签订《货物代理进口协议》，约定肯考帝亚公司为富虹公司代理进口阿根廷大豆，肯考帝亚公司代理进口的马卡轮项下64000吨大豆到港后，富虹公司持马卡轮正本提单换取了提货单。2008年7月24日，富虹公司为进口系争康劲轮货物向湛江建行申请开立远期信用证，并于同日向湛江建行出具《信托收据》，确认："本公司同意并确认，贵行享有或自本信托收据出具之日起即取得上述文件及其代表货物的所有权。同时，本信托收据确立了贵行与本公司之间的信托法律关系。贵行为委托人与受益人，本公司为受托人，上述文件及其代表的货物为信托财产。”湛江建行于2008年7月25日签署《贸易融资融度支用通知书》，同意富虹公司支用贸易融资额度2380万美元用于开立信用证（信用证编号：44710010001034），并向富虹公司发出《开立信用证通知书》。

2008年9月9日前，富虹公司从湛江建行处取得了系争康劲轮货物全套正本提单，并委托湛江市粤西进出口货运代理有限公司（以下简称粤西货代）报关。同年9月10日，肯考帝亚公司、富虹公司签订《质押合同》，约定：富虹公司以康劲轮全套海运提单及其项下的52231吨货物向肯考帝亚公司出质，肯考帝亚公司确认已经收到富虹公司交来的全套海运提单，富虹公司保证在两个月内与肯考帝亚公司以现货置换或向肯考帝亚公司付清货款。同年9月15日，肯考帝亚公司、富虹公司签订《确认书》，确认以“新货”换“旧货”的方式，由富虹公司向肯考帝亚公司偿还已提货未付款的大豆；富虹公司确认将康劲轮项下52231吨大豆的所有权转让给肯考帝亚公司，肯考帝亚公司确认将其所有的52231吨大豆的所有权转让给富虹公司；康劲轮项下52231吨大豆所有权转移给肯考帝亚公司后，前述《质押合同》自动失效。同年9月16日，康劲轮抵达湛江港。同年9月18日，富虹公司持正本海运提单向康劲轮船方换取得康劲轮项下52231吨大豆的提货单一套（五联），提货单位栏盖有富虹公司和湛江元亨船务代理有限公司（以下简称元亨公司）的公章。同年10月8日，肯考帝亚公司、富虹公司签订《货物置换协议》一份，载明：由于富虹公司未能如约提取马卡轮项下货物，货物质量将会发生变化，肯考帝亚公司、富虹公司就马卡轮、爱华轮和康劲轮项下货物予以置换，明细如下：富虹公司已将其所有的爱华轮项下35000吨大豆与由肯考帝亚公司代理富虹公司进口的马卡轮项下未付款、已先行提货的35000吨大豆进行了等量置换；富虹公司现将其所有的康劲轮项下52231吨大豆置换回用于第一次置换的爱华轮项下35000吨大豆以及马卡轮项下剩余的17231吨大豆，即康劲轮项下52231吨大豆所有权归属肯考帝亚公司，马卡轮项下17231吨大豆、爱华轮项下35000吨大豆归属富虹公司。同日，富虹公司向元亨公司出具委托书，告知其已按《货物置换协议》的约定，将康劲轮项下52231吨大豆所有权转让给肯考帝亚公司，现全权委托元亨公司代为办理上述货物交接和提取货物的手续。

2008年12月10日，肯考帝亚公司、富虹公司就欠款事项进行了对账。同年12月16日，肯考帝亚公司、富虹公司在上海市签订《补充协议》，约定由《确认书》以及《货物置换协议》引发的有关争议，如双方协商不成，任何一方有权在合同签订地有管辖权的法院提起诉讼。2009年4月7日，肯考帝亚公司向原审法院提起本案之诉。

另查明，因富虹公司于议付日届满未向境外议付行承兑付款，湛江建行在扣除保证金2352万元后，于2008年12月3日代富虹公司向境外议付行垫款支付了信用证款项29322013.95美元，截止2009年7月31日，富虹公司偿还了该笔垫款的利息共141515.37美元，余款未付。湛江建行催讨未果，遂以富虹公司和富虹集团有限公司为被告，向湛江中院提起诉讼［（2009）湛中法民三初字第3号］。2008年11月28日，湛江中院依湛江建行提起的诉前财产保全申请作出（2008）湛中法保字第29号民事裁定，并于同年11月30日轮候查封了爱华轮、康劲轮卸下存放在湛江港（集团）股份有限公司（以下简称湛江港公司）仓库的共约72000吨大豆［湛江中院受理的（2009）湛中法民三初字第1号案对该批大豆的查封为第一顺序查封］。2008年12月4日，肯考帝亚公司持提货单至湛江港公司要求提货，湛江港公司书面回复称：“如提货单上签章的提货单位与提交提货单的货主不一致，则提交提货单的货主应提交该签章单位同意向其转移货物所有权的相关文件。现贵司向我司提交提货单及上述货物所有权转移的文件要求提取货物，由于湛江中院已予以查封，故不能办理有关的货物交接手续。我司在确认法院解除查封后，如贵司向我司提交前述提货单及货物所有权转移的文件正本，则我司同意将前述提货单项下合法通关进口的货物放给贵司。”2008年11月28日，肯考帝亚公司以被查封康劲轮52231吨大豆属其所有为由提出保全异议，请求湛江中院解除查封。同年12月11日，湛江中院依湛江建行的申请裁定解除了对爱华轮约17600吨大豆的查封。2009年1月7日，湛江中院裁定准许上述（2009）湛中法民三初字第1号案的原告中国农业发展银行湛江市分行撤回起诉的申请后，本案的查封转为正式查封。2009年3月17日，湛江中院书面通知肯考帝亚公司，其对于康劲轮52231吨大豆的权属异议需经实体审理确定，故不予解封。考虑到长期存放影响大豆的品质，湛江中院于2009年3月23日裁定对该批大豆进行变卖，经实际交接清点，以单价2640元/吨的价格实际变卖51854.92吨大豆，获价款136896988.80元（未扣除应支付的关税、增值税及滞纳金、港口费等）存入湛江中院账户。湛江中院于2008年4月1日通知肯考帝亚公司作为该案无独立请求权第三人参加诉讼。2009年8月28日，湛江中院作出（2009）湛中法民三初字第3号民事判决，各方当事人均未上诉，该民事判决已生效。

原审法院认为：本案的争议焦点主要集中在以下三个方面：一是本案与湛江中院信用证融资纠纷案件是否属于一案两诉的问题；二是信托收据的法律性质及其效力认定问题；三是肯考帝亚公司是否已取得系争康劲轮货物所有权问题。

一、关于本案与湛江中院信用证融资纠纷案是否属于一案两诉的问题

湛江建行称，本案系争康劲轮货物权属问题已由湛江中院在信用证融资纠纷案件中进行了审理，故肯考帝亚公司的起诉属于重复诉讼。肯考帝亚公司则认为其在湛江中院信用证融资纠纷案中是无独立请求权第三人，不影响其向原审法院提起本案诉讼。富虹公司同意肯考帝亚公司的观点。

该院认为。我国民事诉讼法上的“一事不再理”原则，是指同一当事人就同一案件事实、同一诉讼标的不得重复提起诉讼，而诉讼标的是指案件所

争议的民事法律关系或实体请求权。就本案而言，第一，本案与湛江中院信用证融资纠纷案件的请求权基础并不相同，本案是肯考帝亚公司基于其与富虹公司之间的易货合同法律关系起诉，而湛江中院信用证融资纠纷案件是湛江建行基于其与富虹公司之间的信用证法律关系以及信托收据法律关系起诉，两案的诉讼标的不具有同一性。第二，肯考帝亚公司在湛江中院信用证融资纠纷案件中系无独立请求权第三人，未能提出独立的诉讼请求，如果在本案中不允许其提出独立的诉请，实质上剥夺了其作为系争权属纠纷利害关系人的诉权。第三，湛江中院信用证融资纠纷案件虽已经一审判决并生效，但该判决书中对于系争康劲轮货物权属的认定属于已决事实，根据《最高人民法院关于民事诉讼证据的若干规定》第九条的规定，当事人无须另行举证证明，但本案肯考帝亚公司如有足够证据推翻，该院仍可作出与上述已决事实不一致的认定。且富虹公司在湛江中院信用证融资纠纷案件中对湛江建行起诉的全部事实予以承认，而在本案中又表示系争康劲轮货物所有权已转移给肯考帝亚公司，富虹公司在上述两案中的陈述相互矛盾。因此，肯考帝亚公司提起本案之诉符合民事诉讼法关于起诉的条件，并不违反“一事不再理”原则。

二、关于信托收据的法律性质及其效力的问题

湛江建行认为信托收据是其与富虹公司之间存在信托合同关系的证明，同时亦是其享有对信托财产所有权的一种证明，因此本案系争康劲轮货物所有权应归其所有。肯考帝亚公司则认为信托收据并非物权凭证，第三人不享有系争康劲轮货物的所有权。富虹公司认为系争康劲轮货物所有权已转移给了肯考帝亚公司。

该院认为，信托收据作为在国际贸易中惯常使用的一种协议形式，其主要功能在于为开证申请人即进口商提供融资便利的同时，保障银行债权的安全。在我国现行法律框架下，一方面，信托收据并非在开证行与开证申请人之间建立了信托法律关系，其理由在于，根据我国《中华人民共和国信托

法》的规定，信托财产应当是委托人合法所有的财产或者财产权利，故开证行对于信用证项下单据享有财产权利是信托法律关系成立的合理性前提，而本案信托收据的约定与上述法律规定的基本逻辑相悖，故难以适用信托法的相关规定；另一方面，信托收据亦非表明在开证行与开证申请人之间形成了质押法律关系。因为我国《中华人民共和国担保法》规定动产质押以转移占有为生效条件，而本案中开证行在取得全套海运提单后即交给开证申请人，开证行并不实际占有信用证项下单据或进口货物，故在开证行和开证申请人之间亦不存在合法有效的质押法律关系。因此，根据现行法律规定，可将信托收据视为进口商与开证行之间的一种无名合同，开证行依其与进口商之间在信托收据中的约定对信用证项下的进口货物拥有优先受偿权，但由于信托收据缺乏公示效力，故仅对进口商和开证行有约束力，任何一方不能以信托收据对抗善意第三人。

三、关于肯考帝亚公司是否已取得系争康劲轮货物所有权的问题

根据我国《中华人民共和国合同法》和《中华人民共和国物权法》的相关规定，动产所有权自标的物交付时起转移，但法律另有规定或者当事人另有约定的除外。本案中，肯考帝亚公司与湛江建行之间就系争康劲轮货物的所有权归属各执一词。

该院认为，首先，本案系争康劲轮货物在进入仓库后，被湛江中院依法查封。肯考帝亚公司持相关凭证要求提货时，湛江港公司告知其在法院解除查封后方可持提货单及所有权转让的正本文件办理提货手续。其后，系争康劲轮货物被湛江中院裁定变卖。可见，肯考帝亚公司从未实际占有系争康劲轮的货物。

其次，正本海运提单是一种物权凭证，持有人拥有提单项下货物的占有权，而以正本海运提单向船方换取的提货单并不具有物权凭证的性质，仅能证明提货单上记载的货主或提货单位享有提货的权利，本质上属于债权凭证。本案中，肯考帝亚公司称富虹公司和元亨公司均系受其委托持正本海运提单

换取提货单，但其举证不足以证明此节事实，且肯考帝亚公司持有的提货单上记载的提货单位是富虹公司。富虹公司在未向他人背书转让提单的情况下直接向康劲轮船方出示正本海运提单，并换取了记载其为提货单位的提货单，故肯考帝亚公司所称富虹公司向其交付系争康劲轮货物的行为并未完成。

综上，该院认为，系争康劲轮货物未交付给肯考帝亚公司，亦不存在法律规定的其他情形，其所有权未发生变动。因此，肯考帝亚公司要求确认系争康劲轮货物以及变卖款项归其所有、富虹公司停止侵权、排除妨碍的诉请，缺乏事实和法律依据，该院依法不予支持。至于肯考帝亚公司因未取得系争康劲轮货物所有权而遭受的损失，系其与富虹公司之间的债权债务关系，肯考帝亚公司可基于《货物置换协议》向富虹公司另行主张。

据此，依照《中华人民共和国合同法》第一百三十三条、第一百七十四条、第一百七十五条，《中华人民共和国物权法》第二十三条、第三十三条之规定，判决：对肯考帝亚公司的诉讼请求不予支持。案件受理费1106007元，由肯考帝亚公司负担。

肯考帝亚公司不服原审判决，向本院提起上诉称：

一、原审法院对肯考帝亚公司以及富虹公司提交的证据认定不当，严重影响本案关键事实的查明。（一）肯考帝亚公司提交的元亨公司于2009年6月27日出具的《情况说明》，证明该公司代肯考帝亚公司取得正本提单，并完成提货。在本案中，根据客观情况，作为当事人的富虹公司认可肯考帝亚公司的证据，且富虹公司提供的证据可与该证据相印证；湛江建行并没有提出任何反驳证据，仅因为不知情且对其不利，而对证据的真实性不予认可。原审法院以“湛江建行对其真实性不予确认，肯考帝亚公司亦未能提供其他证据予以印证”为由，对上述证据不予采信，不确认肯考帝亚公司依据该证据所主张的事实，不符合法律规定。（二）关于富虹公司提供的袁伟锋的证人证词。袁伟锋是富虹公司的股东，肯考帝亚公司委托富虹公司和元亨公司代办有关手续时，袁伟锋是富虹公司这方面工作的负责人。富虹公司亦认可袁伟锋的意见是富虹公司的公司意见；袁伟锋的证人证词与肯考帝亚公司所提交的证据相印证，并不是孤证，应当予以采信。原审法院因为富虹公司的证据的形式有瑕疵而作出对肯考帝亚公司不利的判决，对肯考帝亚公司而言，明显不公平。（三）原审法院不应当然地采信湛江中院的判决。在该案中，肯考帝亚公司是无独立请求权的第三人，湛江中院并没有在主文中判决肯考帝亚公司没有取得货物的所有权，而是在推理中提及此问题。但其推理是基于一个错误的前提：空白背书提单不能转让。按照《中华人民共和国海商法》第七十九条规定，指示提单：经过记名背书或者空白背书转让。在本案中，富虹公司向肯考帝亚公司空白背书转让提单并无不妥，而湛江中院的推理前提与法律的规定不一致。因此，结论也不可能符合法律规定。

二、原审法院查明事实有误、适用法律不当。（一）原审法院对富虹公司向肯考帝亚公司交付整套海运提单事实的查明有误。2008 年 9 月 5 日，富虹公司向肯考帝亚公司的代理人元亨公司交付了整套的经富虹公司空白背书的海运提单。在庭审过程中。富虹公司也承认了提单交付的情况，其提交的证据及元亨公司的说明也可以相互印证以上事实。富虹公司交付提单之后，全套提单及其换回的提货单一直由肯考帝亚公司持有。原审法院没合理依据而拒绝采信肯考帝亚公司以及富虹公司的证据，导致查明事实有误。（二）原审法院对涉案空白背书提单的理解和适用法律有误。按照《中华人民共和国海商法》第七十九的规定，空白背书的提单属于可以自由转让的提单。在本案中，富虹公司已经空白背书了提单，然后转让给肯考帝亚公司。原审法院认定富虹公司未向他人背书转让提单属认定事实有误、适用法律错误。（三）原审法院对富虹公司与元亨公司的代理行为查明有误，适用法律不当。在本案中，由于富虹公司是提单的通知方，且是有协助办理所有权转移给肯考帝亚公司的义务的易货合同当事方，肯考帝亚公司委托其与元亨公司作为肯考帝亚公司的代理人，代办提货的有关手续。按照《中华人民共和国合同法》第四百零二条和第四百零三条的有关规定，受托人有权以自己的名义在委托人的授权范围内实施民事行为，包括与第三人订立合同。原审法院没有适用上述法律规定，认定富虹公司和元亨公司的代理行为。在肯考帝亚公司占有提单期间，富虹公司和元亨公司代为换单的行为的法律后果由被代理人肯考帝亚公司承担。(四）原审法院对提货单上的记载的查明有误。在本案中，富虹公司取得指示提单之后，在提单上空白背书，然后交付给肯考帝亚公司。因此，在富虹公司与元亨公司代肯考帝亚公司凭提单换取提货单时，船方收到的提单不是记名提单而是空白背书的指示提单，所以换取的提货单上没有载明收货人（收货人记载为 Toorder)。事实上，中国湛江外轮代理有限公司（以下简称湛江外代）签发的提货单也没有载明收货人（或提货单位)，而是肯考帝亚公司为了避免不必要的争议而要求富虹公司在提货单位一栏上加盖公章。湛江港公司的回复函亦肯定了肯考帝亚公司凭本案所涉的提货单提货的权利。原审法院对“换取了记载富虹公司为提货单位的提货单”的认定，明显与事实不相符。(五）原审法院对货物所有权转移的事实认定有误，适用法律不当。2008 年 9 月 15 日，肯考帝亚公司和富虹公司通过易货已经取得对方货物的所有权。富虹公司向肯考帝亚公司交付了提单。肯考帝亚公司通过取得提单合法占有货物；2008 年 9 月 10 日，富虹公司已经将“康劲”轮的提单项下的权利和货物向肯考帝亚公司出质，肯考帝亚公司取得货物的优先受偿权；2008 年 9 月 15 日，双方对易货进行确认之后，“康劲”轮项下货物的所有权从双方予以确认时起，自富虹公司转移给肯考帝亚公司。

请求：1. 撤销原审判决；2. 确认“康劲”轮项下被查封、变卖的原堆存于湛江港码头的 52231 吨阿根廷大豆的所有权归属肯考帝亚公司；3. 湛江中院提存的“康劲”轮项下 52231 吨阿根廷大豆的变卖款及相应利息归属肯考帝亚公司所有；4. 本案诉讼费用由富虹公司和湛江建行承担。

富虹公司未作书面答辩。二审庭审时，富虹公司称：一、一审判决后，富虹公司相关的主要领导已被拘留，账户被查封，故未提起上诉，对肯考帝亚公司的上诉没有意见；二、湛江建行已全部收回货款，没有损失；三、从

2008年4月18日富虹公司与肯考帝亚公司签订货物进口代理协议，至同年9月4日湛江建行开出信用证、富虹公司与肯考帝亚公司签订质押合同确认书，均为客观事实，富虹公司并未与任何一方恶意串通，至于这些行为的效力如何，请人民法院依法确认。

湛江建行未作书面陈述。二审庭审时，湛江建行称：一、涉案大豆已经被变卖，按照《中华人民共和国物权法》的有关规定，物不存在时物权亦不能存在，而货币采用的是占有即所有的规则，故肯考帝亚公司的上诉请求不能成立。二、湛江中院的调查笔录证明，一份正本提单已于2008年9月9日之前由富虹公司交付给了元亨公司，故富虹公司并未将全套正本提单转让给肯考帝亚公司。确认书和质押合同均签订于2008年9月9日之后，此时提单已经丧失了物权凭证的效力，相关事实的约定违反客观事实，其效力不应予以确认。三、所有证据均证明富虹公司是货主，其与肯考帝亚公司之间不存在代理关系。请求驳回上诉，维持原审判决。

本院认为：根据肯考帝亚公司的一审诉讼请求，本案实际为所有权确认纠纷，并非买卖合同纠纷，原审判决确定的案由不妥，应予纠正。

本案无涉外（港澳台）因素，各方当事人对本案法律适用无异议，本院予以确认。

二审期间，各方当事人均未向本院提交新证据。

根据肯考帝亚公司的上诉请求以及富虹公司、湛江建行二审庭审时的陈述，各方当事人确认本案争议焦点为：肯考帝亚公司是否享有争议大豆的所有权。

根据肯考帝亚公司二审庭审时的陈述，其认为原审判决在富虹公司于2008年9月18日以正本提单提取提货单的事实认定上有误，其他事实则是客观的。对于该部分事实，肯考帝亚公司认为富虹公司于2008年9月5日将涉案提单向其进行了交付（空白背书），其后，两个公司之间就提货形成了委托代理关系。为此，肯考帝亚公司提供了袁伟锋的证人证言、元亨公司出具的《情况说明》。肯考帝亚公司认为，该两份证据证明了涉案提单已经背书转让给了肯考帝亚公司，而富虹公司是接受其委托进行的以提单换取提货单。

根据湛江中院（2009）湛中法民三初字第3号民事判决（已生效）确认的事实以及涉案提货单留底联的内容，可以认定以下事实：2008年9月9日之前。富虹公司向湛江外代出示“康劲”轮项下货物的正本海运提单，要求换取提货单。同日，富虹公司领取了提货单报关联，并于同日委托粤西货代报关。同年9月18日，富虹公司收到提货单一套（五联），

肯考帝亚公司在涉案提单何时由富虹公司交付给其的前后陈述以及其提交的相关证据内容并不一致：原审法院2009年5月21日的谈话笔录中，肯考帝亚公司称涉案提单是于质押合同签订时由富虹公司交付给其，再由其在富虹公司协助下交给承运人；《情况说明》和袁伟锋证人证言则又称提单是由元亨公司和富虹公司一起交给承运人；原审法院2009年9月25日庭审时，肯考帝亚公司则又称元亨公司于2008年9月5日代其收取提单。本院认为，肯考帝亚公司的陈述以及《情况说明》、袁伟锋的证人证言不足以采信。根据查明的事实，虽然富虹公司是于2008年9月18日才收到提货单，但富虹公司已于2008年9月9日即已向湛江外代出示提单并换取了提货单报关联。本案涉及的提单是不记名指示提单，按照海商法的有关规定。该提单固然可以经空白背书转让，但无论是质押合同，还是确认书、货物置换协议，均是在2008年9月9日之后签订，此时，富虹公司已经不可能将全套正本提单转让给肯考帝亚公司。而肯考帝亚公司亦没有直接证据证明其于2008年9月5日即合法占有提单。因此，肯考帝亚公司关于其于2008年9月5日收到富虹公司交付的涉案提单的主张缺乏事实依据。本院不予支持。

关于肯考帝亚公司与富虹公司之间是否存在委托代理关系的问题。目前肯考帝亚公司并没有直接证据证明其与富虹公司之间存在委托代理关系，而元亨公司出具的《情况说明》以及袁伟锋的证人证言与提货单记载富虹公司为提货单位的内容不符，上述证据不足以证明委托代理关系的存在。事实上，

从报关以及换单事实看，涉案大豆的货主是富虹公司，亦是由富虹公司直接向湛江外代以提单换取了提货单。因此，肯考帝亚公司关于其与富虹公司之间存在委托代理关系的主张缺乏事实依据，本院不予支持。

根据前述分析，涉案提单并未由富虹公司转让给肯考帝亚公司，而是由富虹公司持有并换取了提货单，这从提货单上记载富虹公司为提货单位亦可以得到印证。故肯考帝亚公司关于其已通过取得提单合法占有涉案货物的主张缺乏事实依据。根据我国《中华人民共和国物权法》第二十三条的规定，动产物权的设立和转让，自交付时发生效力。交付是否完成是动产所有权转移与否的标准。本案系争货物存放于湛江港，属于第三人占有情形，在本案不存在直接交付的情况下，只能采用指示交付的方式。因此，富虹公司是否完成了指示交付是认定争议货物所有权是否已经完成转移的关键。首先，肯考帝亚公司与富虹公司并没有证据证明提货单何时交付，肯考帝亚公司持有提货单向湛江港公司请求提取货物时，涉案大豆已经处于查封状态。其次，《最高人民法院关于适用〈中华人民共和国担保法〉若干问题的解释》第八十八条规定，出质人以间接占有的财产出质的，以质押合同书面通知占有人时视为移交。根据该条规定精神，本案提货单的交付，仅意味着富虹公司的提货请求权转移给了肯考帝亚公司，在富虹公司未将提货请求转移事实通知实际占有人时，提货单的交付并不构成我国《中华人民共和国物权法》第二十六条所规定的指示交付。因此，富虹公司未完成向肯考帝亚公司交付涉案大豆的行为，涉案大豆的所有权未发生变动。肯考帝亚公司关于其为涉案大豆所有权人以及涉案大豆提存款归其所有的上诉请求缺乏事实和法律依据，本院不予支持。

综上，肯考帝亚公司的上诉请求无理，本院不予支持，原审判决认定事实基本清楚，适用法律正确，应予维持。本院根据《中华人民共和国民事诉讼法》第一百五十三条第一款第（一）项之规定，判决如下：

驳回上诉，维持原判。

二审案件受理费1106007元，由肯考帝亚公司负担。

本判决为终审判决。

004. 在他人享有使用权之土地上建造房屋而形成附和的，房屋所有权一般归属于土地使用权人[①]

胡田云诉汤锦勤、王剑峰所有权确认纠纷案

裁判摘要

房屋拆迁安置权益属房屋所有权的综合性权能，一般包括被拆房屋补偿款、搬迁费用、新建房屋补贴、新建房屋土地使用权等在内。应以被拆迁房屋的所有权权属决定拆迁安置权益的归属，共有人之间有权通过协议予以分割。

在他人享有使用权之土地上建造房屋而形成附和的，房屋所有权一般归属于土地使用权人。对实施房屋建造的非土地使用权人所进行的补偿不仅仅包括金钱给付，在特定身份关系下亦应包括居住使用权益。

原告：胡田云。

被告：汤锦勤。

被告：王剑峰。

原告胡田云因与被告汤锦勤、王剑峰发生所有权确认纠纷，向浙江省兰溪市人民法院提起诉讼。

原告胡田云诉称：被告王剑峰系被告汤锦勤的前妻，二人于2000年1月离婚，双方对位于兰溪市黄龙洞曹家路13号房屋及子女抚养约定如下：房屋

① 参见《最高人民法院公报》2011年第12期。

两间三层，第一、三层归汤锦勤所有，第二层归王剑峰所有。婚生子汤弘波由汤锦勤抚养。如拆迁赔偿，王剑峰分割三分之一。原告离异后与汤锦勤于2004年3月26日登记结婚。2006年7月，曹家路13号房屋因道路拓宽改造被拆除，共计获得各类补偿款270000余元，按照离婚协议，王剑峰从兰溪市拆迁办领走拆迁补偿费90000元，其余由汤锦勤领取。后原告与汤锦勤共同出资建造位于兰溪市云山街道莲花区福兴村27幢1#房屋一幢，并与汤锦勤、汤弘波及原告儿子一起居住在该房屋中。2009年10月左右，王剑峰以原告建造房屋属汤弘波与汤锦勤共有为由，要求村委会进行调解，分割属于汤弘波个人所有的房产。原告此时得知汤锦勤与王剑峰已就新建房产进行了协议分割。因原告认为协议损害了其权益，调解未能成功。2010年6月，汤锦勤儿子汤弘波起诉，要求法院确认兰溪市云山街道莲花区福兴村27幢1#的房屋三至四层归汤弘波所有。原告认为，汤锦勤与王剑峰的房产已被政府拆迁掉且王剑峰的补偿款也已经领走，无权对属于原告与汤锦勤共有的兰溪市云山街道莲花区福兴村27幢1#房屋进行处分。请求法院确认汤锦勤与王剑峰于2006年7月8日签订的关于房屋拆迁补偿和房产分割协议中的第三条条款无效。

原告胡田云提交了如下证据：

1. 原告胡田云身份证，证明原告的身份。

2. 结婚证，证明原告胡田云和被告汤锦勤于2004年登记结婚。

3. 离婚证、离婚协议书各一份，证明被告王剑峰与被告汤锦勤2000年离婚及双方离婚时关于房屋分割、子女抚养的约定。

4. 集体土地房屋拆迁补偿安置协议书一份，证明兰溪市曹家路13号房屋已被拆迁及所得补偿款280498元。

5. 协议书一份，证明被告王剑峰与被告汤锦勤关于新建房屋分割的约定。

被告汤锦勤辩称，汤锦勤与被告王剑峰于2000年离婚，当时双方约定二间三层房屋中的第二层归王剑峰。汤锦勤与原告胡田云于2004年结婚。房屋被拆迁前汤锦勤与王剑峰在村里签订了协议，约定新建房屋的第一、二层归汤锦勤所有，第三层以上归儿子汤弘波所有。因怕被责怪汤锦勤未将协议事项告知胡田云。汤锦勤领到的补偿款180000元，其中20000多元用于归还老房子遗留债务，其余均用于造房，新房子造价约300000元。

被告王剑峰辩称，按照离婚协议，对被拆迁房屋原告胡田云没有所有权份额。按照离婚时王剑峰与被告汤锦勤口头约定，因儿子汤弘波由汤锦勤抚养，被拆迁房屋第一、三层归汤锦勤，其中一层是归儿子所有。第二层归王剑峰所有。房屋拆迁补偿款中儿子也有一份，二间三层的老房子是与别人拼起来造的，确实借了一笔钱。在2006年房屋列入拆迁后，王剑峰要求把儿子的份额单独列出，否则由其自己建造房屋，汤锦勤不同意。双方后在村委会盖章见证下签订了一份拆迁安置权益分配协议。

兰溪市人民法院一审查明：

被告汤锦勤、王剑峰原为夫妻，原坐落在兰溪市曹家路13号房屋共二间三层房屋系其二人的共同财产。2000年1月双方协议离婚。离婚协议约定：儿子汤弘波由汤锦勤负责抚养。共同财产房屋二间，第二层归王剑峰所有，第一层、第三层归汤锦勤所有。楼梯间双方使用。房屋如拆迁，经济补偿费分三分之一给王剑峰。2004年3月，汤锦勤与原告胡田云登记结婚。2006年7月，因曹家路拓宽需拆迁坐落在兰溪市曹家路13号房屋共二间三层房屋。当地村委会安排地基建造新房，王剑峰要求参与建房，汤锦勤不同意共建。双方经过协商，二人于2006年7月8日，在当地村委会见证下签订协议。第三条关于住房分割约定：如安排地基新建住房由汤锦勤造（此房不能低于三层），建成后的住房不准出售、抵押和转让。一至二层归汤锦勤所有，二层以上归汤弘波所有。楼梯间供双方共同使用。如汤锦勤百年后汤锦勤的一至二层归合法继承人汤弘波所有。2006年7月21日，兰溪市建业房屋拆迁有限公司与汤锦勤签订集体土地房屋拆迁补偿安置协议书。按双方约定，王剑峰领取房屋拆迁补偿款90000元。汤锦勤在村安排的土地上建造现位于兰溪市莲花新区福兴村27幢1#房屋一幢。2010年6月份，汤锦勤儿子汤弘波起诉至法院，要求确认兰溪市云山街道莲花区福兴村27幢1#的房屋三至四层归其所有。

兰溪市人民法院一审认为：

原坐落在兰溪市曹家路13号房屋共二间三层是被告汤锦勤、王剑峰共同财产。房屋拆迁后所得的补偿金及由村安排地基新建住房是物的形态转变。汤锦勤、王剑峰有权对自己所有的财产享有处分权，所签订的协议是汤锦勤与王剑峰真实意思表示。讼争房虽系原告胡田云与汤锦勤婚后建造，但胡田云未能提供建造房屋的出资证据，认为汤锦勤与王剑峰所签协议侵犯其合法权益，证据不足。

据此，浙江省兰溪市人民法院依照《最高人民法院关于民事诉讼证据的若干规定》第一条、第二条，《中华人民共和国民法通则》第五十八条之规定，于2010年10月27日判决：

驳回原告胡田云的诉讼请求。

胡田云不服一审判决，向浙江省金华市中级人民法院提起上诉，主要理由是：一、被拆迁的曹家路13号二间三层房屋中仅有第二层2间和第三层1间属被上诉人汤锦勤与王剑峰的夫妻共同财产，其余属汤锦勤的婚前财产，两人在离婚时一并予以分割，已有利于王剑峰。二、王剑峰已如数领到属于自己份额的拆迁房屋补偿款和地基复建费合计90000元，无权对上诉人与汤锦勤共建的新房提出任何要求。三、汤锦勤与王剑峰达成的拆迁安置协议系王剑峰一手炮制、借用村干部参与迫使汤锦勤签字，完全剥夺了上诉人合法的房产权益，是违法的、无效的。四、原房屋和拆迁后新建房屋是两个不同组合的房屋所有权，原房屋按离婚协议论属汤锦勤与王剑峰的共同财产，但该房屋拆迁后的新建房屋属于上诉人与汤锦勤的夫妻共同财产。五、上诉人在二审中将提供建设新房的出资证据，总共支出款项达人民币322351元。综上，请求撤销原判，依法改判。

上诉人胡田云在二审中提交了以下证据：

1. 何林书的书面证明一份，证明拆迁前房屋中的三间系何林书于 1996 年 3 月以 38000 元价格出让给被上诉人汤锦勤与王剑峰。

2. 借贷凭证、借条、付款收据等共计 14 份，共同证明上诉人胡田云与被上诉人汤锦勤建新房投入人民币 322351 元，其中上诉人投入 104797 元。

3. 门牌证一份，证明上诉人胡田云与被上诉人汤锦勤共建新房的坐落位置。

被上诉人汤锦勤在答辩中提出：被拆迁的曹家路 13 号二间三层房屋中仅有第二层 2 间和第三层 1 间属汤锦勤与被上诉人王剑峰的夫妻共同财产，第一层 2 间与第三层 1 间系其与母亲共建的，在与王剑峰离婚分割时，未征得母亲同意。

被上诉人王剑峰在答辩中提出：因其对于老房子有三分之一份额，根据拆迁政策，有权重新获得地基建房，按照与被上诉人汤锦勤有关拆迁安置的协议约定，被上诉人并未参与到建房，但是汤锦勤与上诉人胡田云的建房行为涉及其土地使用权。王剑峰与汤锦勤签订有关拆迁安置的协议完全是出于维护双方共同婚生子的利益。

被上诉人王剑峰在二审中提交了被上诉人汤锦勤哥哥汤建华书面证明一份，证明被拆迁房屋属于汤锦勤与王剑峰所有，与母亲童秀莲无关。

金华市中级人民法院经二审，确认了一审查明的事实。

本案二审的争议焦点是：一、兰溪市黄龙洞村曹家路 13 号二间三层房屋的权属；二、拆迁安置权益的归属与分配；三、上诉人胡田云可否依据房屋建造行为主张房屋所有权。

金华市中级人民法院二审认为：

一、关于第一个争议焦点。

上诉人胡田云提供的证据 1 与被上诉人王剑峰提供的证据均涉及被拆迁房屋的权属问题，涉及案外利害关系人为被上诉人汤锦勤的母亲童秀莲，与作为上诉人的胡田云无关，且童秀莲对汤锦勤与王剑峰于1999年达成的离婚协议中对被拆迁房屋的权属分配至今未提出异议，房屋拆迁补偿安置协议亦由汤锦勤出面签订并履行完毕，因此在本案中应以离婚协议作为认定被拆迁房屋权属的依据，可认定坐落于兰溪市黄龙洞村曹家路13号二间三层房屋属王剑峰与汤锦勤两人共有。

二、关于第二个争议焦点。

根据不动产所有权的固有法律属性和房屋拆迁安置过程中普遍性的政策规定，安置权益属房屋所有权的综合性权能，一般包括被拆房屋补偿款、搬迁费用、新建房屋补贴、新建房屋土地使用权等在内。因被上诉人汤锦勤与王剑峰于1999年达成的离婚协议约定，坐落于兰溪市黄龙洞村曹家路13号二间三层房屋属两人共有，故源自该房屋所有权的拆迁安置权益属于汤锦勤与王剑峰共有，其两人有权就安置权益的具体落实和分配进行协商确定。分析有关安置权益分配协议的签订过程，王剑峰起先虽主张独立享有安置权益特别是新建房屋土地使用权，但在共同将安置后新建房屋作出了维护共同婚生子汤弘波利益的处分后，其同意由汤锦勤单独享有新建房屋土地使用权，安置权益中的其他部分则以三分之一为基本原则予以享有。故汤锦勤与王剑峰达成的有关安置权益分配的协议总体利益平衡，不存在显失公平之处。

三、关于第三个争议焦点。

因由被上诉人汤锦勤独自享有新建房屋土地使用权，即被上诉人王剑峰退出新房建设，上诉人胡田云作为汤锦勤的现任妻子，必然参与其中，但因胡田云与汤锦勤对拆迁安置各项补偿款160000余元被投入安置房建造的事实无异议，结合黄龙洞村村书记和村主任在一审法院调查笔录中对安置房每平方米造价的陈述，安置房建造无需显著追加投入，且决定安置房权属的关键因素在于土地使用权而非建造成本，追加投入之一半亦属汤锦勤有权处分，故胡田云对本案诉争房屋虽有一定贡献，但据此不足以作为其享有房屋所有权份额的依据，且该贡献与其享有的居住使用权益基本相当。故汤锦勤与王剑峰达成的有关安置权益分配的协议并未损害胡田云的合法权益。

综上，对于被上诉人汤锦勤与王剑峰于2006年7月8日达成的有关拆迁安置权益分配协议中的第三款，上诉人胡田云主张无效的理由均不能成立。据此，浙江省金华市中级人民法院依照《中华人民共和国民事诉讼法》第一百五十三条第一款第（一）项之规定，于2011年1月13日判决：

驳回上诉，维持原判。

本判决为终审判决。

（二）地方法院典型案例

005. 监护人除为被监护人利益外，不得处分被监护人的房屋①

基本案情：魏某某在其儿子黄某与儿媳骆某婚姻关系存续期间，将自有房屋一套赠与孙子黄小某，并办理了房屋所有权变更登记。后儿子与儿媳协议离婚，约定黄小某由父亲抚养教育，由母亲代管至小学毕业。2020年2月，黄某以黄小某名义，与母亲魏某某签订房屋买卖合同，将前述房屋出卖给魏某某，并完成房屋所有权变更登记，魏某某未支付房款。2020年10月，骆某以黄小某为原告，将魏某某、黄某诉至法院，请求确认房屋买卖合同无效。法院经审理，确认黄某以黄小某名义与魏某某签订的房屋买卖合同无效，但黄某与魏某某拒不协助回转办理房屋所有权变更登记。2021年4月，骆某再次以黄小某为原告，起诉至法院，要求确认案涉房屋归黄小某所有。

裁判结果：本案审理过程中，人民法院基于维护家庭和谐、亲权亲子关

① 《四川法院未成年人司法保护典型案例》（2022年5月30日公布），四、黄小某诉魏某某、黄某所有权确认纠纷案——监护人除为被监护人利益外，不得处分被监护人的财产，并依据《民法典》兼顾保护老年赠与人居住权，载四川省高级人民法院网站，http：//scfy. scssfw. gov. cn/article/detail/2022/05/id/6712160. shtml，最后访问日期：2023年7月3日。

系，保护子女利益的司法考量，多次组织当事人调解，最终促使双方达成调解协议：案涉房屋归黄小某所有，魏某某享有该房居住权至黄小某年满十八周岁，双方在办理房屋所有权变更手续时一并办理居住权登记。

典型意义

本案中，未成年人黄小某既已获得祖母魏某某赠与的房产，其所有权就应当受到法律保护。依据《中华人民共和国民法典》第三十五条第一款“监护人应当按照最有利于被监护人的原则履行监护职责。监护人除为被监护人利益外，不得处分被监护人的财产”的规定，作为监护人，即使是父母，对被监护人财产的处分，也必须基于维护被监护人的利益，并符合最有利于被监护人的原则。黄某擅自将黄小某已取得所有权的房产无偿转让给魏某某，损害了未成年人的财产所有权，亦有违监护人履行监护职责的基本原则。该案办理过程中，法官没有简单适用法条，而是准确把握到祖母的行为初衷，努力寻求未成年人利益保护与老年长辈合理诉求间的平衡点，适用《中华人民共和国民法典》物权编新增设的居住权制度。通过为案涉房屋设立居住用益物权的方式，消除了原赠与人对于未成年人父母离异后一方可能擅自对外处分未成年人房产的顾虑和担心，最终促成双方达成调解协议，既妥善化解了家事纠纷，又最大限度保护了未成年人财产权益。

（三）裁判依据

《中华人民共和国民法典》

第二百三十四条 因物权的归属、内容发生争议的，利害关系人可以请求确认权利。

《中华人民共和国涉外民事关系法律适用法》

第三十六条 不动产物权，适用不动产所在地法律。

第三十七条 当事人可以协议选择动产物权适用的法律。当事人没有选择的，适用法律事实发生时动产所在地法律。

第三十八条 当事人可以协议选择运输中动产物权发生变更适用的法律。当事人没有选择的，适用运输目的地法律。

《最高人民法院关于适用〈中华人民共和国民法典〉物权编的解释（一）》

第一条 因不动产物权的归属，以及作为不动产物权登记基础的买卖、赠与、抵押等产生争议，当事人提起民事诉讼的，应当依法受理。当事人已经在行政诉讼中申请一并解决上述民事争议，且人民法院一并审理的除外。

第十七条 民法典第三百一十一条第一款第一项所称的“受让人受让该不动产或者动产时”，是指依法完成不动产物权转移登记或者动产交付之时。

当事人以民法典第二百二十六条规定的方式交付动产的，转让动产民事法律行为生效时为动产交付之时；当事人以民法典第二百二十七条规定的方式交付动产的，转让人与受让人之间有关转让返还原物请求权的协议生效时为动产交付之时。

法律对不动产、动产物权的设立另有规定的，应当按照法律规定的时间认定权利人是否为善意。

第十八条 民法典第三百一十一条第一款第二项所称“合理的价格”，应当根据转让标的物的性质、数量以及付款方式等具体情况，参考转让时交易地市场价格以及交易习惯等因素综合认定。

第十九条 转让人将民法典第二百二十五条规定的船舶、航空器和机动车等交付给受让人的，应当认定符合民法典第三百一十一条第一款第三项规定的善意取得的条件。

第二十条 具有下列情形之一，受让人主张依据民法典第三百一十一条规定取得所有权的，不予支持：

（一）转让合同被认定无效；

（二）转让合同被撤销。

二、返还原物纠纷

（一）最高人民法院公报案例及典型案例

006. 劳动者不能基于劳动管理关系而对所占有的用人单位的财产适用留置[①]

长三角商品交易所有限公司诉卢海云返还原物纠纷案

裁判摘要

留置权是平等主体之间实现债权的担保方式；除企业之间留置的外，债权人留置的动产，应当与债权属于同一法律关系。

劳动关系主体双方在履行劳动合同过程中处于管理与被管理的不平等关系。劳动者以用人单位拖欠劳动报酬为由，主张对用人单位供其使用的工具、物品等动产行使留置权，因此类动产不是劳动合同关系的标的物，与劳动债权不属于同一法律关系，故人民法院不予支持该主张。

原告：长三角商品交易所有限公司，住所地：江苏省无锡市滨湖区高浪东路。

法定代表人：翟小平，该公司董事长。

① 参见《最高人民法院公报》2017 年第 1 期。

被告：卢海云。

原告长三角商品交易所有限公司（以下简称长三角公司）因与被告卢海云发生返还原物纠纷，向江苏省无锡市崇安区人民法院提起诉讼。

原告长三角公司诉称：被告卢海云原系长三角公司副总经理，为方便卢海云工作，长三角公司将捷达苏B×××××轿车配给卢海云使用。后长三角公司管理层进行调整，卢海云拒绝调整安排并且旷工多日，因此长三角公司于2014年2月21日作出处罚通告1份，载明卢海云连续旷工13日，从即日起给予辞退处理等内容，并于当日将该通告送达给卢海云，故长三角公司与卢海云之间的劳动关系已经解除。因此，卢海云无权继续占用该车辆，也无权以劳资纠纷为由对苏B×××××轿车行使留置权，理由：1. 卢海云与长三角公司之间的劳资纠纷应适用劳动法，不能适用《中华人民共和国物权法》上的留置权来对抗长三角公司。2. 长三角公司将车辆配置给卢海云使用并非基于劳动关系，而是提供给高管的一种福利，与工资、社保金纠纷并非同一法律关系，长三角公司有权按照民法上的所有权要求卢海云返还车辆。3. 即使卢海云申请劳动仲裁，但仲裁裁决书尚未生效，债权债务没有确定，卢海云无权留置长三角公司的财产。4. 由于卢海云拒不返还苏B×××××轿车，造成长三角公司必须额外支付公司员工外出打车、租车的费用。经向各车辆租赁公司咨询，捷达轿车的租赁价格约每日100元。故请求法院判令卢海云向长三角公司返还苏B×××××轿车；卢海云向长三角公司支付苏B×××××轿车的使用费（自2014年2月21日起至返还车辆之日止，按每天100元计算）。

被告卢海云辩称：原告长三角公司确实将捷达苏B×××××轿车配给卢海云使用，也收到长三角公司于2014年2月21日向卢海云送达的处罚通告，卢海云同意解除与长三角公司之间的劳动关系，但不同意返还苏B×××××轿车：1. 因长三角公司结欠被告工资、社保金及经济赔偿金，故卢海云对长三角公司享有债权。同时，卢海云已就劳资纠纷向无锡市滨湖区劳动人事争议仲裁委员会申请劳动仲裁。2. 苏B×××××轿车是卢海云担任公司副总经理期间由长三角公司配置给其使用，因此卢海云是基于劳动关系合法占有苏B××××××轿车。3. 卢海云占有的车辆与债权同属劳动关系，故可以对苏B×××××汽车行使留置权，直至长三角公司付清相关费用。4. 长三角公司主张的车辆使用费没有事实和法律依据，因此不同意支付车辆使用费。

无锡市崇安区人民法院一审查明：

捷达苏B×××××轿车登记在原告长三角公司名下，被告卢海云原系长三角公司副总经理，长三角公司2013年9月6日购买该车后即交付卢海云使用。2014年2月21日，长三角公司向卢海云送达《关于卢海云同志旷工和挪/占用公司财产处罚通告》，载明卢海云“连续旷工13日，我公司多次通知拒不去集团物流园报到也不来交易所并挪用和拒还公司小车（捷达苏B×××××），其行为违反了我司《员工手册》第三章第十五条关于旷工的规定和第十三章第七十二条第十款挪用公司财务的规定，属于严重的违纪行为，从即日起给予辞退处理”等内容；卢海云对解除劳动关系并无异议，但认为长三角公司解除劳动关系违法，应向其支付拖欠的工资、社保金及经济补偿金，故拒绝向长三角公司返还苏B×××××轿车。

另查明：被告卢海云于2014年6月9日向无锡市滨湖区劳动人事争议仲裁委员会申请劳动仲裁，2014年7月25日该委作出锡滨劳人仲案字（2014）第339号仲裁裁决书，载明原告长三角公司应支付卢海云2013年1月至2014年1月的工资差额12.6万元及违法解除劳动合同的经济赔偿金8万元等内容。

无锡市崇安区人民法院一审认为：

原告长三角公司因被告卢海云担任长三角公司副总经理，将苏B×××××汽车配置给卢海云使用，故卢海云因长三角公司的安排合法占有、使用该车辆。卢海云系基于其与长三角公司的劳动关系合法占有该车辆，又主张基于该劳动关系长三角公司结欠其工资及经济赔偿金，故卢海云依法有权对该车行使留置权。因此，卢海云在长三角公司与其解除劳动关系后，基于长三角公司尚欠其工资及经济补偿金事宜，有权对苏 B×××××汽车行使留置权，故对长三角公司要求卢海云返还车辆、支付车辆使用费的主张不予支持。

综上，无锡市崇安区人民法院依照《中华人民共和国民法通则》第五条之规定，于 2014 年 8 月 6 日作出判决：

驳回长三角公司的诉讼请求。

长三角公司不服一审判决，向无锡市中级人民法院提起上诉。

上诉人长三角公司上诉称：1. 因劳动关系产生的债权不能适用留置权。留置权属于担保物权，具有自主救济性，根据《中华人民共和国担保法》第八十四条规定，留置权只适用保管合同、运输合同、加工承揽合同发生的债权债务纠纷。本案系劳资纠纷，且已经提请仲裁，寻求了公力救济，因此不能再适用留置权。2. 卢海云对苏 B×××××汽车属于非法占有。卢海云只是获得在职期间使用该车的权利，并没有取得该车的完整使用权，该车的使用权是有时间限制和条件限制的，而卢海云作为公司高管只是获得不需批准使用的权利，这种临时的、短期的使用权不属于合法占有，因此也无留置权适用余地。请求二审法院依法改判。诉讼中，长三角公司放弃要求卢海云支付苏 B×××××轿车使用费的主张，仅要求卢海云返还苏 B×××××轿车。

被上诉人卢海云辩称：1.《中华人民共和国物权法》对《中华人民共和国担保法》中的留置权适用范围进行了扩大，不局限于保管、运输、加工承揽合同发生的债权，卢海云基于劳动关系产生的债权可以适用留置权。2. 卢海云系担任长三角公司总经理而合法占有苏 B×××××轿车，符合留置权成立的“合法占有”要件，虽然长三角公司对劳动仲裁不服又提起了诉讼，但是卢海云的债权仍未得到清偿，应有权行使留置权。请求二审维持原判。

无锡市中级人民法院经二审，确认了一审查明的事实。

另查明：

1. 上诉人长三角公司不服锡滨劳人仲案字（2014）第 339 号仲裁裁决书，已向无锡市滨湖区人民法院提起诉讼，该案尚处于诉讼程序中。

2. 二审中，上诉人长三角公司提供《全日制劳动合同书》1份，用以证明被上诉人卢海云作为公司高管，被安排在管理岗位。长三角公司并进一步对管理岗位的工作内容作出解释，即行政管理、财务以及人事工作。卢海云对《全日制劳动合同书》的真实性、合法性没有异议，也认可卢海云名义上是主持交易所全面工作，实际是分管行政管理、财务以及人事工作。据此，法院对卢海云的管理岗位及主要分管“行政管理、财务以及人事”的工作内容予以认可。

本案二审的争议焦点为：被上诉人卢海云是否可以就其劳动债权对上诉人长三角公司的苏B×××××汽车行使留置权。

无锡市中级人民法院二审认为：

留置权是平等主体之间实现债权的担保方式；除企业之间留置的外，债权人留置的动产，应当与债权属于同一法律关系。劳动关系主体双方在履行劳动合同过程中处于管理与被管理的不平等关系。劳动者以用人单位拖欠劳动报酬为由，主张对用人单位供其使用的工具、物品等动产行使留置权，因此类动产不是劳动合同关系的标的物，与劳动债权不属于同一法律关系，故该主张与法律规定相悖。上诉人长三角公司的上诉理由成立，应予采纳。理由如下：

1. 基于劳动关系产生的债权不能行使留置权。《中华人民共和国物权法》第二百三十条规定，“债务人不履行到期债务，债权人可以留置已经合法占有的债务人的动产，并有权就该动产优先受偿”；第二百三十一条规定，“债权人留置的动产，应当与债权属于同一法律关系，但企业之间留置的除外”。根据法律规定及法律体系的架构，留置权的行使要件之一应为存在平等主体间的债权债务关系。留置权是担保物权之一，规定在我国的《中华人民共和国民法通则》、《中华人民共和国担保法》、《中华人民共和国物权法》等民法体系中，其调整对象应是平等主体间的民事担保关系，排除因管理行为产生的债权债务对担保法的运用。留置权在性质上是平等主体间实现债权的一种方式，其平等性表现在债权人可通过留置债务人的动产对抗债务人，督促其履行债务，并可通过对留置物进行变价优先受偿来保护债权。而劳动关系一方为用人单位，另一方为劳动者，与一般的民事关系相比，双方在履行劳动合同过程中处于管理和被管理的不平等关系，劳动者不能基于劳动管理关系而对所占有的用人单位的财产适用留置，否则将导致劳动管理秩序的紊乱。我国的劳动法及劳动合同法已经对劳动者的合法权利设置了倾斜性保护条款，劳动者完全可以通过法定的正当途径保护自己的劳动债权，如再使用私力救济方式保护劳动债权，不仅影响劳动生产和管理秩序，还将造成债权债务保护的不公平性。另外，由于留置权具有优先受偿性，不仅优于一般债权人，还优先于享有抵押权、质押权人的其他债权人，而劳资纠纷产生于用人单位与劳动者之间，本质上系经济组织的内部纠纷，从用人单位与劳动者共担经营风险的角度而言，也不应通过行使留置权而优先于外部债权人受偿。

2. 被上诉人卢海云所扣留的苏 B×××××轿车，不是双方劳动合同关系的标的物，不符合“同一法律关系”的构成要件。除企业间留置外，留置的动产应与债权属于同一法律关系。这实际上对留置的动产范围作了严格限定。所谓同一法律关系，是指债权人占有动产是基于与其债权发生的同一法律关系发生，动产与债权发生具有紧密联系性。劳动合同的基本法律关系为劳动者承担向用人单位提供劳动和接受用人单位管理的义务，并有权要求用人单位依约支付劳动报酬。本案中，卢海云被上诉人长三角公司安排在管理岗位，分管行政事务、财务以及人事工作，因此卢海云所扣留的苏 B×××××轿车，仅仅是长三角公司为公司高管出行提供的便利，并非双方建立的劳动关系的标的物，长三角公司可以随时收回车辆也并不影响原有劳动关系的履行，长三角公司是基于所有权而不是基于劳动关系要求卢海云返还车辆，因此卢海云占有苏 B×××××轿车与其主张的工资、社保金等劳动债权并非基于同一法律关系。

3. 双方劳动关系已经解除，被上诉人卢海云丧失合法占有苏 B×××××轿车的基础。作为上诉人长三角公司高管所享受的便利，卢海云合法占有苏 B×××××轿车是有时间限制和条件限制的，在双方劳动关系解除后，卢海云合法占有苏 B×××××轿车的条件已不存在，理应向长三角公司返还苏 B×××××轿车。

综上，一审判决事实认定清楚，但适用法律错误，应予纠正。上诉人长三角公司放弃被上诉人卢海云支付苏 B×××××轿车使用费的主张，是对自身合法权利的处分。据此，无锡市中级人民法院根据《中华人民共和国物权法》第二百三十条、二百三十一条和《中华人民共和国民事诉讼法》第一百七十条第一款第（二）项之规定，于 2014 年 11 月 17 日判决如下：

一、撤销无锡市崇安区人民法院于 2014 年 8 月 6 日作出的（2014）崇民初字第 0562 号民事判决；

二、卢海云自本判决生效之日起十日内向长三角公司返还苏 B×××××轿车。

一审案件诉讼费 875 元、二审案件受理费 875 元，均由卢海云负担。

本判决为终审判决。

007. 无权占有不动产或者动产的，权利人可以请求返还原物①

基本案情：被告郑某某等系北京市房山区某村村民。2009 年，北京市房山区某村为推进新农村建设，决定启动整建制搬迁工程。2009 年 6 月 22 日，经全村户代表大会表决通过《某村整建制搬迁工程实施方案》，并签署了《某村户代表大会决议》。2010 年 3 月，搬迁工程开始动工，被告郑某某系第一期搬迁村民，按照实施方案，被告郑某某家旧宅将被拆除，并可在规划区

① 《最高人民法院关于弘扬社会主义核心价值观典型案例》（2016 年 8 月 23 日发布），一、某村民委员会诉郑某某等 12 人返还原物纠纷案，载最高人民法院网站，https：//www. court. gov. cn/zixun/xiangqing/24931. html，最后访问日期：2023 年 7 月 3 日。

内分配新房。2011 年 10 月 6 日，某村村民代表大会通过了《关于新房分配相关事宜的决议》，依据被告郑某某等 12 人的申请，某村村民委员会为被告郑某某等 12 人分配了住房。因对村集体后续搬迁分房政策不满，被告郑某某等 12 人在搬进依据《关于新房分配相关事宜的决议》应分得的房屋后，将某村村内小区未分配 12 套住房换锁，并占为己有。2013 年 12 月 27 日，原告北京市房山区某村村民委员会诉至人民法院，请求人民法院依法判令郑某某等 12 名被告返还村集体房屋。

郑某某等 12 名被告则认为：不同意返还房屋，12 名被告确实按《某村整建制搬迁工程实施方案》分配到了新房，12 名被告是第一期，但后来村委会没有严格按照方案执行，在第二期、第三期搬迁过程中存在分房不公的现象。例如，一部分人可以在自己的宅基地上建房，不在搬迁规划区居住，甚至盖平房；一部分人分配新房面积超标；有些人不交个人负担部分费用也可入住；一些人户口早已迁出本村的，在搬迁过程中将户口迁回也可以分房；部分村干部存在违反实施方案的情况，违规建房，多占面积。

裁判结果：法院生效裁判认为：无权占有不动产或者动产的，权利人可以请求返还原物。本案诉争的位于北京市房山区某村村内小区的房屋属某村整建制搬迁工程中未分配住房，其所有权应归属村集体所有，郑某某等 12 名被告未经法定程序私自占有，实属不当，某村村民委员会要求返还该房屋的诉讼请求，于法有据，应予以支持。12 名被告认为原告北京市房山区某村村民委员会在执行拆迁政策过程中有不公正现象以及部分村干部存在违规多占问题，应通过正当渠道予以反映、解决，本院亦将案件审理过程中村民反映的问题，正式函告北京市房山区霞云岭乡政府，促请乡政府予以调查、核实并争取妥善解决。

法院于 2014 年 12 月 4 日作出判决：被告郑某某等 12 人于判决生效后十日内将北京市房山区某村村内小区的未分配房屋返还原告北京市房山区某村村民委员会。宣判后，双方均未提出上诉，该判决现已生效。

典型意义

本案在于教育、警示新农村建设中的违法行为人，保障新农村建设的正常进行。在新农村建设中，一些法律意识淡薄且存有侥幸心理的农村村民，无视、漠视法律、法规、规章及村规民约，妄图以违法行为获取非法或不当利益，且行为往往具有集团性，对新农村建设危害极大。本案以判决的方式，昭示了在新农村建设当中应当遵循的契约精神，打击了新农村建设中违法侵占行为和违约失信行为，破除了新农村建设的障碍，维护了新农村建设秩序，保障了新农村建设的顺利推进。

008. 附条件赠与房屋，赠与人没有违反赠与条件，被赠与人不得请求返还房屋①

基本案情：案涉房屋原系唐某三人的父亲唐某某与母亲韩某某的夫妻共同财产。2007年，韩某某去世。2008年，唐某三人通过继承遗产及唐某某的房屋产权赠与，取得案涉房屋所有权，并出具承诺书，承诺：父亲唐某某及其续弦未离世前，有终身无偿居住该房屋的权利，但此房只能由唐某某及其续弦居住，其无权处置（出租、出售、出借等），唐某三人无权自行处置该房产。后俞某某与唐某某登记结婚，共同居住案涉房屋。2016年1月，唐某某去世，64岁的俞某某仍居住在内。同年6月，唐某离婚，其以无房居住为由要求入住该房屋，遭俞某某拒绝。唐某三人提起本案诉讼，要求判令俞某某立即返还唐某三人名下的案涉房屋。

① 《人民法院老年人权益保护十大典型案例》（2021年2月24日发布），一、唐某三人诉俞某某返还原物纠纷案，载最高人民法院网站，https://www.court.gov.cn/zixun/xiangqing/287711.html，最后访问日期：2023年7月3日。

裁判结果：安徽省合肥市庐阳区人民法院认为，唐某三人在取得案涉房屋所有权时作出的承诺系其真实意思表示，且不违反法律强制性规定，俞某某依据该承诺享有继续在案涉房屋居住的权利，唐某三人应按承诺履行其义务。同时，俞某某不存在违反承诺书中对案涉房屋出租、出售、出借的行为，故对唐某三人要求俞某某立即返还其名下案涉房屋的请求，不予支持，判决驳回唐某三人的诉讼请求。

典型意义

物权人将房产赠与他人，受赠人承诺允许赠与人及其再婚配偶继续居住使用房屋至去世。在现行法律规定下，该承诺应视为赠与人作出赠与房产时所附的赠与义务，或称之为附条件的赠与。在房产已经转移登记至受赠人后，受赠人无权单方撤销承诺。本案纠纷发生时我国法律并未直接对居住权作出规定，在此情况下，应充分尊重当事人的意思自治。本案的裁判结果不仅符合情理，也与新颁布实施的《中华人民共和国民法典》关于居住权规定的相关精神一致，即不动产过户后，原物权人继续使用不动产，该种保留房屋居住使用权的赠与，可视为设立居住权的合同，新产权人亦无权单方撤销该合同。这一审判思路贯彻了党的十九大提出的加快建立多主体供给多渠道保障住房制度的要求，有利于解决老年人赡养、婚姻家庭生活中涉及的房产问题，保障老有所居，切实保护老年人的权益。

（二）地方法院典型案例

009. 签订虚假《资产转让协议》提起虚假诉讼，应予驳回[①]

典型意义

司法实践中，当事人恶意串通，通过伪造证据、虚构事实、隐瞒真相等手段捏造事实、骗取法院裁判文书的行为，已成为虚假诉讼的一种重要类型。由于其隐蔽性强，证据链完整，对法官查明案件事实真相造成极大干扰。司法机关要有效甄别、发现、惩处此类虚假诉讼违法犯罪行为，需要法院与检察、公安、司法等多部门加强协作，在打击虚假诉讼过程中明确分工、强化监督配合，形成整治合力，共同营造公平竞争的市场环境，促进社会诚信体系建设。

案情与裁判：周某华对长城公司享有大量债权，长城公司无力归还。2017年10月29日，周某华基于无权处分，与正盛公司法定代表人沈某强等人签订《债权转让协议》，约定周某华向沈某强转让其对长城公司享有的900万元债权，周某华将长城公司约10亩无证土地承买权或租赁权转让给沈某强一方。2017年12月30日，沈某强按约向周某华支付款项。后双方签订补充协议，约定10亩无证土地及建筑物归沈某强所有，厂区外两幢房屋10年租期归正盛公司所有。

2018年1月22日，法院受理长城公司破产清算一案。同年8月31日，

① 《浙江高院发布防范和打击虚假诉讼第二批典型案例》（2022年1月12日发布），三、恶意串通签订虚假资产转让协议、伪造银行转账凭证侵害他人权益构成虚假诉讼罪——原告刘某林与被告正盛公司、第三人周某华返还原物纠纷案，载浙江天平微信公众号，https：//mp. weixin. qq. com/s/y9BcaMQgLkmwCk9P2O3_ 2A，最后访问日期：2023年7月3日。

周某华与长城公司管理人签订《资产转让协议》，将长城公司的无证房屋（包括厂区外两幢房屋）等以110万元的价格转让给周某华，因缺少资金，周某华让刘某林帮忙出资90余万元予以购买。事后，周某华欲将厂区外两幢房屋转让给正盛公司，但认为正盛公司出价太低，为攫取更多收益，周某华意图通过诉讼给正盛公司施压。但鉴于双方之前已签订协议约定该两幢房屋10年租期归于正盛公司，周某华担心直接起诉该公司要求返还的胜诉概率较小，遂与刘某林合谋，于2018年9月27日签订一份虚假的《资产转让协议》，约定周某华以138万元的价格将上述无证资产转让给刘某林。次日，周某华指使刘某林向他人借款130万元用于制作银行凭证，制造出已支付合同价款的假象。2019年1月2日，刘某林以正盛公司侵权为由，向法院起诉要求该公司返还上述资产，法院追加周某华为第三人，周某华、刘某林在庭审中均隐瞒事实真相，并提交虚假的《资产转让协议》及银行转账凭证作为证据。2019年9月26日，法院判决正盛公司停止侵权，将案涉房屋返还给刘某林。后正盛公司上诉，湖州中院于2020年4月30日裁定撤销原判，发回重审。

重审期间，法院于2020年9月25日、2021年2月7日分别作出刑事判决，以周某华、刘某林犯虚假诉讼罪，分别判处有期徒刑。上述刑事判决生效后，法院于2021年3月26日作出民事判决，认定刘某林与周某华虚构事实，签订虚假《资产转让协议》提起虚假诉讼，驳回刘某林的全部诉讼请求。该民事判决已生效。

法官评述：本案原一审中，法官为了查明案件事实，依职权追加周某华为第三人，但因刘某林与周某华事先串通，对法官可能询问和审查的内容做了充分准备，且从形式上看，刘某林提交的证据能够相互印证，已达到高度盖然性的证明标准，故判决支持了刘某林的诉讼请求。由于民事案件的案件调查存在诸多局限性，对疑点问题，在反复询问细节和一般调查的基础上如无法找到突破口，容易使虚假诉讼就此得逞。此案发回重审后，通过与公安、检察机关等联动协作，将案件线索移交公安机关侦查后，最终查明了案涉虚假诉讼事实。在刘某林涉嫌虚假诉讼罪被立案侦查后，法院作出中止民事诉讼的裁定，保持刑民协同。在刑事案件判决生效后，及时恢复民事案件审理且不准许原告撤诉，对虚假诉讼行为坚决予以否定性评价，有力保护了当事人合法权益，维护了司法权威和公信力。

010. 员工利用作为公司委托代理人职务之便，占有了本应该交付给公司合同相对方的财产，构成对公司合法财产所有权的侵害[①]

基本案情：被告马某系原告重庆川某工程技术有限公司（以下简称川某工程公司）员工，原告川某公司是原告重庆川某自动化股份有限公司（以下简称川某自动化公司）的全资子公司，经川某自动化公司同意，川某工程公司安排被告马某代表川某自动化公司从事贵州分公司销售工作。2016年6月1日，被告马某作为原告川某自动化公司的委托代理人与重庆斯某仪器某表公司（以下简称斯某公司）签订了《产品销售合同》，约定由川某自动化公司向斯某公司出售电源设备四台。为履行该合同，川某自动化公司向重庆荣某有限公司（以下简称荣某公司）采购了电源设备四台，货值金额101500元。2016年9月12日，荣某公司向川某自动化公司交付了合同约定的四台电源设备，被告马某以川仪贵州分公司收货人的名义签收了上述四台设备，但收货后未将四台电源设备交付给斯某公司。

裁判结果：重庆市北碚区人民法院经审理认为，被告马某签收的四台电源设备在未交付给斯某公司前，其所有权属于原告川某自动化公司。被告马某占有该四台电源设备后，经原告川某自动化公司催要而拒不返还的行为，

① 《重庆法院民营经济司法保护典型案例（第八批）》（2021年12月30日发布），五、重庆川某自动化股份有限公司等与马某返还原物纠纷案，载重庆市高级人民法院微信公众号，https：//mp. weixin. qq. com/s/1wkw4NGlSvsm99ZEGpqhKw，最后访问日期：2023年7月3日。

已构成对原告川某自动化公司财产所有权的侵害，应承担相应的民事责任。据此，判决被告马某向原告川某自动化公司返还上述电源设备四台。如果被告马某不能返还上述电源设备，则由被告马某向原告川某自动化公司赔偿101500元的设备款。宣判后，双方当事人均未上诉，判决现已生效。

典型意义

本案是人民法院以司法裁判规范民营企业员工履职行为，依法保护民营企业产权和合法权益的典型案例。习近平总书记在企业家座谈会上指出，要依法平等保护各种所有制企业产权和企业家合法权益。本案中，被告马某利用作为公司委托代理人职务之便，占有了本应该交付给公司合同相对方的财产，构成对公司合法财产所有权的侵害。企业员工受企业委托履职过程中，不可避免的经手、占有或使用公司的财物，员工应该本着诚实信用的原则占有、使用，以自己的履职行为为公司创造利益。该案中人民法院依法支持原告公司的原物返还请求权，贯彻落实了党中央依法平等保护各类所有制经济产权、保护民营企业产权的政策。同时，有利于用司法裁判引导企业员工合法、规范履职，体现了民法典中诚信原则和守法与公序良俗原则。

（三）裁判依据

《中华人民共和国民法典》

第一百七十九条　承担民事责任的方式主要有：

……

（四）返还财产；

……

第二百三十五条　无权占有不动产或者动产的，权利人可以请求返还原物。

第二百三十七条 造成不动产或者动产毁损的，权利人可以依法请求修理、重作、更换或者恢复原状。

第二百三十八条 侵害物权，造成权利人损害的，权利人可以依法请求损害赔偿，也可以依法请求承担其他民事责任。

《最高人民法院关于适用〈中华人民共和国民法典〉物权编的解释（一）》

第八条 依据民法典第二百二十九条至第二百三十一条规定享有物权，但尚未完成动产交付或者不动产登记的权利人，依据民法典第二百三十五条至第二百三十八条的规定，请求保护其物权的，应予支持。

三、排除妨害纠纷

（一）最高人民法院公报案例及典型案例

011. 人民法院作出返还土地使用权并赔偿损失的判决后，当事人就同一事项提起排除妨害纠纷诉讼，人民法院应如何处理①

濉溪县杜庙木材大市场有限公司诉从家根排除妨害纠纷案

裁判摘要

作为执行依据的生效判决内容应当明确具体。如果生效判决无法执行且确有错误，也不应当通过另诉程序解决，而应当通过审判监督程序解决。

原告：濉溪县杜庙木材大市场有限公司，住所地：安徽省濉溪县。

法定代表人：张守维，该公司经理。

被告：从家根。

原告濉溪县杜庙木材大市场有限公司（以下简称杜庙木材大市场）因与被告从家根发生排除妨害纠纷，向安徽省濉溪县人民法院提起诉讼。

原告杜庙木材大市场诉称：2011 年，被告从家根租用杜庙木材大市场的

① 参见《最高人民法院公报》2019 年第 2 期。

2.6 亩土地，在租用土地范围内搭建了4间临时建筑。合同到期后，从家根拒不履行续订义务也拒绝搬离。为此，杜庙木材大市场起诉至安徽省濉溪县人民法院，要求判令从家根返还土地使用权并赔偿损失，该院支持了杜庙木材大市场的诉讼请求。从家根不服该判决提起上诉，安徽省淮北市中级人民法院驳回从家根的上诉，维持了一审判决。杜庙木材大市场遂向安徽省濉溪县人民法院申请强制执行。在该院执行期间，从家根实际赔偿杜庙木材大市场的损失款至2014年年底。然而，在执行过程中，从家根仍然拒绝拆除在杜庙木材大市场土地使用权范围内的建筑物及堆放物。据此，请求判令从家根排除妨碍，拆除在其2.6亩土地使用权范围内全部建筑物及堆放物，并赔偿杜庙木材大市场自2015年1月1日起的损失，具体标准参照（2014）濉民二初字第0010号判决书。

被告从家根辩称：原告杜庙木材大市场并未依法取得涉案土地的使用权，其起诉本身缺乏诉权。涉案的之前已经生效的两份判决书的判决结果缺乏事实与法律依据，不能作为本案的定案依据，且从家根有新的证据足以否认上述两份判决。2008年10月1日，杜庙木材大市场与涉案村民签订的协议系无效协议，杜庙木材大市场与从家根签订的协议同样是无效协议，均不受法律保护。从家根现在经营的土地是依据2013年9月5日与相关村民之间签订的协议，与杜庙木材大市场无关。综上，杜庙木材大市场与本案没有任何法律关系，建议驳回其诉讼请求。

安徽省濉溪县人民法院一审查明：

2008年10月1日，原告杜庙木材大市场的法定代表人张守维以淮北建材市场（未经依法登记）的名义与濉溪县濉溪镇杜庙村王铁炉村民组32户农民签订《土地租赁协议》，村民自愿将承包地共计75.79亩出租给淮北建材市场用于建设板材市场，租期期限为2008年10月1日起至2018年10月1日止。2011年6月20日，杜庙木材大市场依法登记成立，法定代表人为张守维。2011年7月1日，杜庙木材大市场与被告从家根签订《场地租赁协议》，该协议约定，杜庙木材大市场将2.6亩土地租给从家根使用，年租金为每亩3446元，使用期限至2013年7月1日。租赁期满，从家根既不续租又不搬离，杜庙木材大市场为此诉至安徽省濉溪县人民法院，要求从家根返还2.6亩土地的使用权，赔偿损失10万元。安徽省濉溪县人民法院于2014年6月17日作出（2014）濉民二初字第00010号民事判决：1. 从家根于判决生效后五日内返还杜庙木材大市场2.6亩土地使用权（土地位置北邻赵德朋、王少青，西临徐俊、南至路边，东至河堤底。即从南路中心取点，向北垂直量够宽35.5米，再垂直向东量够长48.6米形成的长方形范围），赔偿杜庙木材大市场经济损失8586.3元（3446÷12×11.5×2.6），2014年6月20日以后的损失按此标准继续计算至限定的债务履行之日止；2. 驳回杜庙木材大市场的其他诉讼请求。从家根不服上诉至安徽省淮北市中级人民法院，安徽省淮北市中级人民法院于2014年9月24日作出（2014）淮民二终字第00160号民事判决，驳回上诉，维持原判。杜庙木材大市场申请原审法院执行期间，从家根已实际赔偿杜庙木材大市场2014年12月31日前的损失。2.6亩土地上的建筑物及堆放物至今未拆除。

安徽省濉溪县人民法院一审认为：

公民违反合同应当承担民事责任。本案中，被告从家根租用原告杜庙木材大市场2.6亩土地，合同到期后，其继续占有使用租赁物没有法律依据，依法应当返还，从家根在涉案土地上的建筑物及堆放物应当拆除，故对原告杜庙木材大市场要求从家根拆除涉案土地上的建筑物及堆放物的诉讼请求予以支持。被侵权人有权请求侵权人承担侵权责任，侵权人造成的损失应当予以赔偿，从家根在合同到期后继续占有使用租赁物未有法律依据，给原告造成了一定的经济损失，其应按照同期土地租赁费用赔偿杜庙大市场损失，自2015年1月起按照每亩年租金3446元的标准赔偿。

综上，安徽省濉溪县人民法院依照《中华人民共和国民法通则》第一百零六条第一款、第一百三十四条，《中华人民共和国合同法》第八条、第四十四条、第二百三十五条，《中华人民共和国侵权责任法》第三条、第十五条，《中华人民共和国民事诉讼法》第六十四条，《最高人民法院关于民事诉讼证据的若干规定》第二条之规定，于2015年4月27日判决：

一、被告从家根于判决书生效之日起五日内将在原告濉溪县杜庙木材大市场有限公司2.6亩土地使用权（土地位置北邻赵德朋、王少青，西临徐俊、南至路边，东至河堤底。即从南路中心取点，向北垂直量够宽35.5米，再垂直向东量够长48.6米形成的长方形）范围内的建筑物及其他堆放物拆除；

二、被告从家根按照（3446÷12×2.6）的标准赔偿原告濉溪县杜庙木材大市场有限公司的经济损失，从2015年1月1日起计算至从家根拆除出濉溪县杜庙木材大市场有限公司2.6亩土地使用权范围内的建筑物及其他堆放物时止。

从家根不服一审判决，向安徽省淮北市中级人民法院提起上诉称：被上诉人杜庙木材大市场于2011年6月20日登记设立，与诉争土地及地上附着物不存在任何法律关系。张守维以淮北建材市场的名义与濉溪县濉溪镇杜庙村王铁炉村民组32户农民于2008年10月1日签订的《土地租赁协议》和杜庙木材大市场与从家根于2011年7月1日签订《场地租赁协议》均违反法律、行政法规的强制性规定，对当事人不具有法律约束力，系无效协议。前案两审民事判决认定事实、适用法律错误，不能作为定案依据。从家根与濉溪县濉溪镇杜庙村王铁炉村民组32户农民于2013年9月5日签订《土地租赁协议》，并依约交纳租金。从家根经营、使用涉案土地与杜庙木材大市场不具有法律上的关联性，杜庙木材大市场要求排除妨碍及赔偿损失无事实和法律依据。请求二审撤销原判，驳回杜庙木材大市场的诉讼请求。

被上诉人杜庙木材大市场二审辩称：上诉人从家根上诉涉及的事实已由前案两审民事判决作出认定，判决未被撤销。从家根的上诉理由不能成立，应驳回上诉，维持原判。

安徽省淮北市中级人民法院经二审，确认了一审查明的事实。另查明：

被上诉人杜庙木材大市场与上诉人从家根签订的《场地租赁协议》，租赁期限从2008年10月1日起至2013年7月1日止。从家根与濉溪县濉溪镇杜庙村王铁炉村民组32户农民于2013年9月5日就涉案土地另行签订《土地租赁协议》。

安徽省淮北市中级人民法院二审认为：

被上诉人杜庙木材大市场与上诉人从家根签订的租赁合同期满后，因从家根不返还租赁土地，其诉至法院要求从家根返还土地使用权并赔偿损失。双方之间的纠纷已经该院（2014）淮民二终字第00160号民事判决予以确认，杜庙木材大市场已向该案一审法院提出执行申请，而本次判决和前次判决基于同一事实和理由，属重复诉讼。原审法院对同一纠纷再次作出判决不当，应当予以纠正。进一步分析如下：

根据《中华人民共和国民事诉讼法》第一百二十四条第五项之规定，“对判决、裁定、调解书已经发生法律效力的案件，当事人又起诉的，告知原告申请再审，但人民法院准许撤诉的裁定除外”。一般认为，这就是我国民事诉讼法对“一事不再理”原则的基本表述。2015年2月4日起施行的《最高人民法院关于适用〈中华人民共和国民事诉讼法〉的解释》第二百四十七条规定：“当事人就已经提起的事项在诉讼过程中或者裁判生效后再次起诉，同时符合下列条件的，构成重复起诉：（一）后诉与前诉的当事人相同；（二）后诉与前诉的诉讼标的相同；（三）后诉与前诉的诉讼请求相同，或者后诉的诉讼请求实质上否定前诉裁判结果。当事人重复起诉的，裁定不予受理；已经受理的，裁定驳回起诉，但法律、司法解释另有规定的除外。”

对于双方当事人之间的土地租赁合同纠纷，在本案之前，二审法院曾经作出过生效判决。在该案中，被上诉人杜庙木材大市场的诉讼请求是，要求判令上诉人从家根返还土地使用权并赔偿返还前的损失。在杜庙木材大市场胜诉后的执行期间，一审法院仅实际执行到2014年12月31日之前的损失赔偿部分，但因地上存有从家根修建的建筑物和堆放物，而未能实际将涉案土地执行“返还”。现在的问题在于，杜庙木材大市场在本案中要求“排除妨害”的诉讼请求与前案的诉讼请求之间是什么关系？从逻辑上分析，如果不能就地上附着物问题切实地“排除妨害”，则“土地使用权返还”的前案判决结果只能落空，成为难以执行、无法落实的一纸空文；本案关于赔偿自2015年1月1日起的损失，从文义上理解，必然是前案关于赔偿自2013年起损失的判决结果之中的一部分。换言之，本案的这两项诉讼请求都是与前案诉讼请求不可分割的：或者是互为因果，或者是有所重复。其中，排除妨害与返还土地使用权之间是互为因果的关系，整段时间的损失赔偿与一段时间的损失赔偿之间则是相互包含的关系。

再换个角度，从本案双方的诉辩意见来看：对被上诉人杜庙木材大市场而言，如果前案判决能够实际执行到位，涉案土地使用权返还到杜庙木材大市场的手中，其就不会再提起本案“排除妨害”的诉讼请求；如果前案赔偿损失的诉讼请求得以不折不扣的执行，杜庙木材大市场也绝对不会再对2015年1月1日之后的损失再次诉请赔偿。对上诉人从家根而言，其一审和二审的抗辩意见，无非是强调，不仅本案不应当支持本案原告杜庙木材大市场的诉请，而且前案的生效判决结果也是错误的。总而言之，这两个案子中杜庙木材大市场的诉讼请求，怎么看都是叠床架屋。

民事诉讼法中“一事不再理”原则包括两个方面的含义：第一，当事人不得就已经向法院起诉的案件再次起诉；第二，裁判生效后产生既判力，当事人不得就双方争议的法律关系再行起诉，从法院角度讲，就是不得再受理，避免作出相互矛盾的判决，也避免当事人纠缠不清，造成诉累。确定无法执行的判决，即不具有执行力的判决，判决结果不仅值得商榷，也很可能根本就是不当甚至完全错误的。执行遇阻的判决，也不应当简单地人为地以某一时点进行切割，之前的执行，之后的另诉。同时，如果本案能够在执行程序中解决当事人之间的纠纷，则前案生效判决不必启动审判监督程序，否则，即应当告知当事人通过对前案生效判决申请再审来解决。既然如此，本案合乎逻辑的结论只能是，杜庙木材大市场在前案中要求返还土地使用权与本案中要求排除妨害，是实质上的“一事”，故应当裁定驳回其本案起诉。

据此，安徽省淮北市中级人民法院依照《中华人民共和国民事诉讼法》第一百二十四条第五项、第一百七十条第一款第二项、第一百七十五条，《最高人民法院关于适用〈中华人民共和国民事诉讼法〉的解释》第二百四十七条、第三百三十条之规定，于2015年9月14日裁定：

一、撤销安徽省濉溪县人民法院（2015）濉民一初字第00206号民事判决；

二、驳回被上诉人濉溪县杜庙木材大市场有限公司的起诉。

本裁定为终审裁定。

012. 当所有权与占有权能发生分离的情况下，买受人是否可以其为房屋所有权人基于返还原物请求权要求房屋内的实际占有人迁出[①]

连成贤诉臧树林排除妨害纠纷案

裁判摘要

签订房屋买卖合同后出卖方应向买受人履行权利与实物的双重交付，在买受方已取得房屋产权而未实际占有的情况下，其仅仅基于物权请求权要求有权占有人迁出，法院应作慎重审查。若占有人对房屋的占有具有合法性、正当性，买受方应以合同相对方为被告提起债权给付之诉，要求对方履行交付房屋的义务或在房屋客观上无法交付的情况下承担相应的违约责任。

① 参见《最高人民法院公报》2015年第10期。

原告：连成贤。

被告：臧树林。

原告连成贤因与被告臧树林发生排除妨害纠纷，向上海市浦东新区人民法院提起诉讼。

原告连成贤诉称：原告于2011年从案外人谢伟忠处购得上海市浦东新区周浦镇瑞安路×弄×号×室房屋，后案外人谢伟忠一直未履行交房义务，故原告于2012年7月5日诉至法院，要求案外人谢伟忠履行交房义务，在审理过程中，法院依法追加被告臧树林共同参加诉讼，被告主张原告与案外人谢伟忠所签订的房屋买卖合同无效，后未获支持。原告已合法取得系争房屋，现被告仍居住在系争房屋中，严重侵犯了原告作为物权人对物权正常权利的行使，故要求被告立即迁出上海市浦东新区周浦镇瑞安路×弄×号×室房屋。

原告连成贤对其主张提供如下证据材料：

（1）（2012）浦民一（民）初字第21647号民事判决书1份，原告连成贤提供此证据证明系争房屋法院判决归属原告所有。

（2）上海市房地产登记簿1份，原告连成贤提供此证据证明系争房屋的产权登记为原告。

被告臧树林辩称：上海市浦东新区周浦镇瑞安路×弄×号×室房屋属被告所有，被告未出售系争房屋，被告与案外人谢伟忠之间的买卖关系应属无效，故不同意原告连成贤的诉求。

经当庭质证，被告臧树林对原告连成贤提供证据的真实性均无异议。

上海市浦东新区人民法院一审查明：

上海市浦东新区周浦镇瑞安路×弄×号×室房屋原系被告臧树林房屋拆迁后以补偿安置款购得，2008年8月，系争房屋的权利核准登记至被告名下，房屋由被告及家人居住使用。2011年8月12日，案外人李榛以被告代理人的身份与案外人谢伟忠就系争房屋签订《上海市房地产买卖合同》，约定房地产转让价款为80万元，2011年8月12日，向相关部门递交了房产转移登记申请书，后系争房屋权利登记至案外人谢伟忠名下。2011年10月，原告连成贤与案外人谢伟忠就上海市浦东新区周浦镇瑞安路×弄×号×室房屋签订了买卖合同，约定房地产转让价款为110万元，2012年4月5日，系争房屋权利核准登记至原告名下。2012年7月5日，原告起诉案外人谢伟忠要求其将系争房屋交付原告，被告作为第三人申请参与诉讼，后法院判决，确认以被告名义与案外人谢伟忠就上海市浦东新区周浦镇瑞安路×弄×号×室房屋订立的《上海市房地产买卖合同》无效；驳回原告要求案外人谢伟忠将系争房屋交付原告的诉求；驳回被告要求确认原告与案外人谢伟忠就系争房屋的买卖关系无效的诉求。原告以其已合法取得系争房屋，现被告仍居住在系争房屋中，严重侵犯了原告作为物权人对物权正常权利的行使为由诉来法院，要求被告立即迁出上海市浦东新区周浦镇瑞安路×弄×号×室房屋。

上海市浦东新区人民法院一审认为：

财产所有权是指所有人依法对自己的财产享有占有、使用、收益和处分的权利。侵占国家的、集体的财产或者他人财产的，应当返还财产，不能返还财产的，应当折价赔偿。本案中根据原告连成贤提供的证据，足以证明原告系上海市浦东新区周浦镇瑞安路×弄×号×室房屋的合法产权人，依法享有占有、使用、收益和处分的权利，被告臧树林现已非上述房屋的产权人，被告已无权居住使用上述房屋，故原告要求被告迁出上述房屋应予准许，但鉴于本案的实际情况，应给予被告一定的时间，另行解决居住问题。被告辩称系争房屋属被告所有，其并未出售系争房屋等意见，与事实不符，也于法无据，法院不予采信。

综上，上海市浦东新区人民法院依照《中华人民共和国民法通则》第一百一十七条第一款的规定，于2013年12月23日判决：

被告臧树林于本判决生效之日起二个月内迁出上海市浦东新区周浦镇瑞安路×弄×号×室房屋。

臧树林不服一审判决，向上海市第一中级人民法院提起上诉称：被上诉人连成贤与案外人串通骗取系争房屋产权证，臧树林对系争房屋享有所有权，请求二审法院依法改判驳回连成贤的一审诉请。

被上诉人连成贤答辩称，一审判决正确，请求二审法院依法维持原判。

上海市第一中级人民法院经二审，确认了一审查明的事实。

上海市第一中级人民法院二审认为：

本案的争议焦点在于，当所有权与占有权能发生分离的情况下，买受人是否可以其为房屋所有权人基于返还原物请求权要求房屋内的实际占有人迁出。

第一，生效判决已确认案外人李榛以被告臧树林代理人身份与案外人谢伟忠就系争房屋所签订的买卖合同无效，即第一手的房屋买卖并非原始产权人臧树林之真实意思表示，该买卖合同对臧树林自始不发生法律效力，其从2008年8月起居住在系争房屋内，并占有、使用该房屋至今具有合法依据，故产权人连成贤在其从未从出售方谢伟忠处获得房屋实际控制权的情况下，径行要求实际占用人臧树林迁出，法院不予支持。

第二，在第二手的房屋买卖交易中，被上诉人连成贤与案外人谢伟忠签订了系争房屋的房地产买卖合同并支付了相应对价，该买卖合同已经生效判决确认为有效合同，故对连成贤与谢伟忠均具有法律约束力，双方均应依合同之约定履行相应义务。鉴于此，连成贤对系争房屋的权利应通过该房地产买卖合同的履行（包括房屋的权利交付以及实物交付）来实现。本案中，虽然连成贤已于2012年4月5日取得了系争房屋的房地产权证，完成了房屋的权利交付过程，但其自始未曾取得过系争房屋的占有、使用权。对此，连成贤应依据其与案外人谢伟忠签订的房地产买卖合同之约定基于债权请求权向合同相对方主张权利。结合本案来看，由于第一手的买卖合同已被确认为无效，案外人谢伟忠自始至终没有合法取得过系争房屋而客观上无法向连成贤履行交付房屋的义务，故连成贤应向谢伟忠主张因无法交付房屋导致合同无法继续履行的违约责任。

综上，上海市第一中级人民法院依照《中华人民共和国民事诉讼法》第一百七十条第一款第（二）项，于2014年3月13日判决：

一、撤销上海市浦东新区人民法院（2013）浦民一（民）初字第36805号民事判决；

二、驳回连成贤要求臧树林迁出上海市浦东新区周浦镇瑞安路×弄×号×室房屋的诉讼请求。

本判决为终审判决。

013. 任何组织和个人不得侵占英雄烈士纪念设施保护范围内的土地和设施①

基本案情：王某军同志在解放战争期间的“四平战役”中壮烈牺牲，后经民政部批准为革命烈士。王某系王某军同志的胞弟。河西村民委员会与王某签订协议，约定将案涉承包地作为烈士墓地，交予王某无限期长期管理，免收承包金及其他费用。王某对烈士墓地及堆堤进行管理与维护期间，杨某长期自行在王某承包地的堆堤处种植各种农作物。双方为此经常发生纠纷，河西村民委员会多次协调均未能有效解决。后王某向法院提起诉讼，要求杨某返还侵占的烈士墓地范围内土地。

裁判结果：江苏省滨海县人民法院认为，国家鼓励和支持自然人、法人和非法人组织以捐赠财产、义务宣讲烈士事迹和精神、帮扶英雄烈士遗属等公益活动的方式，参与英雄烈士保护工作。河西村民委员会将烈士墓地和堆堤交予烈士近亲属王某管理维护，不仅有利于激发公民的荣誉感，亦能加强对烈士墓地范围内土地的保护。国家出台《中华人民共和国英雄烈士保护

① 《涉英烈权益保护十大典型案例》（2022年12月8日发布），四、王某诉杨某排除妨害纠纷案——任何组织和个人不得侵占英雄烈士纪念设施保护范围内的土地和设施，载最高人民法院网站，https://www.court.gov.cn/zixun/xiangqing/382301.html，最后访问日期：2023年7月3日。

法》，对英雄烈士予以褒扬、纪念，全社会都应当崇尚、学习、捍卫英雄烈士，任何组织和个人不得侵占英雄烈士纪念设施保护范围内的土地和设施。杨某在烈士墓地种植农作物于法无据，被侵占的该地块依法应予返还。判决被告杨某向王某返还土地。

典型意义

本案是对侵犯零散烈士纪念设施保护范围内土地进行司法保护的典型案例。司法实践中，不仅要重视对英烈权益的保护，也要加强对承载英烈精神纪念设施的保护力度。英烈事迹的群众知晓度不一，现实中烈士纪念设施由于各种原因有的被侵占，有的被破坏甚至塌陷，有的周围杂草丛生，缺乏庄严、肃穆的氛围。本案在加强对零散烈士纪念设施的司法保护方面，具有代表性和典型性，对于弘扬社会主义核心价值观具有重要的示范引领作用。

（二）地方法院典型案例

014. 妨害物权的，权利人可以请求排除妨害[①]

基本案情：佟某某系十八里镇孙口村民委员会村民，其家庭承包有十八里镇孙口村高刘庄组土地两块，共6.92亩。其中位于小庄虎地块西邻李某某。刘某某于2002年租赁李某某的土地，在其租赁的土地上与佟某某土地相邻处种植槐树73棵。现上述槐树已成材，影响了佟某某的庄稼生长。

审理：关于物权保护的问题。本案中，佟某某所承包的土地被刘某某在

① 《亳州中院发布民法典适用典型案例》（2021年10月27日发布），三、妨害物权的，权利人可以请求排除妨害，载亳州市政局人民法院网站，http：//bzzy. ahcourt. gov. cn/article/essearch. shtml，最后访问日期：2023年7月3日。

其租赁的相邻的土地上栽种树木，遮挡光阴，影响佟某某的土地收益，刘某某应当对上述事实停止侵权、排除妨碍。故对佟某某请求判令刘某某排除妨害、清除刘某某在其承包地边的槐树 73 棵的诉讼请求，予以支持。佟某某诉求刘某某赔偿其经济损失 5000 元，但其未提交相应证据证明其主张，对该诉求，不予支持。法院依照《中华人民共和国民法典》第二百零七条、第二百三十六条、第一千一百六十七条，《中华人民共和国民事诉讼法》第六十四条、第一百四十四条，《最高人民法院关于民事诉讼证据的若干规定》第十条规定，判决：刘某某于判决生效之日起 15 日内清除相邻佟某某土地上的 73 棵槐树。

点评

《中华人民共和国民法典》第二百零七条规定，国家、集体、私人的物权和其他权利人的物权受法律平等保护，任何组织或者个人不得侵犯。第一百七十九条规定，承担民事责任的方式主要有：（1）停止侵害；（2）排除妨碍；（3）消除危险；（4）返还财产；（5）恢复原状；（6）修理、重作、更换；（7）继续履行；（8）赔偿损失；（9）支付违约金；（10）消除影响、恢复名誉；（11）赔礼道歉。法律规定惩罚性赔偿的，依照其规定。本条规定的承担民事责任的方式，可以单独适用，也可以合并适用。第二百三十六条规定，妨害物权或者可能妨害物权的，权利人可以请求排除妨害或者消除危险。第一千一百六十七条规定，侵权行为危及他人人身、财产安全的，被侵权人有权请求侵权人承担停止侵害、排除妨碍、消除危险等侵权责任。

近年来，农村排除妨害已经成为热点问题。农民作为土地的使用者，其合法权益应当得以保障。物权是一种可以直接支配不动产或者动产的权利，它包括了所有权、用益物权和担保物权。法律依法保护公民的物权，如果存在妨害物权或者可能妨害物权的行为，那么权利人可以请求排除妨害或者消除危险。

015. 小区业主对共有部分享有共有和共同管理的权利，其有权要求运营共享单车的公司排除妨碍、恢复正常通行[①]

基本案情： 黄某华是广州某小区的业主，其居住的某栋楼房出口区域停放有多辆共享单车，影响正常通行。黄某华要求北京某科技有限公司在其开发的共享单车手机应用程序之中，将上述区域设置为禁停区。北京某科技公司收到通知后未采取相应措施，黄某华遂起诉至法院，要求将上述区域设置为共享单车的禁停区，一审法院未予支持，黄某华提出上诉。二审期间，北京某科技有限公司采取了相关措施，通知共享单车的服务方将上述区域设置为共享单车的禁停区。

裁判结果： 广州市中级人民法院认为，黄某华作为小区业主，对共有部分享有共有和共同管理的权利，其有权要求排除妨碍、恢复正常通行，而设置共享单车的禁停区域是现实可行的有效措施。北京某科技有限公司作为提供链接服务的网络服务提供者，在收到黄某华的通知后未及时采取必要措施防止损失的继续扩大，本应与共享单车的运营方共同承担连带责任。鉴于北京某科技有限公司二审已经采取措施，将上述区域设置为共享单车的禁停区，黄某华诉讼请求的目的已经实现，故维持一审驳回黄某华全部诉讼请求的判决。

典型意义

近年来，共享单车在许多城市兴起，对于践行绿色出行、解决公共交通“最后一公里”难题助益很大，但同步出现的过度投放、乱停乱放、占

① 《广州法院发布第二批弘扬社会主义核心价值观十大典型案例》（2022年1月4日发布），九、在共有部分设置共享单车禁停区案，载广州市中级人民法院微信公众号，https：//mp. weixin. qq. com/s/q9Y5QLPRhFJ3u2IqIJeVnA，最后访问日期：2023年7月3日。

用公共道路等问题，影响城市秩序和居民生活，如何实现“共享”和“秩序”、“个人需求”和“公共利益”之间的平衡，对城市综合治理能力提出新的挑战。本案的处理为解决共享单车乱停乱放问题提供了司法路径指引，同时通过界定网络服务提供者的义务，有助于形成共享单车共享共治的良好局面，彰显“自由”“法治”等核心价值理念。

016. 对于擅自改变规划用途侵犯全体业主共有权的行为，业主委会有权要求其排除妨害①

基本案情：息烽县某银座系被告贵阳某某房开公司开发，由被告贵州某某建设公司承建的商品房。原告某银座业主委员会于2012年2月1日经息烽县住房和城乡建设局批准成立。2012年7月29日，被告李某某、何某某与被告贵阳某某房开公司息烽分公司签订《商品房租赁合同》，合同约定被告贵阳某某房开公司将位于息烽县某商业门面后的房屋出租给被告李某某、何某某，租赁期限至2054年10月8日。后何某某于2017年将所租赁的房屋装修为住房入住，将该房屋西南角位于南面的墙2.23米向南面往外推移1.39米，在西北角修建了卫生间，在东南角占用该幢楼步行楼梯下空隙修建了卫生间，又在该房屋中部南北方向砌了一堵墙将房屋隔断，并在该房屋东面另行开凿了一扇门，同时在该房屋内安装、放置了家具、电器等设施，何某某将该幢楼西北角的花池修建为一间密闭“房间”用于堆放杂物。原告某银座业委会认为何某某装修入住的房屋系公共厕所，该厕所与花池系业主共有，何某某的行为已经侵犯了原告的合法权益，故诉至法院请求被告何某某排除妨害，

① 《高空抛物伤人致死，法院怎么判？省法院发布第三批弘扬社会主义核心价值观典型案例》（贵州省高级人民法院2020年6月16日发布），二、占用小区公共区域排除妨害纠纷案，载贵州省高级人民法院网站，http://www.guizhoucourt.gov.cn/qwfb/218446.jhtml，最后访问日期：2023年7月3日。

即拆除在某银座11号楼电梯楼进门左侧厕所处修建的房屋，腾空在该楼右侧花池处修建的房屋。

裁判要旨

法院认为，建筑区划内的绿地，属于全体业主共有，但属于城镇公共绿地或者明示属于个人的除外；建筑区划内的其他公共场所、公用设施，属于业主共有。本案中，被告何某某装修入住的房屋的设计规划用途为厕所，其面积已在该幢楼的业主购买房屋时进行了分摊，故该厕所应为全体业主共有；关于案涉花池部分，该部分已属建筑区划范围内，既不属于城镇公共绿地也未明示属于个人，该部分也应属于全体业主共有。本案中，被告贵阳某某房开公司作为息烽县某银座11号楼的开发建设单位，其无权对业主共有的厕所进行处分或设置负担。被告何某某虽也是该幢房屋的区分所有权人即业主之一，但其擅自改变设计规划用途的行为，已侵犯了全体业主对该部分设施、绿地等共有部分的共有权，业主委员会有权要求其排除妨害。

裁判结果：息烽县人民法院一审判决：被告何某某拆除其在息烽县某银座一层规划用途为厕所范围内擅自修建的墙体、卫生间及在原建筑墙、地面上所安装的其他设施，腾空在该幢楼西北角的花池处用于堆放杂物的“房间”，并将拆除、腾空后所产生的物件及废弃物移走。

一审判决后，何某某不服提起上诉，贵阳市中级人民法院作出终审判决，驳回上诉，维持原判。

典型意义

小区公共区域被占用的情况层出不穷，不管是业主还是房开商在缺乏专业法律知识的情况下会对一些区域划分和使用权产生误解，该案被告何某某就是错误认为自己出钱合法租赁了公共区域导致的纠纷。建筑区划内的道路属于业主共有，但属于城镇公共道路的除外。建筑区划内的绿地，属于业主共有，但属于城镇公共绿地或者明示属于个人的除外。建筑区划内的其他公共场所、公用设施和物业服务用房，属于业主共有。对于擅自改变规划用途侵犯全体业主共有权的行为，业主委会有权要求其排除妨害。

017. 公民应接受合理范围内的社会公共噪声①

基本案情：2018 年，市民罗某在彭州市致和街道某小区购买的一套房屋，交房时开发商成都市龙彭投资有限公司（以下简称龙彭公司）在小区西北角围墙外配建了露天公共篮球场。2021 年 5、6 月，由彭州市城市建设投资集团有限公司（以下简称彭州城投）作为业主，成都建工路桥建设有限公司（以下简称建工路桥）作为施工单位，对案涉篮球场进行了翻修改造。竣工后，由于打篮球的人非常多，篮球场距离罗某的住宅楼距离很近，罗某认为篮球场噪声已干扰了其正常休息和生活。相关主体采取了规范管理、限制使用等措施降低噪声到合理范围后，罗某仍诉至法院，要求龙彭公司、彭州城投、建工路桥共同拆除案涉篮球场及相关设施。

裁判结果：四川省彭州市人民法院一审审理认为，主张排除妨害类案件，应同时具备妨害实际存在且妨害达到了一定程度的基本条件。罗某主张篮球场使用过程中的噪声已严重影响其正常生活，经相关主管部门规范处置，已避免了对邻近居民正常生活的干扰，罗某对于案涉篮球场在合理使用下产生

① 《四川法院 2022 年度环境资源审判十大典型案例》（2023 年 6 月 5 日发布），六、罗某与成都建工路桥建设有限公司、彭州市城市建设投资集团有限公司、成都市龙彭投资有限公司排除妨害纠纷案——公民应接受合理范围社会公共噪声，载四川省高级人民法院网站，http：//scfy. scssfw. gov. cn/article/detail/2023/06/id/7331837. shtml，最后访问日期：2023 年 7 月 3 日。

的噪声负有一定的容忍义务，故本案不属于《中华人民共和国噪声污染防治法》规定的环境噪声污染防治范畴，遂判决驳回原告的诉讼请求。一审宣判后，罗某不服，提起上诉，二审维持原判。本判决现已生效。

典型意义

《中华人民共和国噪声污染防治法》的宗旨是为了防治环境噪声污染，保障人民良好的生活环境，保护人体健康。相关主体具有治理、降低噪声的责任，但在社会生活中，合理噪声是必然存在的。本案中，建设公共篮球场的目的是满足人民群众的健身运动需求。原告反映篮球场噪声问题后，相关主体采取了规范管理、限制使用等措施，噪声已控制在合理范围内。篮球场周边群众对他人在合理时段、合理使用的情况下，不宜过度干涉，并应当接受产生的合理噪声。但原告仍然坚持遭受噪声污染侵害，人民法院依法予以驳回，对公民明确个人利益与公共利益的边界，引导当事人合法适度维权具有重要意义。

018. 商品房业主改造房屋妨碍邻居出行的，应当排除妨害[①]

核心价值：邻里和谐、公序良俗

基本案情：李某、胡某购买某小区×栋×单元1号房屋，收房时发现其同层入户过道一侧相邻2号房屋的郭某、叶某将入户门由内开改为外开状态。李某、胡某认为存在安全隐患且会影响其今后日常生活，遂联系郭某、叶某要求将入户门恢复内开状态，并向小区物业公司反映。物业公司在郭某、叶

---

① 《江西法院发布弘扬社会主义核心价值观典型案例》（2022年11月30日发布），一、商品房业主改造房屋妨碍邻居出行的应当排除妨害——李某、胡某诉郭某、叶某排除妨害纠纷案，载江西法院网，http：//jxgy.jxfy.gov.cn/article/detail/2022/11/id/7042345.shtml，最后访问日期：2023年7月3日。

某房屋外墙张贴《入户门整改通知书》，要求郭某、叶某将入户门恢复原有的内开。因郭某、叶某一直未更改，李某、胡某遂向法院起诉，要求郭某、叶某排除妨害、消除危险，将入户门恢复为内开状态。

裁判结果：江西省萍乡市安源区人民法院经审理认为，业主行使权利不得危及建筑物的安全，不得损害其他业主的合法权益。不动产的相邻权利人应当按照有利生产、方便生活、团结互助、公平合理的原则，正确处理相邻关系。1室和2室两户门口过道系用于通行的公共区域，李某、胡某房屋的人员出入时必须要经过2室门口的过道。而郭某、叶某擅自改变原建筑规划设计，将入户门由内开改成外开，在开门时，势必占用过道，给李某、胡某的通行造成不便，侵害了其合法权益，对于李某、胡某要求郭某、叶某排除妨害、消除危险，将2室入户门在现有位置上恢复为内开原状的诉讼请求，予以支持。

典型意义

邻里和谐是社会和谐的重要组成部分，构建和谐友善的邻里关系，需要相邻各方合理限制或延伸自己的权利，尽量减少因行使相邻权给其他权利人带来生活的不便。本案通过公正裁判，对滥用权利损害邻居权益的行为予以纠正，彰显了法律对业主正当维权的支持，倡导人们在与邻相处时互相尊重，互不侵犯，互谅互让，对构建新时代社会主义和谐邻里关系起到积极引导作用。

019. 业主擅自“住改商”，利害关系业主可要求排除妨害[①]

基本案情：2012年，被告中国联通上饶市分公司未征求利害关系业主同意，将其购买的位于广信区旭日南大道某小区的201室房屋交由被告中国联通广信区分公司用作无人值守机房，用于汇聚市到县的所有通信业务，以及广信区所有移动通信、宽带、企业客户专线等业务。2021年5月27日，原告徐某某身为202室业主，认为案涉机房运转产生噪声、辐射等安全隐患，严重影响其生活质量和身心健康，以建筑物区分所有权纠纷为由诉至法院，要求两被告排除妨害，拆除位于案涉房屋的光纤、宽带传输设备，恢复房屋的住宅用途。

裁判结果：上饶市广信区人民法院经审理认为，《中华人民共和国民法典》第二百七十九条规定：“业主不得违反法律、法规以及管理规约，将住宅改变为经营性用房。业主将住宅改变为经营性用房的，除遵守法律、法规以及管理规约外，应当经有利害关系的业主一致同意。”两被告作为案涉房屋的业主和物业使用人，不是将该房屋作为住宅用以居住，而是作为机房进行使用，该行为改变了案涉房屋的住宅用途，构成“住改商”，且未经有利害关系的业主一致同意，原告有权要求两被告将案涉房屋恢复为住宅用途。遂判决两被告于判决生效后60日内拆除案涉房屋内的光纤、宽带传输设备，恢复房屋的住宅用途。宣判后，两被告提出上诉，上饶市中级人民法院二审判决驳回上诉，维持原判。

① 《江西高院发布2022年度全省法院贯彻实施民法典十大典型案例》(2023年2月7日发布)，二、适用《民法典》第二百七十九条认定业主擅自“住改商”后，利害关系业主可要求排除妨害之案例——徐某某诉中国联通上饶市分公司等建筑物区分所有权纠纷案，载江西法院网，http：//jxgy. jxfy. gov. cn/article/detail/2023/02/id/7131118. shtml，最后访问日期：2023年7月3日。

典型意义

该案是建筑物区分所有情形下，业主“住改商”后，利害关系业主请求排除妨害的典型案例。司法实践中，部分业主随意将小区住宅变更为商业用房，既带来安全隐患，又影响其他业主生活，由此引发大量纠纷。因此《中华人民共和国民法典》第二百七十九条对“住改商”行为作了限制，要求同时满足遵守法律、法规以及管理规约和经有利害关系的业主一致同意这两个条件方可“住改商”。本案中，两被告在未征得利害关系业主一致同意的情况下，擅自将居住用房改造成通信机房，属于典型的违法“住改商”行为。该机房 24 小时不间断运转，产生噪声、辐射等安全隐患，严重影响原告等利害关系业主的生活质量和身心健康。法院依法认定两被告私自“住改商”的行为违法，要求两被告排除妨害，将案涉房屋恢复到住宅居住的原有属性，是对“住改商”行为的有力规范，彰显了司法机关依法保障人民群众居住安宁的鲜明态度，对于规范“住改商”行为具有示范、引领作用。

（三）裁判依据

《中华人民共和国民法典》

第一百七十九条　承担民事责任的方式主要有：

……

（二）排除妨碍；

……

第二百三十六条　妨害物权或者可能妨害物权的，权利人可以请求排除妨害或者消除危险。

第二百四十条　所有权人对自己的不动产或者动产，依法享有占有、使用、收益和处分的权利。

四、恢复原状纠纷

（一）最高人民法院公报案例及典型案例

020. 小区内的通信管道属于业主共有，相关企业与小区房地产开发公司签订的通信管线等通信设施专有使用权的条款应属无效，应恢复原状[①]

长城宽带网络服务有限公司江苏分公司诉中国铁通集团有限公司南京分公司恢复原状纠纷案

裁判摘要

小区内的通信管道在小区交付后属于全体业主共有。通信运营公司与小区房地产开发公司签订的小区内通信管线等通信设施由通信运营公司享有专有使用权的条款，侵犯了业主的共有权，侵犯了业主选择电信服务的自由选择权，应属无效。

原告：长城宽带网络服务有限公司江苏分公司，住所地：江苏省南京市江宁区高峰路。

负责人：李永强，该公司总经理。

---

① 参见《最高人民法院公报》2019 年第 12 期。

被告：中国铁通集团有限公司南京分公司，住所地：江苏省南京市江东北路。

负责人：王会研，该公司总经理。

原告长城宽带网络服务有限公司江苏分公司（以下简称长城公司）因与被告中国铁通集团有限公司南京分公司（以下简称铁通南京分公司）发生恢复原状纠纷，向江苏省南京市江宁区人民法院提起诉讼。

原告长城公司诉称：2013年9月18日，其与南京仟泰物业管理有限公司签订《社区宽带互联接入合作运营协议》。后其依照协议在南方花园小区布线施工。2014年9月27日，其工作人员发现前述小区内其铺设的多处光缆被剪断（5653米4芯光缆以及1056米48芯光缆），1309米双绞线被剪断抽出带走，其工作人员向110报警。经南京市公安局江宁分局岔路派出所查实系被告铁通南京分公司工作人员剪断光缆以及双绞线。后经派出所调解未果，故其请求法院判令铁通南京分公司将剪断的光缆以及双绞线恢复原状并承担本案案件受理费。

被告铁通南京分公司辩称：2014年9月，其工作人员在例行巡检中发现有所有权不明的废旧缆线，于是进行了清除，现无证据证实原告长城公司系缆线的所有权人。即便长城公司是缆线的所有权人，根据中国铁通集团有限公司江苏分公司（以下简称铁通江苏分公司）与江苏经纬房地产有限公司2001年10月25日签订的《经纬房产南方花园C组电话协议书》，其公司对南方花园小区C组团内户外管道以及楼内户线通道享有专有使用权，长城公司无权在其专属通信管道内铺设光缆。综上，请求驳回长城公司对其的诉讼请求。

南京市江宁区人民法院一审查明：

2013年9月18日，原告长城公司（甲方）与南京仟泰物业管理有限公司（乙方，以下简称仟泰公司）签订《社区宽带互联接入业务合作运营协议》1份，约定：甲乙双方在南方花园小区共同建设社区宽带网络；甲方承担信息化社区的网络工程建设的投资、设计、施工、维护以及技术改造，为该小区提供互联网宽带接入服务；甲方有权使用社区内现有的网络线路、设备。后长城公司在南方花园小区的户外通信管道以及楼内户线通道内进行了缆线的铺设。2014 年 9 月，被告铁通南京分公司工作人员将长城公司在南方花园小区 C 组团铺设的合计总长 5653 米 4 芯光缆、1056 米 48 芯光缆以及 1309 米双绞线剪断并将其中的双绞线抽出带走。长城公司工作人员发现缆线被剪断以及丢失后于 2014 年 9 月 27 日报警，南京市公安局江宁分局岔路派出所处警。

另查明，2011 年 6 月 26 日，江苏经纬房地产有限公司（甲方，以下简称经纬公司）与仟泰公司（乙方）签订《前期物业服务合同》，合同期限自 2011 年 7 月 1 日至 2014 年 6 月 30 日，约定：甲方选聘乙方为南方花园提供前期物业管理服务；乙方提供包括物业共用部位的维修养护、物业共用设施设备的日常运行和维修养护等服务内容；乙方经营管理属全体业主所有的物业，经营收入扣除相关经营支出成本后，剩余费用补贴物业服务费用。前述合同有南方花园 C 组团业主委员会盖章。

2001 年 10 月 25 日，中国铁通集团有限公司江苏分公司（乙方，原名铁道通信信息有限责任公司江苏分公司）与经纬公司（甲方）签订《经纬房产南方花园 C 组电话协议书》，约定：甲方同意乙方为南方花园小区 C 组团电话业务经营商，乙方负责该小区内的电话安装、维护、经营；甲方负责小区内的户外管道及楼内户线通道建设，楼内引入线到户的建设，费用由甲方承担，双方合作期内，使用权归乙方；乙方负责电话交换机房内的设备、户外电缆建设，费用由乙方承担，产权及使用权归乙方；协议合作期 20 年；合作期内，甲方南方花园小区 C 组团不再与其他公司进行相同或类似服务的合作；任何一方在合作期内发生所有权或者管理权的变更，影响该项目的合作和经营，变更一方应在变更前六十天内书面通知对方，向所有权或管理权受让方移交本协议书以继续履行本协议条款。2002 年 7 月 17 日，铁通南京分公司成立。

再查明，经纬公司系南方花园小区开发商，南方花园小区系分期开发分批交付，C 组团最后一批房屋于 2009 年交付。

审理中，铁通江苏分公司出具《情况说明》1 份，载明：其在 2001 年 10

月与经纬公司签订了《经纬房产南方花园C组电话协议书》，协议签订后铁通南京分公司成立，其将南京地区的资产转交给铁通南京分公司，与之所涉及相关协议的权利及义务也一并转移给铁通南京分公司。

南京市江宁区人民法院一审认为：

法人的财产权受法律保护。铁通江苏分公司与经纬公司签订的《经纬房产南方花园C组电话协议书》约定协议合作期20年内南方花园小区C组团内通信管道由铁通江苏分公司专属使用，该条款限制其他电信运营公司接入南方花园小区C组团，破坏了公平竞争的市场环境，限制了小区业主自由选择电信服务的权利，损害了小区业主的利益，应属无效。故被告铁通南京分公司依据《经纬房产南方花园C组电话协议书》辩称其对南方花园小区C组团内户外管道以及楼内户线通道享有专有使用权的意见，法院不予采纳。根据《中华人民共和国物权法》之规定，建筑区划内的其他公共场所、公用设施和物业服务用房，属于业主共有。小区内配套的通信管道应属于公用设施的一种，是开发商建设小区楼盘时必须建设的满足建筑物专有部分功能需求的配套设施之一，开发商将房屋交付后，通信管道应该属于业主共有。南方花园小区C组团交付后，小区内的通信管道属南方花园小区C组团业主共有。仟泰公司为小区全体业主提供前期物业服务，服务包括物业共用部位的维修养护、物业共用设施设备的日常运行和维修养护以及经营管理属全体业主所有的物业，仟泰公司有权处分业主共有的通信管道，原告长城公司依据与仟泰公司签订的《社区宽带互联接入业务合作运营协议》有权在南方花园小区的通信管道内铺设缆线。铁通南京分公司在发现通信管道内有非属其公司的缆线后，未查明缆线所有权人自行采取剪断缆线并抽出部分缆线带走的行为侵害了长城公司的财产权，应当承担侵权责任。长城公司要求恢复原状，于法有据，法院予以支持。

据此，南京市江宁区人民法院依照《中华人民共和国物权法》第七十三条，《中华人民共和国侵权责任法》第六条、第十五条，《中华人民共和国合同法》第五十二条第（四）项之规定，于2015年5月7日判决：

被告中国铁通集团有限公司南京分公司于本判决生效后30日内将剪断、抽出的原告长城宽带网络服务有限公司江苏分公司的缆线恢复原状；如在前述期限内被告中国铁通集团有限公司南京分公司未恢复，由原告长城宽带网络服务有限公司江苏分公司自行恢复，恢复费用由被告中国铁通集团有限公司南京分公司承担。

一审判决宣判后，双方当事人在法定期间内均未上诉，该判决已经发生法律效力。

（二）地方法院典型案例

021. 乱耕种行为造成原有耕作层种植功能受损，严重影响了耕地质量，行为人应将土地恢复至正常耕种状态[①]

基本案情：原告郑某某与被告金某某均为龙井市东盛涌镇同村同组村民。近十年间，郑某某因在国外务工，将其六亩农田出租给金某某耕种，但金某某的乱耕种行为造成原有耕作层种植功能受损，严重影响了耕地质量。2020年春，郑某某要求金某某返还土地，金某某虽然进行了返还，但农作物采伐完毕后未恢复至耕种状态，致使土地荒废至今。龙井市法院受理此案后，考虑到双方是同村村民，且当下正值春耕时期，再耽误今年的春耕会导致耕地继续撂荒，也会给当事人造成更大经济损失。承办法官积极组织调解，认真倾听双方的诉求和意见，阐明了本案的法律关系及各自的权利义务，经过法官多次耐心工作，金某某同意于2022年4月将土地恢复至正常耕种状态，案件得以及时圆满解决。

---

① 《吉林高院发布全省法院涉农典型案例》（2022年4月24日发布），四、郑某某与金某某恢复原状纠纷一案，载吉林省高级人民法院微信公众号，https：//mp. weixin. qq. com/s/wJ4vrnph9x5PebZS7CUdhg，最后访问日期：2023年7月3日。

典型意义

村邻和睦相处是农村和谐稳定的基石，但日常生产生活中也难免会发生矛盾纠纷，甚至会闹上法庭，尤其是本案双方矛盾持续时间较长，已导致耕地荒废一年，处理不好就会激化矛盾。龙井市法院没有就案办案，而是从修复村民邻里关系入手，动之以情，晓之以理，积极开展释法明理，通过耐心细致的调解工作，在今年春耕之前实现了定分止争，为土地顺利耕种赢得了时机。

（三）裁判依据

《中华人民共和国民法典》

第一百七十九条 承担民事责任的方式主要有：

……

（五）恢复原状；

……

第二百三十七条 造成不动产或者动产毁损的，权利人可以依法请求修理、重作、更换或者恢复原状。

五、财产损害赔偿纠纷

（一）最高人民法院公报案例及典型案例

022. 房屋不符合消防安全规定，房屋失火后，购房人是否可以要求房屋开发公司承担财产损害赔偿责任[①]

赵淑华与沈阳皇朝万鑫酒店管理有限公司、沈阳中一万鑫物业管理有限公司财产损害赔偿纠纷案

裁判摘要

消防安全事关人身、财产安全，属于社会公共利益，确保建筑物消防安全是建设单位的法定义务。商品房买卖合同的购房人一般不具有检测所购房屋是否符合消防安全规定的能力，难以适用一般商品买卖合同在标的物交付后买受人应当及时检验产品质量的规定。

案涉责任人在不同时期的数个行为密切结合致使火灾发生，侵权行为、致害原因前后接继而非叠加，责任人对火灾的发生均有重大过失，但没有共同故意或者共同过失，应各自承担相应的责任。建设单位并非主动积极的行为致受害人权益受损，不承担主要责任。

① 参见《最高人民法院公报》2019年第5期。

物业服务企业依法或依约在物业管理区域内负有安全防范义务，应协助做好安全事故、隐患等的防范、制止或救助工作。第三人原因致损，物业服务企业未尽到专业管理人的谨慎注意义务的，应在其能够预见和防范的范围内承担相应的补充责任。

中华人民共和国最高人民法院
民事判决书

（2018）最高法民再206号

再审申请人（一审原告、二审上诉人）：赵淑华。

委托诉讼代理人：姜春光，辽宁光杰律师事务所律师。

被申请人（一审被告、二审被上诉人）：沈阳皇朝万鑫酒店管理有限公司（原沈阳皇朝万鑫房屋开发有限公司）。住所地：辽宁省沈阳市和平区青年大街某某某号。

法定代表人：朱莉莉，该公司总经理。

委托诉讼代理人：张鑫辉，辽宁同方律师事务所律师。

委托诉讼代理人：王延山，辽宁同方律师事务所律师。

被申请人（一审被告、二审被上诉人）：沈阳中一万鑫物业管理有限公司。住所地：辽宁省沈阳市和平区青年大街某某某号。

法定代表人：国政海，该公司总经理。

委托诉讼代理人：张鑫辉，辽宁同方律师事务所律师。

委托诉讼代理人：王延山，辽宁同方律师事务所律师。

再审申请人赵淑华因与被申请人沈阳皇朝万鑫酒店管理有限公司（以下简称万鑫公司）、沈阳中一万鑫物业管理有限公司（以下简称中一公司）财产损害赔偿纠纷一案，不服辽宁省高级人民法院（2015）辽民一终字第00300号民事判决，向本院申请再审。本院于2017年12月20日作出（2017）

最高法民申4829号民事裁定，提审本案。本院依法组成合议庭审理了本案。再审申请人赵淑华及委托诉讼代理人姜春光，被申请人万鑫公司、中一公司的委托诉讼代理人张鑫辉、王延山到庭参加诉讼。本案现已审理终结。

赵淑华申请再审称，请求撤销沈阳市中级人民法院（2013）沈中民一初字第39号民事判决及辽宁省高级人民法院（2015）辽民一终字第00300号民事判决，改判万鑫公司、中一公司赔偿赵淑华因火灾导致的房屋损失3186300元、室内财产损失2199363元、租房费用357000元、契税182926.20元、维修基金8646.56元、房屋备案费5000元、赵淑华对兴业银行股份有限公司沈阳分行（以下简称兴业银行）的按揭贷款逾期利息100000元及逾期付款违约金损失228000元。万鑫公司、中一公司给付赵淑华保险理赔款2000000元。事实和理由：（一）万鑫大厦外墙装饰材料违法使用可燃挤塑板是万鑫大厦A座着火并引燃B座的直接原因。1.《火灾事故认定书》已认定案涉大厦形成立体燃烧的原因是可燃挤塑板引燃。2.2009年9月25日发布实施的《民用建筑外保温系统及外墙装饰防火暂行规定》（以下简称《暂行规定》）规定，高度大于100米的建筑物保温材料燃烧性能应为A级。万鑫大厦于2009年12月31日竣工验收，于2010年2月9日通过消防验收。《暂行规定》生效在先，万鑫大厦验收在后，万鑫公司在万鑫大厦外墙装饰中使用可燃挤塑板，具有违法性。（二）万鑫公司在大火后获得的保险理赔金与赵淑华的财产损失存在直接关联。1.《公估报告书》中2009年10月28日的批单将案涉大厦B座226间房产列入投保范围，赵淑华于2009年12月29日购买的案涉房屋已由万鑫公司列入被保险房产之列。2.根据《保险理赔协议》有关“根据中国人民财产保险股份有限公司财产一切险条款（2009年版）第五条保险责任在保险期间内由于自然灾害或意外事故造成保险标的直接物质损坏或灭失，保险人按照本保险合同的约定负责赔偿”之约定，本次火灾属于上述保险合同约定的保险事故。（三）中一公司应承担相应责任。住店客人李欣燃放烟花的位置属中一公司物业管理范围，也属大厦保安巡查范围。中一公司作为物业管理公司，除夕夜任由民众在任何区域随意燃放烟花导致火灾发生。根据《物业管理条例》的相关规定，中一公司应承担管理责任。

万鑫公司、中一公司辩称，1. 火灾事故发生时，案涉房屋已交付赵淑华，房屋损毁的风险亦转移至赵淑华，相应的财产损失应由赵淑华自行承担。2. 关于本案是否适用《暂行规定》的问题。《公安部消防局关于进一步明确民用建筑外保温材料消防监督管理有关要求的通知》第二条规定，2011 年 3 月 15 日起，各地受理的“建设工程消防设计审核”和“消防验收申报项目”应严格执行本通知要求。万鑫大厦于 2008 年 4 月 3 日通过消防设计审核，当时《暂行规定》尚未出台。万鑫大厦 A 座、C 座验收时间为 2009 年 12 月 24 日，万鑫大厦 B 座验收时间为 2010 年 2 月 9 日，均在《暂行规定》实施之前。3. 万鑫公司没有任何过错，不应承担赔偿责任。案涉火灾事故认定书认定，火灾事故的起火原因系李欣燃放烟花所致，李欣是直接侵权人。万鑫公司采用的挤塑板经检验为合格产品而其他外保温材料在案涉大楼建设期间并无强制性或限制性规定。同时，2009 年 10 月，万鑫大厦工程通过竣工验收。因此，不能认定万鑫公司存在过错。根据侵权责任法的基本法理，无过错即无责任，万鑫公司不应承担赔偿责任。4. 赵淑华主张万鑫公司获得的保险赔偿金中包括了赵淑华的财产损失，缺少事实依据。建筑物是指尚未销售的房屋，案涉房屋已先于保险期间向赵淑华出售，不属于该保单保险范围。保险标的不包括 B 座的任何房产。此外，赵淑华在上诉状中所提到的保单是作废保单，不是事故发生后用以理赔的保单。5. 赵淑华超出原审诉讼请求增加的部分，再审不应审查。6. 赵淑华主张万鑫大厦 A 座着火引燃 B 座与事实不符。综上，请求维持原审判决。

赵淑华向一审法院起诉请求：万鑫公司、中一公司赔偿：房屋损失 4573155 元、室内财产损失 2199363 元、租房费用 187400 元，购买房屋花费的契税 182926.20 元、维修基金 8646.56 元、房屋备案费 5000 元，房产的增值损失 2500625 元，万鑫公司、中一公司承担本案诉讼费用。后赵淑华增加要求万鑫公司、中一公司赔偿其购房时银行贷款逾期利息10万元及违约金22.8万元的诉请。在审理中，赵淑华又提出火灾发生后，保险公司对万鑫公司的理赔款中包括对业主的赔偿。

一审法院认定事实：2009年12月29日，赵淑华与万鑫公司签订《商品房买卖合同》，约定购买该公司开发建设的万鑫大厦B座3407、3507，建筑面积200.05平方米的跃层公寓，购房款4573155元。合同签订后，赵淑华向万鑫公司交付购房款2293155元，余款228万元以在兴业银行按揭贷款方式支付。2011年2月3日0时15分许，万鑫大厦发生火灾，将赵淑华屋内物品烧毁。经沈阳市消防局作出沈公消火认字（2011）第0001号火灾事故认定书，认定起火原因为：李欣（A座的住店客人）燃放的组合烟花落至B座11层1109房间南侧室外平台上，引燃铺设在平台上的塑料草坪，造成墙体外表面装饰保温材料燃烧。灾害成因为：由于万鑫大厦外墙保温采用了挤塑板等可燃材料，起火后火势迅速蔓延，形成立体燃烧。

经赵淑华申请，一审法院到沈阳市消防局调取了消防档案。档案记载，火灾发生后，辽宁省建筑材料监督检验院对万鑫大厦绝热用模塑聚苯乙烯泡沫塑料、铝塑复合板、塑料草坪、硅酮密封胶、绝热用挤塑聚苯乙烯泡沫塑料五组样品进行了检验，结论为：绝热用模塑聚苯乙烯泡沫塑料按GB-2006标准（E）级检验，该样品不符合标准要求；按GB/T 2406.2—2009（顶面点燃法）检验，检验结果不符合20s内Fs≤150的标准；对塑料草坪按GB-2006标准检验，该组样品燃烧性能不符合Df1级要求，检验结论不合格。其他三组样品均为合格。

事故发生后，沈阳市和平区人民法院作出（2011）和刑初字第1160号刑事判决，认定被告人李欣在燃烧烟花爆竹的过程中，因疏忽大意引发火灾，致使公私财产遭受重大损失，其行为构成失火罪。判处被告人李欣犯失火罪，判处有期徒刑三年。该刑事判决已经发生法律效力。

2008年7月10日，沈阳市消防局向万鑫公司出具建筑工程消防设计审核意见书，对万鑫大厦内部装修工程提出审核意见。2010年2月9日，沈阳市公安消防局出具建设工程消防验收意见书，载明：万鑫大厦B座第11层至37层经综合评定，消防验收合格。具体情况如下：一、建筑总平面布置、安全疏散、防火分隔基本符合我局原审核要求；二、测试室内外消火栓系统，自动喷水灭火系统，供水正常；三、安全疏散指示标志的设置基本符合规范的要求。

2009年9月25日公安部、原住房和城乡建设部联合制定了《暂行规定》，其中第二条规定，民用建筑外保温材料的燃烧性能宜为A级，且不低于B2级。第四条规定，高度大于等于100m的住宅建筑，其保温材料的燃烧性能应为A级。

2009年10月，万鑫公司组织相关单位对万鑫大厦进行竣工验收。2010年11月10日，沈阳市城乡建设委员会出具辽宁省房屋建筑工程竣工验收备案书，载明：经审查，该工程符合竣工验收备案规定，予以备案。

火灾发生后，万鑫公司经与中国人民财产保险股份有限公司沈阳市分公司协商，该保险公司就本次事故损失向万鑫公司支付全部保险赔偿金额为4.76亿元。万鑫公司已将万鑫大厦重新装修。

一审法院判决：驳回赵淑华的诉讼请求。一审案件受理费79400元，由赵淑华负担。

赵淑华不服一审判决，上诉请求：撤销原判，依法改判或发回重审，判令万鑫公司、中一公司承担本案一、二审诉讼费用。

二审法院认定事实：二审对一审查明的基本事实予以确认。还查明，一审法院调取的辽宁正大保险公估有限公司《公估报告书》第22页至第26页"四、保单承保情况"记载，保险单PQYC200921010300000004附有三张批单，内容分别为修改特别约定、修改保险地址和修改保险标的，其中批单EQYC201121010300000001内容明确保险标的自2011年1月24日零时起地址批改为和平区青年大街390甲号、392号。保险单PQYC201121010800000003

承保项目明细记载，保险标的394（B）面积8692平方米，备注B座为公共区域面积。赵淑华与万鑫公司签订的商品房买卖合同中约定有“皇朝万鑫酒店式服务公寓交房标准”，其中室内基础和装修部分包括：入户门：实木钢板门；天花：石膏板封棚，刮白刷乳胶漆……地面：进口天然石材/实木复合地板；内墙：布基壁纸/成品木饰面/成品软包；厨房系统：电陶炉、抽拉式吸油烟机、嵌入式微波炉、嵌入式冰箱；橱柜品牌：西班牙品牌法格；卫生间面盆、坐厕：德国杜拉维特；水龙头：德国高仪；鱼缸：金凯登；电动窗帘轨道品牌：广东乐屋。

二审法院认为，本案系万鑫大厦火灾造成赵淑华所有的两处房屋及室内财产发生损害，赵淑华作为上述财产的权利人要求万鑫公司与中一公司共同承担财产损害赔偿责任的纠纷。故，本案的争议焦点为万鑫公司和中一公司应否就万鑫大厦火灾给赵淑华造成的财产损失承担赔偿责任。

首先，万鑫大厦火灾给赵淑华造成的财产损失应当是指因火灾而导致的赵淑华财产价值上的减少，包括直接损失和间接损失。赵淑华在本案中主张的财产损失主要包括：1. 房屋损失以及购房契税、房屋维修基金以及房屋备案费用；2. 室内财产损失；3. 赵淑华火灾后租赁房屋用于居住的费用；4. 案涉房屋增值的损失；5. 赵淑华逾期偿还银行贷款所产生的利息及违约金；6. 万鑫公司获得的保险理赔款中涉及案涉房屋部分。二审认为，第一，关于房屋损失及相关费用问题，房屋价款以及买受人缴纳的契税、房屋维修基金、房屋备案费用系购买房屋的必要支出，能够在一定时间范围内体现房屋的实际价值。现案涉房屋虽因火灾受到损害，但房屋本身并未发生灭失，赵淑华以其为购买案涉房屋而支出的款项数额作为实际损失，缺乏事实依据。但鉴于赵淑华所购买案涉房屋交付时含有室内基础和装饰部分，故其所主张的房屋损失及相关费用中应当以室内基础和装饰部分的价值作为损失依据。第二，关于赵淑华逾期偿还银行贷款所产生的利息及违约金。赵淑华因购买案涉房屋而向银行贷款，其是否能够完整的履行债务人的还款义务与案涉房屋是否发生火灾并无必然联系，且赵淑华单方提供的财产清单大部分为室内家具、电器、服装、古玩字画、首饰、日用品，亦不足以说明火灾所导致的财产损害影响其偿还能力，故赵淑华的该项主张与万鑫大厦火灾之间缺乏关联性，不应作为其财产损失予以审查。第三，关于赵淑华主张的万鑫公司获得的保险理赔款中涉及案涉房屋部分。赵淑华主张保险单PQYC200921010300000004制作时间在其与万鑫公司签订商品房买卖合同之前，故案涉房屋已被列入万鑫公司投保范围。但根据《公估报告书》记载，该保险单及所附三张批单最终明确保险标的为和平区青年大街392号（A座）和390甲号（裙房）的建筑物及建筑物的附属设备，并不包括案涉房屋所在的B座。万鑫公司投保的三张保单中涉及万鑫大厦B座的保单PQYC201121010800000003保险期限开始于赵淑华购买案涉房屋之后，且该保单承保项目明细记载保险标的“B座为公共区域面积”。赵淑华主张万鑫公司因案涉房屋而获取保险赔偿金缺乏事实依据，亦不应作为赵淑华的财产损失。如上所述，火灾给赵淑华造成的财产损失应当包括室内财产损失、室内基础和装修部分价值、赵淑华火灾后租赁房屋居住的必要费用以及火灾所导致的案涉房屋增值的损失，对于赵淑华所主张的其他损失，因与万鑫大厦火灾之间缺乏关联性，且无事实及法律依据，二审法院对于赵淑华的上述主张，不予支持。

其次，万鑫公司及中一公司就万鑫大厦发生火灾是否存在过错。第一，根据沈阳市消防局火灾事故认定书以及沈阳市和平区人民法院（2011）和刑初字第1160号刑事判决记载，万鑫大厦火灾是由于案外人李欣燃放烟花爆竹所致，且（2011）和刑初字第1160号刑事判决已经认定李欣的行为构成失火罪，说明万鑫公司及中一公司并未直接实施导致万鑫大厦失火的侵权行为。第二，根据一审法院调取的沈阳市消防局消防档案记载，万鑫大厦所使用的绝热用模塑聚苯乙烯泡沫塑料和塑料草坪分别不符合E级和Df1级要求，应当认定万鑫大厦在本案火灾前所使用的建筑材料存在不符合《暂行规定》相关条款规定的情形。但《暂行规定》系2009年9月25日颁布实施，此前我国并未就建筑外保温及装饰材料的防火性能作出规定，该《暂行规定》作为部门规范性文件也没有就溯及力作出特殊规定。依据《中华人民共和国立法法》第九十三条规定："法律、行政法规、地方性法规、自治条例和单行条例、规章不溯及既往，但为了更好的保护公民、法人和其他组织的权利和利益而作的特别规定除外。"前述暂行规定不具有溯及力。在《暂行规定》颁布实施前，万鑫大厦已经基本完成工程施工，万鑫大厦的设计、施工均发生于《暂行规定》颁布实施之前，且最终经沈阳市公安消防局消防验收合格，并办理了竣工验收备案手续，故一审法院认为"不能认定该大厦外墙使用了挤塑板等材料存在过错"，并无不当，二审法院予以确认。第三，关于中一公司就万鑫大厦火灾是否存在过错。《中华人民共和国侵权责任法》（以下简称《侵权责任法》）第三十七条规定："宾馆、商场、银行、车站、娱乐场所等公共场所的管理人或者群众性活动的组织者，未尽到安全保障义务，造成他人损害的，应当承担侵权责任。因第三人的行为造成他人损害的，由第三人承担侵权责任；管理人或者组织者未尽到安全保障义务的，承担相应的补充责任。"万鑫大厦火灾系案外人李欣疏忽大意失火所导致，李欣作为万鑫大厦A座住店客人，与万鑫公司及中一公司不存在内部牵连关系，赵淑华主张火灾来源是万鑫大厦内部而非外部侵权，缺乏事实依据，不予支持。现有证据亦无法证明中一公司未尽安全保障义务，故一审法院对赵淑华要求中一公司承担连带责任的请求未予支持，并无不当。

最后，关于万鑫公司主动修复案涉房屋一节，万鑫大厦火灾后，万鑫公司对于包括案涉房屋在内的万鑫大厦B座进行了修复。万鑫公司承担相应修复费用的行为系万鑫公司自行处分其财产，并不能因此而推断万鑫公司就万鑫大厦火灾应当承担财产损害赔偿责任，赵淑华在上诉状中主张万鑫公司的修复行为实际是在履行赔付义务，缺乏事实及法律依据。

综上所述，万鑫公司及中一公司并未直接实施导致万鑫大厦火灾的侵权行为，现有证据亦无法证明万鑫公司及中一公司对于万鑫大厦火灾存在过错，故赵淑华请求判令万鑫公司及中一公司就其财产损失承担相应赔偿责任，缺乏事实及法律依据，一审法院未予支持，并无不当。赵淑华的上诉请求不能成立，应予驳回；一审判决认定事实清楚，适用法律正确，应予维持。

二审法院判决：驳回上诉，维持原判。二审案件受理费81696元，由赵淑华负担。

再审期间，赵淑华向本院提交如下证据：证据一、《租房协议书》及租金收据，拟证明万鑫大厦发生火灾后，赵淑华另行租房居住，累计发生房屋租金费用357000元。证据二、沈阳市和平区人民法院（2012）沈和民三初字第1025号民事判决书，拟证明赵淑华房产室内财产和现金被烧毁，导致无力偿还购房贷款。兴业银行起诉赵淑华，为此，赵淑华多支付逾期还款利息10万元和违约金228000元。证据三、沈阳市和平区人民法院（2014）沈和执字第00493号执行裁定书，拟证明案涉房屋被沈阳市和平区法院执行拍卖数次流拍后，以3186300元低价抵偿给发放按揭贷款的兴业银行，火灾导致赵淑华购房款损失。证据四、公估报告书第73页的定损理算书、万鑫保险单、项目资产核定表等，拟证明案涉保险范围包括B座房屋。

万鑫公司、中一公司质证认为，证据一的真实性无法确定，且与本案无关联性。证据二、证据三的真实性无异议，但与本案不具备关联性。证据四不能证明案涉房屋在保险范围之内。

本院认证认为，证据一系赵淑华与案外人签订，案涉房屋因过火受损而不能居住，赵淑华另行租房居住具有合理性。万鑫公司、中一公司对该系列房屋租赁协议真实性虽不认可，但未能举示相反证据否定赵淑华租房的合理性。赵淑华主张的房屋租金损失，应综合案涉系列《租房协议书》及本案其他证据认定租期、租金等的合理区间。证据二、证据三真实性无异议，结合案件其他基本事实认定证明内容。证据四系一审法院调取的证据，并非再审阶段新证据。

万鑫公司向本院提交如下证据：证据一、沈阳市消防局建筑工程消防设计审核意见书［沈公消审字（2008）第31055号］，拟证明万鑫大厦建设工程设计图纸通过法定审核，且审核通过时间为2008年4月3日，在《暂行规定》颁布实施之前。证据二、沈阳市消防局建筑工程消防设计审核意见书［沈公消审字（2008）第33141号］，拟证明万鑫大厦内部装修工程消防设计图纸通过审核，且审核通过时间为2008年7月10日，在《暂行规定》颁布实施之前。证据三、沈阳市公安消防局建设工程消防验收意见书［沈公消验（2009）第11141号］，拟证明2009年12月24日万鑫大厦C座及A座通过消防验收，此时，尚未施行《暂行规定》。证据四、沈阳市公安消防局建设工程消防验收意见书［沈公消验（2010）第076327号］，拟证明2010年2月9日万鑫大厦B座通过消防验收，此时，尚未施行《暂行规定》。证据五、万鑫大厦主楼外装工程设计计算书，拟证明万鑫大厦主楼外装工程的设计依据包括《建筑设计防火规范》GB 50016—2006、《高层民用建筑设计防火规范》GB 50015—95（2005年版），符合当时的设计规范要求。《暂行规定》不适用于万鑫大厦主楼外装饰工程。证据六、万鑫大厦B座主楼幕墙工程竣工图，拟证明B座主楼幕墙的设计依据包括《建筑设计防火规范》GB 50016—2006、《高层民用建筑设计防火规范》GB 50015—95（2005年版），符合当时的设计规范要求。《暂行规定》不适用于万鑫大厦B座主楼幕墙。证据七、证据八、检验报告，拟证明经检测万鑫大厦幕墙使用的建筑材料是合格的。证据九、产品合格证，拟证明万鑫大厦幕墙使用的保温干粉胶是合格的。证据十、隐蔽工程验收记录表；证据十一、建筑装饰装修工程竣工验收记录表，拟证明经施工单位、监理单位、设计单位等确认，万鑫大厦A、B座幕墙等施工符合设计及约定标准要求。证据十二、财产一切险保险单、批单，拟证明自2011年1月24日零时起，被保险的财产范围中不包括万鑫大厦B座房屋。证据十三、《F火线》2011年第3期封面及文章，拟证明万鑫大厦发生火灾时，万鑫大厦的消防系统运行良好。

赵淑华发表质证意见称，证据一至证据六的真实性无异议，关联性有异议。万鑫大厦竣工验收时，《暂行规定》已经开始实施，万鑫公司没有执行该规章。证据七至证据十一的真实性无异议，关联性有异议。竣工验收没有按照《暂行规定》进行检验。证据十二的真实性、合法性、关联性均有异议。公估报告书、保险赔偿协议均载明万鑫大厦的保险范围包括万鑫大厦B座房屋。证据十三的真实性无异议，关联性有异议，本案火灾成灾原因是万鑫公司使用可燃挤塑板，导致赵淑华的财产损失。

中一公司认可万鑫公司提出的证据观点，对其提交的上述证据的真实性、合法性、关联性均无异议。

本院认证认为，《暂行规定》于2009年9月25日发布实施，万鑫大厦B座于2010年2月9日通过消防验收，已为原审查明的事实。证据一至证据六不能证明万鑫大厦B座等办理消防验收时未实施《暂行规定》。证据七、证据八、证据九为厂家生产的建筑材料的检测结果、产品合格证明等。证据十至证据十一为万鑫大厦隐蔽工程和装修装饰工程验收表。上述证据与本案争议焦点不具有关联性。证据十二为万鑫大厦保单及批单，保险期间内保单、批单记载的投保范围，本院结合案件其他基本事实认定其证明力。关于证据十三《F火线》2011年第3期文章《奇迹背后："万鑫内功"的N种武器》。上述文章中载有关于对喷淋系统在火灾发生时"喷淋头下，书本也无恙"运行状况的描述，并未涉及案涉3407、3507房间。赵淑华在一审提交的火灾发生后案涉受灾房屋现场照片显示，屋内家具、家电、物品等几乎全部燃烧至碳化，显然，《奇迹背后："万鑫内功"的N种武器》一文描述的喷淋系统正常运转、家具完好无损并有水浸痕迹等与实际情况不符，不予采信。

中一公司向本院提交如下证据：证据一、《物业服务企业资质证书》，《国务院关于第三批取消中央制定地方实施行政许可事项的决定》，拟证明中一公司具有物业服务资质并依规年检。2017年以后，物业资质不需要年检。证据二、业主入住文件一份，拟证明根据该入住文件第二章第四条之规定，物业服务区域为建筑面积3.6万平方米的大楼内部空间，并不包含大楼外部。

证据三、《装饰装修工程质量竣工验收检查意见通知单》[装字（2012）第130号]、《装饰装修工程质量竣工验收检查意见通知单》[装字（2013）第015号]、沈阳市公安消防局《建设工程消防验收意见书》[沈公消验（2011）第1423号、沈公消验（2012）第0127号、沈公消验（2013）第0050号]，拟证明万鑫大厦B座公寓最晚于2013年3月4日全部装修完毕并通过验收。证据四、工程规划附图一份、沈阳市勘察测绘研究院建筑放线回执一份，拟证明在万鑫大厦周围发现的3处烟花残骸不属于中一公司物业管理范围。

赵淑华质证认为，对证据一无异议。证据二赵淑华本人签字无异议，但不能证明物业服务范围仅在3.6万平方米范围内。证据三真实性无异议、关联性有异议。证据四不能证明案外人燃放烟花的地点不属于物业管理范围。

万鑫公司针对中一公司举示的证据并未提出异议。

本院认证认为，本案当事人对证据一、证据二、证据三、证据四的真实性均无异议。证据二、证据四不能直接证明物业服务范围不包括万鑫大厦外部。

经中一公司申请，本院依职权调取了沈阳市和平区（2011）和刑初字第1160号（即李欣失火罪刑事案件，下称李欣失火案）刑事判决书、沈阳市消防局对刘娇的询问笔录、沈阳市和平区公安消防大队对马立春的询问笔录。卷宗记载，火灾发生后，公安消防机关分别对万鑫公司及中一公司相关工作人员进行了询问。万鑫公司采购部副经理马立春在2011年2月6日接受询问时陈述，“万鑫大厦B座11层平台原先是用水彩绘画装饰，后来绘画起皮，业主反映不美观。为了装饰美化平台，万鑫公司于2010年5月铺设了一层宽1米，长度约40米的塑料草坪，草坪是其本人采购，供货商是案外个人经营的小公司。”2011年2月8日，中一公司工作人员刘娇在接受询问时陈述，“万鑫大厦B座11层平台原先绘画开裂，建设单位换成铺设塑料草坪。该南侧平台平时有玻璃封闭，物业公司和业主都不能进入，只有建设单位能进入。”

赵淑华质证认为，真实性、合法性、关联性均无异议。

万鑫公司、中一公司质证认为，对李欣失火罪刑事判决书真实性无异议；对铺设草坪的问题，刘娇与马立春存在误解，草坪实际是中一公司铺设。

本院认证认为，（2011）和刑初字第1160号刑事判决已经生效，可以作为认定本案相关事实的依据。案涉询问笔录系本案诉讼发生前，即李欣失火案中由公安消防机关在火灾发生不久调查取证形成，马立春对购买和铺设塑料草坪的细节进行了详细陈述，刘娇的证言亦能够补充印证，可信度高。万鑫公司、中一公司在本案再审阶段提交的刘娇、马立春等人的情况说明等书证，不足以推翻其二人在先的陈述。本院对万鑫公司、中一公司有关易燃塑料草坪系中一公司铺设的主张，不予采信。

再审查明，万鑫公司向本院提交的工商变更登记通知书证明，沈阳皇朝万鑫房屋开发有限公司于2017年5月19日更名为沈阳皇朝万鑫酒店管理有限公司。

根据公安消防机关调查询问情况，案涉塑料草坪为万鑫公司铺设。

赵淑华与万鑫公司签订的编号为GF-2000-0171《商品房买卖合同》第十七条第二款约定，该商品房所在楼宇的外墙面使用权由出卖人所有。

中一公司在本案中举示了《皇朝万鑫国际大厦（公寓）业主临时公约》，内容涉及业主、物业公司权利义务关系。

本院再审认为，本案争议的焦点问题为：一、万鑫公司、中一公司应否对火灾造成赵淑华的财产损失承担侵权赔偿责任；二、如承担责任，万鑫公司、中一公司承担的侵权责任范围应如何认定；三、赵淑华的财产损失范围应如何确定。

一、万鑫公司、中一公司应否对火灾造成赵淑华的财产损失承担侵权赔偿责任

原审查明，2011年2月3日，万鑫大厦发生火灾，将赵淑华所购房产屋内物品烧毁。赵淑华就此遭受的财产损失请求万鑫公司、中一公司赔偿。本

案各方当事人对万鑫大厦火灾造成赵淑华财产损失这一事实并无争议。根据赵淑华的诉讼请求和理由，本案纠纷性质为侵权责任纠纷。

（一）万鑫公司应承担侵权责任

原审查明，沈阳市消防局针对万鑫大厦火灾作出沈公消火认字（2011）第0001号火灾事故认定书，对万鑫大厦火灾事故原因认定为，“万鑫大厦起火原因为李欣（A座的住店客人）燃放的组合烟花落至B座11层1109房间南侧室外平台上，引燃铺设在平台上的塑料草坪，造成墙体外表面装饰保温材料燃烧。火灾成因为：由于万鑫大厦外墙保温采用了挤塑板等可燃材料，起火后火势迅速蔓延，形成立体燃烧。”火灾发生后，沈阳市消防局委托辽宁省建筑材料监督检验院对案外人李欣燃放烟花爆竹引燃的塑料草坪、万鑫大厦B座外墙保温材料样本的燃烧性能进行检测，结论为：“按照GB 8624—2006标准检验，塑料草坪样品燃烧性能不符合DF1级要求，检验结论不合格；绝热用挤塑聚苯乙烯泡沫塑料按GB 8624—2006标准（E级），该样品符合标准要求。”上述证据可以作为认定本案事实的依据。万鑫公司为塑料草坪的铺设者和外墙保温材料的建造安装者，上述两种非阻燃材料的使用系起火点在万鑫大厦引燃、蔓延并最终酿成重大火灾事故的主要原因，万鑫公司存在过错，应认定为火灾事故的相关责任人。

1. 万鑫公司对导致火灾发生具有过错。根据案涉火灾事故认定书及辽宁省建筑材料监督检验院检测报告结论，足以认定万鑫大厦B座11层南侧平台上铺设的燃烧性能不合格的塑料草坪因李欣燃放的组合烟花溅落后点燃，此为万鑫大厦火灾事故起火原因之一。对此，塑料草坪铺设者万鑫公司存在过错，负有相应的管理责任。万鑫公司在接受本院询问时陈述，案涉火灾发生时正值除夕夜，万鑫大厦周边还有其他居民燃放烟花爆竹。故，万鑫公司铺设的易燃塑料草坪明显存在消防安全隐患，按一般人认知的生活常识，应当预见遵从民俗的居民在除夕夜集中燃放烟花爆竹可能会引燃易燃塑料草坪，但万鑫公司未对上述易燃物采取相应的消除隐患措施，直接导致火灾发生，显然主观上具有过错。

2. 万鑫公司对火势蔓延扩大最终酿成重大火灾事故具有过错。《中华人民共和国消防法》第九条规定，“建设工程的消防设计、施工必须符合国家工程建设消防技术标准。建设、设计、施工、工程监理等单位依法对建设工程的消防设计、施工质量负责”。消防安全事关公民人身、财产安全，属于社会公共利益。确保建筑物消防安全是建设单位的法定义务，建设单位依法申报消防分包工程审批，并不意味着当然免除因消防安全事故致损所产生的民事侵权责任。

本案中，根据原审查明的事实，案涉房屋所在的万鑫大厦 B 座使用的外墙保温材料燃烧性能为 E 级，不符合《暂行规定》关于此类高层建筑外墙保温材料的燃烧性能应为 A 级的强制性标准。万鑫公司对此辩称，万鑫大厦设计和施工时，《暂行规定》尚未出台，且万鑫大厦已通过消防设计审核、竣工验收和消防验收，其不具有过错。上述抗辩理由不能成立。第一，从《关于沈阳皇朝万鑫大厦建筑工程消防设计的审核意见》以及《建设工程消防验收意见书》载明的内容来看，沈阳市消防局对万鑫大厦设计审核和消防验收并未涉及外墙保温建筑材料的防火性能问题，故万鑫大厦通过消防设计审核和消防验收，不能证明万鑫大厦使用的外墙保温材料符合消防安全要求。万鑫大厦设计建造时，《暂行规定》尚未出台，虽然国家对建筑物外墙保温建筑材料并无强制性标准，但万鑫公司作为专门从事房地产开发的企业，应当掌握建筑材料的基本防火性能。万鑫大厦竣工验收前，《暂行规定》出台，国家对民用建筑外保温建筑材料的强制性标准作出规定。此时，万鑫公司对案涉建筑材料不符合国家强制性标准，与国家标准比对而言，万鑫大厦外保温层存在安全隐患的情况，应属明知，但万鑫公司未采取合理、适当的补救措施消减火灾隐患，如在烟花可能波及的平台或者低层进行局部更换阻燃材料，或者在中高层做防火隔离带处理等。总之，万鑫公司采用不具备防火性能的建筑材料，客观上增加了建筑物消防安全隐患，直接危及建筑物及附近地区的局部区域的公共安全，万鑫公司作为建设单位，未尽到应有的注意义务，明显具有过错。原审有关万鑫公司就火灾事故发生不存在过错的认定有误，应予纠正。第二，万鑫公司与赵淑华就购买案涉房屋成立商品房买卖合同关系，万鑫公司作为案涉房屋开发商、销售方，有义务交付质量合格的商品房。考虑到商品房买卖合同的标的物即房屋的特殊性，买房人一般不具有检测所购房屋是否符合消防安全规定，建造房屋所使用的建材哪些是易燃的、哪些是阻燃的，是否存在消防安全隐患等，难以适用一般商品买卖合同在标的物交付后买受人应当及时检验产品质量的规则。赵淑华与万鑫公司签订的《商品房买卖合同》第十七条约定案涉商品房所在楼宇的外墙使用权为万鑫公司所有。万鑫公司作为万鑫大厦外墙使用者，对万鑫大厦外墙负有管理、维护义务。赵淑华作为购房人正常使用所购房产，并无过错。卖房人万鑫公司因万鑫大厦建筑材料防火缺陷和不当铺设引燃物等过错，直接导致火势蔓延成灾，造成赵淑华财产损失。万鑫公司过错与赵淑华损失间存在因果关系，理应按过错承担赔偿责任，并不以万鑫大厦经工程竣工验收合格、消防分包工程已经审批、外保温层国家标准出台在后等原因而免责。

综上，万鑫公司作为万鑫大厦建设方、开发商、外墙使用者，是万鑫大厦消防安全责任主体。万鑫公司未尽到消防安全注意义务，未采取补救措施消减消防隐患，即向购房人赵淑华交付房屋，过错明显，一、二审认定万鑫公司不存在过错，事实及法律依据不足。万鑫公司因过错侵害赵淑华的民事权益，依法应承担侵权责任。

（二）中一公司应承担侵权责任

2007 年 8 月 26 日，国务院修订的《物业管理条例》第四十六条第一款规定，“对物业管理区域内违反有关治安、环保、物业装饰装修和使用等方面法律、法规规定的行为，物业服务企业应当制止，并及时向有关行政管理部门报告”。第四十七条第一款规定：“物业服务企业应当协助做好物业管理区域内的安全防范工作。发生安全事故时，物业服务企业在采取应急措施的同时，应当及时向有关行政管理部门报告，协助做好救助工作。”具有物业服务合同性质的《皇朝万鑫国际大厦（公寓）业主临时公约》第二十一条约定，当万鑫大厦物业存在安全隐患，危及公共利益或其他业主合法权益时，中一公司应当及时采取措施消除隐患。可见，业主人身、财产安全得到基本保障应为业主签订物业服务合同的合同目的之一。据此，物业服务企业依照上述法规规定和物业服务合同在物业管理区域内负有做好相应的安全防范工作的义务，对可能危及业主、住店房客等相关特定或者不特定人员的人身、财产安全的事故或隐患应协助做好防范、制止或救助工作。本案中，中一公司未履行法定或约定的安全防范义务。第一，中一公司未尽到谨慎注意义务。在接受本院询问时，中一公司认可其作为万鑫大厦前期物业服务企业，万鑫公司将万鑫大厦竣工验收手续移交至中一公司时开始履行物业服务职责，中一公司对万鑫大厦外墙保温建筑材料为可燃物、不具备防火性能的情况是明知的。中一公司明知万鑫大厦存在消防安全隐患，其在履行物业安全防范职责时应当更加细致、认真，但其在主观上未尽到专业管理人的谨慎注意义务。第二，中一公司对案外人燃放烟花的危险行为具有防控能力。李欣失火案刑事判决依据《火灾现场勘验笔录》记载内容认定，案外人燃放组合烟花的位置为万鑫大厦 B 座室外南侧停车场西南角处（与 B 座南墙距离 10.8 米，与西南墙角距离 16 米有一处烟花残骸，该处残骸东侧 2.2 米处还有另一处残骸）。可以认定，案涉烟花燃放处位于万鑫大厦南侧的停车场内，紧邻万鑫大厦南侧 LED 大屏幕及高层平台，上述燃放烟花及火灾地点属于中一公司监控或巡逻可视范围，但中一公司未采取适当措施发现火情、防范灾害。中一公司辩称，上述地点不属于物业管理范围，其提交的业主入住文件对物业管理范围约定不明，中一公司接受本院询问时认可案涉室外停车场中有部分区域由其管理。本院认为，在物业服务合同对物业服务区域约定不明、万鑫大厦未封闭使用的情形下，依照《中华人民共和国合同法》第六十一条、第六十二条规定，物业服务区域范围以能够实现订立物业服务合同目的即以保障业主人身、财产安全的合理区域范围为准。据此，现有证据不能排除案涉烟花燃放地不属于中一公司物业管理范围。第三，中一公司怠于履行春节期间物业安保的特别注意职责。除夕夜燃放烟花爆竹是我国传统民俗，中一公司未提供证据证明其在此火灾高发时点采取了能够有效预防火灾发生、排除事故隐患的消防措施，如加强巡逻、适时监控、备足灭火器材等，对万鑫大厦住店客人在万鑫大厦周边近距离燃放烟花的情况未予发现。此外，依据现有证据不能认定案涉房屋内的喷淋系统在火灾发生时正常运行，万鑫公司与中一公司关于消防设施设备的管理与维护职责分工界限不明，亦应推定中一公司对消防设施维护负有管理职责。综上，考虑到中一公司火灾发生在万鑫大厦室外停车场、万鑫大厦周边属于开放式街区，物业自有区域与市政公共区域并未明显界分，且中一公司未能适当履行物业安全防范职责与火灾发生间存在关联关系。据此，中一公司应承担相应的侵权赔偿民事责任。中一公司辩称案外人燃放烟花的地点不属于中一公司物业管理范围，故不应承担责任的抗辩理由，不能成立。

本案中，较万鑫公司及中一公司而言，赵淑华对火灾的发生并无过错。一、二审判决认定万鑫公司、中一公司不承担侵权赔偿责任，意味着由无过错的受害人自行承担因他人过失引发火灾造成的财产损失，有违侵权过错原则，原判决实体处理失衡，本院予以纠正。

二、中一公司、万鑫公司的责任应如何认定

生效刑事判决和案涉火灾事故认定书认定，案外人燃放烟花构成失火罪，系造成万鑫大厦火灾的主要原因。万鑫公司铺设易燃物品引燃外墙建筑材料，进而形成立体燃烧，导致火势扩大、蔓延是损失发生的过程。即，本案的火灾是多因一果的结果，侵权行为、致害原因前后接继而非叠加。案涉各方对火灾的发生均有重大过失，但均非故意追求损害后果，万鑫公司过错亦不足以造成全部损失，不应对受害人全部损失承担赔偿责任，万鑫公司毕竟并非主动积极的行为致赵淑华权益受损，亦不应承担主要责任。中一公司在物业安全防范方面没有尽责，存在管理疏漏，具有过错，但其行为并未直接导致火灾发生。因万鑫公司等侵权导致赵淑华的民事权益受损，由万鑫公司等首先承担赔偿责任，中一公司应当在其预见和能够防范的范围内承担相应的补充责任。

综上，案涉侵权各方没有共同故意或者共同过失，而是各方在不同时期的数个行为密切结合致使火灾发生，进而造成赵淑华的损失。《侵权责任法》第十二条规定，二人以上分别实施侵权行为造成同一损害，能够确定责任大小的，各自承担相应的责任，故本院酌定万鑫公司对赵淑华的损失承担40%的赔偿责任，中一公司在赵淑华全部损失不超过30%的范围内承担补充责任。

三、赵淑华的财产损失范围应如何确定

根据赵淑华一审起诉请求，其主张财产损失范围包括：1. 房屋损失4573155元；2. 室内财产损失2199363元；3. 租房费用187400元；4. 购买房屋花费的契税182926.20元、维修基金8646.56元、房产备案费5000元；5. 房产的增值损失2500625元；6. 案涉房产银行贷款逾期利息10万元及违约金22.8万元；7. 保险公司对万鑫公司的保险理赔款。本案再审时，赵淑华对损失赔偿金额调整为：不再主张房屋增值损失、房屋损失数额减少为3186300元、房屋租金损失增加为357000元。本院围绕其变更后不超出一审诉讼请求的范围进行审理。

1. 关于房屋损失、利息、违约金及相关税费损失部分。因赵淑华拖欠案涉房屋银行贷款，兴业银行另案提起诉讼主张债权。案涉房屋经执行拍卖，赵淑华已丧失所有权。案涉房屋房款、贷款利息、违约金及相关税费损失的产生系赵淑华在借贷法律关系中不履行还款义务，属于清偿能力的问题，与火灾不具有直接的因果关系，赵淑华主张该部分损失事实及法律依据不足，不予支持。

2. 关于万鑫公司获得的保险理赔款部分。根据案涉《公估报告书》载明的内容，案涉保单涉及的被保险人均为万鑫公司，相关保单保险标的为和平区青年大街 392 号和 390 甲号的建筑物及建筑物的附属设备。赵淑华主张保险理赔款损失的理据不足，不予支持。

3. 关于租金损失部分。本案各方当事人对案涉房屋被烧毁后已无法居住，且万鑫公司事后对烧毁后的房屋进行了整体修复这一事实并无争议。故赵淑华在火灾之后至万鑫公司对案涉房屋修复完成期间另行租房居住产生的租金，系因火灾导致案涉房屋不能使用损失，应予支持。沈阳市消防局作出的沈公消验（2013）第 0050 号《关于沈阳皇朝万鑫大厦 B 座局部装修建设工程消防验收合格的意见》载明，万鑫大厦 B 座于 2013 年 2 月 25 日重新装修完毕且通过了消防验收，本院再审时，万鑫公司主张，万鑫大厦 B 座公寓最晚于 2013 年 3 月 4 日重新装修完毕。此外，结合赵淑华与案外人签订《租房协议书》（2011 年 2 月 13 日至 2012 年 2 月 12 日租金 36000 元、2012 年 2 月 13 日至 2013 年 2 月 12 日租金 64800 元、2013 年 2 月 13 日至 2013 年 4 月 12 日租金 10800 元），依据上述证据可以认定，本案火灾发生后至万鑫大厦 B 座重新装修完毕达到入住标准的合理期间租金总计 111600 元，应计入赵淑华的财产损失。

4. 关于室内财产损失部分。原审中，赵淑华提交了案涉房屋烧毁前后的比对照片，以及某房屋中介机构及其员工的情况说明等书证，可以证明火灾发生前案涉房屋内存放有较为齐全的家具、家电、衣物、首饰等居家财物，民宅中存放上述居家财产，符合常理。万鑫公司、中一公司虽然对上述财产不予认可，但未能作出合理说明。根据赵淑华提供的屋内财产明细，结合当地生活习惯、物品购入时间、物品使用折旧情况、受害人生活水平等因素，本院酌定赵淑华室内财产损失数额以其主张金额的 80%，即 1759490.4 元（2199363 元×80%）为宜。

赵淑华的财产损失应认定为 1871090.4 元（租金损失 111600 元+室内财产损失 1759490.4 元）。万鑫公司向赵淑华赔偿损失 748436.16 元（1871090.4 元×40%），中一公司在 561327.12 元（1871090.4 元×30%）损失的范围内承担补充赔偿责任。

综上，赵淑华的再审理由部分成立，本院予以支持。依照《中华人民共和国侵权责任法》第二条、第六条、第十二条，《中华人民共和国民事诉讼法》第二百零七条第一款、第一百七十条第一款第二项，《最高人民法院关于适用〈中华人民共和国民事诉讼法〉的解释》第四百零七条的规定，判决如下：

一、撤销辽宁省沈阳市中级人民法院（2013）沈中民一初字第39号民事判决及辽宁省高级人民法院（2015）辽民一终字第00300号民事判决；

二、沈阳皇朝万鑫酒店管理有限公司于本判决生效之日起十日内向赵淑华赔偿损失748436.16元；

三、沈阳中一万鑫物业管理有限公司在561327.12元损失额范围内承担补充赔偿责任；

四、驳回赵淑华的其他诉讼请求。

如果未按本判决指定的期间履行金钱给付义务，应当依照《中华人民共和国民事诉讼法》第二百五十三条之规定，加倍支付迟延履行期间的债务利息。

一审案件受理费79400元，由沈阳皇朝万鑫酒店管理有限公司负担45000元、沈阳中一万鑫物业管理有限公司负担29000元、赵淑华负担5400元；二审案件受理费81696元，由沈阳皇朝万鑫酒店管理有限公司负担45000元、沈阳中一万鑫物业管理有限公司负担31000元、赵淑华负担5696元。

023. 开发商与小区业主对开发商在小区内建造的房屋发生权属争议时，应由开发商承担举证责任[①]

宜兴市新街街道海德名园业主委员会诉宜兴市恒兴置业有限公司、南京紫竹物业管理股份有限公司宜兴分公司物权确认纠纷、财产损害赔偿纠纷案

裁判摘要

开发商与小区业主对开发商在小区内建造的房屋发生权属争议时，应由开发商承担举证责任。如开发商无充分证据证明该房屋系其所有，且其已将该房屋建设成本分摊到出售给业主的商品房中，则该房屋应当属于小区全体业主所有。开发商在没有明确取得业主同意的情况下，自行占有使用该房屋，不能视为业主默示同意由开发商无偿使用，应认定开发商构成侵权。业主参照自该房屋应当移交时起的使用费向开发商主张赔偿责任的，人民法院应予支持。

原告：宜兴市新街街道海德名园业主委员会，住所地：江苏省宜兴市环科园兴业路。

法定代表人：徐法军，该委员会主任。

被告：宜兴市恒兴置业有限公司，住所地：江苏省宜兴市环科园兴业路。

法定代表人：施洪飞，该公司董事长。

被告：南京紫竹物业管理股份有限公司宜兴分公司，住所地：江苏省宜兴市环科园兴业路。

负责人：张年富，该公司经理。

---

① 参见《最高人民法院公报》2018年第11期。

原告宜兴市新街街道海德名园业主委员会（以下简称海德名园业委会）因与被告宜兴市恒兴置业有限公司（以下简称恒兴公司）、南京紫竹物业管理股份有限公司宜兴分公司（以下简称紫竹物业公司）发生物权确认纠纷、财产损害赔偿纠纷，向江苏省宜兴市人民法院提起诉讼。

原告海德名园业委会诉称：2007年12月被告恒兴公司发包建设宜兴市新街街道海德名园小区1期、2期、3期工程，其中包括坐落在海德名园二期内面积为1123.62平方米的会所。2009年3月27日恒兴公司将前期小区物业移交给被告紫竹物业公司管理，在所移交的物业材料中明确了26号会所除“位于会所二层、面积476平方米”作为物业用房，但产权归全体业主所有。该会所自修建至今，一直为恒兴公司所占有使用，且使用至今扣除物业用房外未向业主缴纳分文租赁费用。紫竹物业公司对于租金的损失应承担连带责任，因紫竹物业公司进场时业主们把会所移交给了紫竹物业公司，在会所被别人占用后，紫竹物业公司没有帮业主们维权。故请求判令恒兴公司与紫竹物业公司支付自2008年11月1日起至今的租赁费用80万元（暂按10万元每年计算）。

审理中，原告海德名园业委会增加诉讼请求，要求确认海德名园二期26幢会所中除物业用房外的647.62平方米的房屋所有权为宜兴市新街街道海德名园全体业主所有，并明确损失是从2008年11月1日起计算至起诉之日止。

被告恒兴公司辩称：请求驳回原告海德名园业委会的诉请。既然原告诉状中写到本案诉争的26号会所是恒兴公司投资建造，而原告并没有提供其对主张的租赁的物业有法律上的所有权或者支配权的依据，因此原告的诉请没有事实和法律的依据，且该诉请开始时间是2008年，也应该是从今天开始的之前两年。原告增加的确认所有权的诉请是一个独立的诉，应该先审确认所有权的诉，然后才能审赔偿损失之类的诉。

被告紫竹物业公司辩称：1. 根据相关规定，涉及小区有关物业和管理的重大事项，需要业主共同决定。2. 原告海德名园业委会要求租赁费用80万，前提是有会所的所有权或者有效的裁判文书确认会所归业委会所有，但是业委会并没有提供相关证据证明会所归业委会所有。3. 其公司是物业服务单位，要求其公司承担相应的责任没有依据。4. 对原告增加诉请没有异议，但是要等所有权确认之后才能审理损失赔偿。

宜兴市人民法院一审查明：

宜兴市新街街道海德名园一、二、三期小区的开发商系被告恒兴公司。在海德名园二期内建有海德名园会所，该会所的建设工程规划许可证载明的建设项目名称为海德名园会所、建设规模为两层1215平方米。该证的“附图及附件名称”内载有：其中物业管理用房建筑面积700平方米，核发红卡等内容。根据规划部门的解释，“核发红卡”的房产不得销售。该会所至今没有房产证。2008年11月1日，恒兴公司与被告紫竹物业公司签订物业移交验收接管协议，该协议第一条移交物业基本情况载明移交物业为海德名园11万8千8百多平方米的住宅。第三条载明本物业管理区域内配置的会所、物业服务用房等情况如下：1. 会所，位于海德名园二期第26幢，面积1123平方米，使用情况为部分开放；2. 物业管理服务用房，位于会所二楼，475平方米，使用情况为实际投入的物业用房还不止475平方米。协议约定紫竹物业公司自2008年10月30日开始承接物业。海德名园二期第26幢会所除物业公司使用的476平方米物业用房外，其余面积647.62平方米是由恒兴公司使用或控制。海德名园小区于2013年8月18日成立首届业主大会，于2017年3月24日进行第二届业主委员会换届选举，第二届业主委员会任期五年。第二届业主委员会于2017年4月两次书面通知恒兴公司商讨小区管理，会所、人防工程的使用管理等事宜。

江苏省宜兴市人民法院一审认为：

对于小区会所在有合法规划、没有规定、没有产权证的情况下，有约定从约定，没有约定的，如有证据证明会所的成本实际列入了商品房建造成本，构成商品房对外销售价格的组成部分，则归业主所有。本案应认定海德名园二期第26幢会所的成本实际已列入商品房建造成本，构成商品房对外销售价格的组成部分，理由如下：1. 根据被告恒兴公司与被告紫竹物业公司签订的物业移交验收接管协议，会所属海德名园小区内配置的用房即配套用房，根据建设工程规划许可，该会所不能销售，故该会所显然不属于恒兴公司认为的是规划在商铺部分的。2. 从物价局核定海德名园商品房预售价格的材料看，一期恒兴公司申报列入的是每平方米15元的“物业房”成本，而二期恒兴公司申报列入的是每平方米22.9元的“物业用房、会所”成本，且二期先核定的多层第16、17、19幢小区配套明细表“物业用房、会所”栏内还明确注有“会所1300平方米”的内容。从上述情况可以看出恒兴公司申报列入商品房对外销售价格的是整幢会所而不仅是物业用房的成本。3. 从会所列入商品房对外销售价格的金额分析，会所的成本是由物业用房和争议面积两个部分共同组成的，一期调取到的商品房预售价格核定材料仅有第5、6幢两幢楼的，该两幢楼经计算列入的金额为118965元，根据一期的房屋数量，一期列入商品房对外销售价格的物业用房成本远远大于该118965元。二期调取到的6幢多层，3幢高层、小高层列入商品房对外销售价格的物业用房、会所成本经计算总计1067242元，根据二期的房屋数量，金额也明显大于该1067242元。三期没有商品房预售价格的核定材料，销售价格中有无相应成本无法确定。4. 恒兴公司所列会所成本明细是其公司单方制作，金额无法完全确认，其公司主张的分摊方法更与事实不符。例如根据恒兴公司提供的材料，二期的土地成本为58545113.69元，按恒兴公司的分摊方法，住宅应分摊45085447.81元，会所应分摊3476133.41元。按物价局核定的地价实际住宅分摊了50228549.55元，多分摊了5143101.74元，住宅分摊的土地成本足以涵盖会所的土地成本。因此对恒兴公司主张的成本分摊方法不予采信。且会所是不得销售的房屋，在规费等费用上与商品房应有所区别。5. 恒兴公司提供的土地分割证、图纸等不能证明会所属恒兴公司所有。综上，再结合商品房预售价格核定材料中反映的建筑安装工程费成本，应认定会所的成本已构成商品房对外销售价格的组成部分，对会所的建设成本进行司法审价也无必要。本案海德名园二期第26幢会所有争议的647.62平方米的房屋应属海德名园小区全体业主所有。恒兴公司占有使用除物业用房外的其他会所房屋，应支付参照租赁费用计算的损失。按物业移交验收接管协议紫竹物业公司承接物业的时间是2008年10月30日，海德名园业委会有权要求从2008年11月1日开始计算损失，金额可按评估报告确定的标准计算。因恒兴公司系连续占有使用会所，故本案未过诉讼时效。损失计算至起诉之日共计803150元。原告海德名园业委会要求紫竹物业公司承担赔偿责任于法无据，不予支持。

据此，江苏省宜兴市人民法院依照《中华人民共和国物权法》第四条、第三十三条、第三十七条，《中华人民共和国民法通则》第七十二条、第一百三十七条之规定，于2017年11月27日作出判决：

一、宜兴市新街街道海德名园二期第26幢会所除物业用房外的647.62平方米的房屋属海德名园小区全体业主所有；

二、被告宜兴市恒兴置业有限公司于判决发生法律效力之日起十日内支付原告宜兴市新街街道海德名园业主委员会损失803150元；

三、驳回原告宜兴市新街街道海德名园业主委员会对被告南京紫竹物业管理股份有限公司宜兴分公司的诉讼请求。

恒兴公司不服一审判决，向无锡市中级人民法院提起上诉称：1. 本案涉及两个不同的诉，被上诉人海德名园业委会在一审第二次开庭前增加确认所有权的诉请，与起诉时的财产损害赔偿属于不同法律关系，应另行起诉，不能在本案中增加，故一审程序违法。2. 其公司在一审中要求对案涉会所的建设成本是否分摊到海德名园商品房中进行审计，但一审法院未予准许，仅凭部分与客观事实有出入的表述，就认定会所的建设成本已分摊到商品房中，缺乏依据。3. 一审对会所的租金评估参照物业与会所不同，评估时并未考虑会所是在小区内部的特殊性，因此一审法院对于租赁费用的认定不当。4. 会所系其公司获得土地使用权并投入资金建造而成，至本案诉讼前，海德名园业委会并未认为其公司存在侵权行为，也未提出过权利主张，这至少表明海德名园业委会对会所的使用状况是同意的，也未要求支付对价，因此一审法院不能支持海德名园业委会提出自2018年起至今所有租金的诉请，法律没有规定会所所有权归于何方，其公司也不存在侵权行为。故请求二审法院依法改判。

被上诉人海德名园业委会辩称，根据上诉人恒兴公司在一审中提供的证据及计算方式，表明案涉会所的成本已纳入海德名园商品房，对会所成本没有审价的必要。会所一直由恒兴公司使用，业主及业委会均没有使用过会所，业委会自成立后，曾对会所多次向恒兴公司提出主张，当地社区领导也组织双方协调过此事，但恒兴公司一直未归还会所。对于会所的租赁费用，评估公司是进行大量的调查之后作出的评估，并且参照物业用房中182.77平方米以每年3.8万元出租给他人的租金标准，恒兴公司占用会所造成的实际损失远超评估的80多万元，故本案评估价格是合理的。一审判决正确，请求驳回上诉，维持原判。

原审被告紫竹物业公司陈述称，一审判决其公司不承担责任正确，请求维持原判。

无锡市中级人民法院经二审审理，确认了一审查明的事实。

江苏省无锡市中级人民法院二审认为：

本案二审的争议焦点：1. 一审法院是否存在程序违法问题；2. 案涉会所归谁所有；3. 上诉人恒兴公司是否应向被上诉人海德名园业委会支付会所的使用费。

一、关于一审法院是否存在程序违法问题，因被上诉人海德名园业委会在起诉时要求上诉人恒兴公司、原审被告紫竹物业公司支付案涉会所的租赁费用，由于在一审法院的第一次庭审中恒兴公司对会所的权属提出抗辩，一审法院向海德名园业委会释明，应先对会所进行确权，才能进一步明确租赁费用的诉请。海德名园业委会表示在本案中对会所进行确权，并书面申请增加该项诉讼请求，一审法院及时向恒兴公司、紫竹物业公司送达了海德名园业委会的该申请，并且对海德名园业委会增加的该项诉请在第二次庭审中进行了审理。因此一审法院将海德名园业委会的两项诉讼请求一并审理，既有利于双方争议的解决，亦不存在程序违法问题。故恒兴公司提出的该项上诉意见，缺乏依据，不予采纳。

二、案涉会所属海德名园全体业主所有，理由如下：《中华人民共和国物权法》第七十条规定，业主对建筑物内的住宅、经营性用房等专有部分享有所有权，对专有部分以外的共有部分享有共有和共同管理的权利；该法第七十三条规定，建筑区划内的其他公共场所、公用设施和物业服务用房，属于业主共有。《最高人民法院关于审理建筑物区分所有权纠纷案件具体应用法律若干问题的解释》第三条规定，除法律、行政法规规定的共有部分外，建筑区划内的以下部分，也应当认定为《中华人民共和国物权法》第六章所称的共有部分：（二）其他不属于业主专有部分，也不属于市政公用部分或者其他权利人所有的场所及设施等。本案中，案涉会所位于海德名园小区内，与476平方米的物业用房同属一套建筑的整体，根据建设工程规划许可证、物业移交接管协议备案证明存根、以及上诉人恒兴公司与原审被告紫竹物业公司签订的物业移交验收接管协议等书面证据所载明的内容来看，恒兴公司在移交物业时，是将会所与物业用房一并作为配套用房移交给紫竹物业公司，而且写明产权归全体业主所有。被上诉人海德名园业委会在本案中提供了上述证据，对其主张已经尽到初步举证义务。而恒兴公司辩称会所系其公司所有，作为海德名园小区的开发商，恒兴公司应当进一步提供充分证据予以证明。恒兴公司虽然提供了土地分割证、会所成本核算等证据，但根据一审法院向宜兴市国土资源局、宜兴市环科园规划办公室调查了解的情况，以及宜兴市物价局对海德名园商品房价格核定的相关材料，恒兴公司所举证据并不足以证明会所系其公司所有。根据物价局核定的价格，以及第16、17、19幢小区配套明细表中载明的“会所1300平方米”，可以表明恒兴公司已将会所的成本列入商品房价格中，因此没有必要再专门对会所的建设成本进行审价。综上，依据《中华人民共和国物权法》及司法解释的规定，针对双方当事人的举证情况；应认定案涉会所属海德名园全体业主所有。

三、关于上诉人恒兴公司占有使用案涉会所应当承担的责任。首先，会所属于全体业主所有，恒兴公司作为海德名园小区的开发商对此理应知晓，并且在物业移交验收接管协议备案证明中也明确了该事实，故恒兴公司自将物业用房于2008年10月30日移交给紫金物业公司时，本应将会所一并移交给全体业主占有、使用、收益，但恒兴公司却一直无偿占有使用至今，致使海德名园全体业主不能使用、收益，从而造成了相应损失。依据《中华人民共和国物权法》第三十七条的规定，因恒兴公司的侵权，被上诉人海德名园业委会作为全体业主代表有权请求恒兴公司赔偿损失。其次，恒兴公司认为海德名园业委会没有主张过权利，至少表明是同意其公司使用的。但依据《中华人民共和国民法总则》第一百四十条的规定，沉默只有在有法律规定、当事人约定或者符合当事人之间的交易习惯时，才可以视为意思表示。海德名园业委会明确表示曾多次向恒兴公司提出归还会所的主张，并未同意恒兴公司无偿使用，恒兴公司亦未能举证证明其公司占有使用会所符合法律所列上述情形，故恒兴公司所提该项上述意见，并无事实和法律依据。其三，《中华人民共和国侵权责任法》第十九条规定，侵害他人财产的，财产损失按照损失发生时的市场价格或者其他方式计算。本案中，原审法院参照会所的租赁费用来确定本案损失，并依法委托评估机构对此进行评估。根据评估机构对会所租赁费用的评估过程来看，评估机构不仅到现场查勘了会所的实际情况，还对类似商业办公用房的租金情况进行了大量的调查和分析，从而作出了不同时段租赁费用的评估结论，因此评估机构的评估具有事实依据，亦无程序违法之处，恒兴公司未能提供相应证据推翻该评估意见，故评估意见合法有效，一审法院据此作为参照确定本案损失，并无不妥。

综上，江苏省无锡市中级人民法院依照《中华人民共和国民事诉讼法》

第一百七十条第一款第一项之规定，于2018年1月26日作出判决：驳回上诉，维持原判。

024. 房屋出租人明知承租人生产易燃产品仍将房屋出租给承租人用于生产，导致火灾发生或扩大的，应依法承担赔偿责任①

仪征市兴成塑业包装有限公司诉仪征市新城镇新华村村民委员会、郭玉年财产损害赔偿纠纷案

裁判摘要

房屋出租人明知承租人生产易燃产品而将不符合消防安全要求或未经消防验收合格的房屋出租给承租人用于生产，租赁期间因房屋不符合消防安全要求导致火灾发生或扩大的，出租人存在过错，应依法承担相应的赔偿责任。

原告：仪征市兴成塑业包装有限公司，住所地：江苏省仪征市新城镇。

法定代表人：赵梦，该公司董事长。

被告：仪征市新城镇新华村村民委员会，住所地：江苏省仪征市新城镇。

被告：郭玉年。

原告仪征市兴成塑业包装有限公司（以下简称兴成公司）因与被告仪征市新城镇新华村村民委员会（以下简称新华村委会）、郭玉年发生财产损害赔偿纠纷，向江苏省仪征市人民法院提起诉讼。

原告兴成公司诉称：2008年11月8日，原告与被告新华村委会签订经营场所租赁合同，约定新华村委会将自有的坐落于原麦芽厂内路东南起第三跨

① 参见《最高人民法院公报》2016年第3期。

东起1-11间的房屋出租给原告用于生产塑料包装制品，租赁期限为3年。2011年12月23日12时20分，与原告厂房相邻的仪征市通达船舶配件厂发生火灾，火势迅速蔓延至原告厂房致若干成品、半成品及机器设备过火损毁，损失严重。经仪征市消防部门查明，起火部位为仪征市通达船舶配件厂西南角办公区床所在位置，成因为仪征市通达船舶配件厂的厂房屋顶系芦席顶，耐火等级低。仪征市通达船舶配件厂引发火灾，被告新华村委会将不符合消防安全的房屋出租给原告从事塑料包装制品生产致使火势蔓延，两被告的行为造成原告重大财产损失。故请求判令两被告赔偿原告财产损失1365486.1元，并承担鉴定费、保全费、诉讼费。

被告新华村委会辩称：对火灾认定书没有意见，但是原告兴成公司的损失并不是新华村委会造成的，应由侵权人承担赔偿责任。损失评估报告是根据原告自述形成的，不能客观反映火灾造成的实际损失。

被告郭玉年辩称：火灾事故认定书对火灾起因的陈述不明确、不具体，火灾的起因存在其他可能性，我方接到火灾事故认定书后依法提起复核，但是由于原告兴成公司起诉，消防部门终止了复核程序。原告在承租不符合消防条件的厂房后，未进行改造就生产易燃产品，又未配备消防设施，是导致原告损失扩大的直接原因。被告新华村委会将毫无消防条件的旧厂房出租给原告从事易燃产品的生产，事先未进行改造，是火灾发生的重要原因。因此，新华村委会应承担90%的责任，我方只承担10%的责任。评估报告是根据原告提供的资料进行评估的，不客观，不能作为定案依据。

江苏省仪征市人民法院一审查明：

2008年11月8日，原告兴成公司与被告新华村委会签订经营场所租赁合同1份，约定新华村委会将自有的坐落于原麦芽厂内路东南起第三跨东起11间房屋出租给兴成公司用于生产塑料包装制品，租赁期限为3年，自2009年1月1日起至2011年12月31日。仪征市通达船舶配件厂亦租用新华村委会厂房用于生产，该厂与兴成公司东西毗邻。2011年12月23日12时20分左右，仪征市通达船舶配件厂发生火灾，后经仪征市公安消防大队接警后赶到现场扑灭大火。此次火灾造成兴成公司和仪征市通达船舶配件厂厂房顶部、厂内机器物件损毁。2012年2月17日，仪征市公安消防大队作出火灾事故认定书，认为起火原因为：排除用火不慎、玩火、电气故障、雷击、自燃、燃放烟花爆竹等原因，不能排除因为遗留火种造成火灾，起火部位位于仪征市通达船舶配件厂厂房西南角，起火点为办公区床所在位置。火灾成因为：1. 起火厂房屋顶为芦席顶，为易燃材料，耐火等级低，燃烧蔓延迅速。2. 起火厂房发生火灾时无人员在场，发现及扑救火灾错过最佳时间。2012年2月28日，仪征市通达船舶配件厂向扬州市公安消防支队申请火灾事故认定复核。2012年3月27日，扬州市公安消防支队以兴成公司已向法院提起诉讼为由决定终止复核。经兴成公司申请，法院委托扬州佳诚资产评估事务所对兴成公司火灾事故损失金额进行鉴定，意见为：截至2011年12月23日，存货、产成品369799.10元、车间被烧物品59955.00元，机器设备466683.00元，间接损失348850.00元，计1245287.10元，无法鉴定的损失120199元。兴成公司为此支出鉴定费50000元。2013年1月29日，扬州佳诚资产评估事务所对兴成公司机械设备等残值进行补充鉴定，意见为：机械设备残值46590元，存货等其他资产残值5900元。

上述事实，有原告兴成公司提供的营业执照副本、经营场所租赁合同、经营场所证明、火灾事故认定书、扬州佳诚资产评估事务所资产评估报告书、法院调取的火灾事故卷宗等证据及当事人的当庭陈述在卷证实。

江苏省仪征市人民法院一审认为：

本案一审的争议焦点为：（1）火灾赔偿责任应由谁承担；（2）火灾损失数额如何确定。

关于争议焦点一，仪征市通达船舶配件厂是火灾源起，在火灾发生时无人员在场，对自身厂房未尽到安全管理义务，对火灾的发生存在明显过错，其业主被告郭玉年应当承担主要的赔偿责任。任何单位和个人都有预防火灾、维护消防安全的义务。《机关、团体、企业、事业单位消防安全管理规定》第八条规定：实行承包、租赁或委托经营、管理时，产权单位应当提供符合消防安全要求的建筑物，当事人在订立的合同中应当依照有关规定明确各方的消防安全责任。承包、租赁或委托经营、管理的单位应当遵守本规定，在其使用、管理范围内履行消防安全职责。本案中，失火厂房屋顶为芦席顶，该厂房明显不符合消防安全要求，被告新华村委会明知原告兴成公司生产易燃产品却将不符合消防安全要求的厂房出租给原告用于生产，且在与原告订立的租赁合同中未约定消防责任，在签订合同时以及承租人生产期间也未尽到提醒承租人注意防火的义务，对火灾发生及扩大存在一定过错，应承担相应的赔偿责任。原告在与新华村委会订立的租赁合同中未约定消防责任，在未进行必要的符合耐火等级改造的情况下即投入生产，自身对火灾扩大存在一定过错，可以减轻侵权人的赔偿责任。

综合全案，根据过错程度及原因力大小等因素，确定由被告郭玉年承担60%的赔偿责任，由被告新华村委会承担10%的赔偿责任，其余损失应由原告兴成公司自行承担。

关于争议焦点二，对于无法鉴定的损失，其中“老林衣服现金2800元、小邓衣服现金2600元、王玲衣服快递600元”，因原告兴成公司未提供证据证明，不予采信；“办公室装修”40000元，虽然原告提供了证人宋盛林证言及费用明细，但无相关单据佐证，且明细中所列“灯”与第1项“吊灯”，“布艺沙发一组”与车间被烧物品中的“五人沙发”、“独体沙发”属重复主张，故酌定“办公室装修”为15000元、酌定第1项“水瓶、饮水机、吊灯”为150元；基于上述理由，根据原告提供的实物照片、购买单据等证据，酌情认定无法鉴定的损失为77162.3元。对于间接损失，“恢复生产费用”不属损失范畴，故不予支持；第1、2项“交货延期赔偿金”、“被烧货物资金积压利息费”，鉴定人系根据合同上的数额做出评估的，有无实际兑付没有核实且原告未提供证据证明，况且合同损失系间接损失，故对“交货延期赔偿金”、“被烧货物资金积压利息费”不予支持；对“停产营业损失”126000元、“未完成订单利润”16700元予以支持；“工人工资”、“未经营房租费”在停业损失中已作为成本列支，故不予支持；基于上述理由，认定间接损失为142700元。对于存货和产成品、车间被烧物品，机器设备，因本案所选定的鉴定机构具备鉴定资格，鉴定程序合法，鉴定依据较为充分，应采信鉴定意见，但是机械设备、存货等资产存在残值，应予扣除，故认定火灾损失数额为1063809.4元（存货、产成品369799.10元+车间被烧物品59955.00元+机器设备466683.00元-机械设备残值46590元-存货等其他资产残值5900元+无法鉴定的损失77162.3元+间接损失142700元）。

综上，江苏省仪征市人民法院依照《中华人民共和国侵权责任法》第六条第一款、第十二条、第二十六条的规定，于2013年8月8日判决如下：

被告郭玉年于本判决生效之日起15日内赔偿原告兴成公司638285.64元（1063809.4×60%）；被告新华村委会于本判决生效之日起15日内赔偿原告兴成公司106380.94元（1063809.4×10%）；其余火灾损失由原告兴成公司自行承担。

新华村委会不服一审判决，向扬州市中级人民法院提起上诉称：1. 一审法院对被上诉人兴成公司因火灾遭受的损失认定事实不清。扬州佳诚资产评估事务所对兴成公司火灾事故损失进行鉴定的依据是由兴成公司自行编报、自行填写、自行评价的材料，该证据未向法庭出示，也未经当庭质证，故鉴定机构以此作为依据鉴定评估火灾损失不当。2. 一审法院以其与兴成公司之间的租赁合同关系中未明确约定消防责任、未尽到提醒承租人注意防火义务为由，判决其承担10%赔偿责任系适用法律不当。综上，请求二审法院撤销原判，依法改判。

被上诉人兴成公司答辩称：1. 评估机构系一审人民法院委托，其损失已在评估报告中作出认定，且上诉人新华村委会收到该评估报告后在异议期内未提出异议；2. 从《火灾事故认定书》中可以看出，火灾的成因为起火厂房的屋顶是易燃材料，耐火等级低，故新华村委会作为出租方，对火灾的发生及扩大的损失存在过错。

一审被告郭玉年未提出答辩。

扬州市中级人民法院经二审，确认了一审查明的事实。

扬州市中级人民法院经二审认为：

当事人对自己提出的主张，有责任提供证据。没有证据或者证据不足以证明自己的事实主张，由负有举证责任的当事人承担不利的法律后果。经查，本起火灾事故损失的资产评估系一审法院委托扬州佳诚资产评估事务所评估，该评估机构及其资产评估师均具备相应的资质，对被上诉人兴成公司因火灾遭受损失的评估，程序合法，依据较为充分，其出具的资产评估结论具有证明效力，予以采信。上诉人新华村委会对该资产评估报告提出异议，但是其未提交充分证据证实自己的主张，且在一审时也未申请重新鉴定，故对新华村委会的该项上诉主张不予采信。

上诉人新华村委会作为出租方，其出租房屋给承租人的用途是生产经营，故其将房屋出租给被上诉人兴成公司时，应提供经过消防验收合格的房屋。本案中，当火灾发生时，因新华村委会出租厂房的屋顶为芦席顶，系易燃材料，耐火等级低，导致燃烧蔓延迅速，损失扩大。由于新华村委会出租未经消防验收合格的房屋，且兴成公司生产的塑料包装制品系易燃物品，故其对火灾造成的损失具有一定过错。因此，一审根据本案的实际情况，判决新华村委会承担10%的赔偿责任并无不当。

综上，扬州市中级人民法院依照《中华人民共和国民事诉讼法》第一百七十条第一款第（一）项，于2013年12月18日判决如下：

驳回上诉，维持原判。

本判决为终审判决。

025. 向人民法院申请采取保全措施有错误的，申请人应当赔偿被申请人因保全所遭受的损失[①]

李正辉诉柴国生财产损害赔偿纠纷案

裁判摘要

向人民法院申请采取保全措施是当事人的诉讼权利，但申请有错误的，申请人应当赔偿被申请人因保全所遭受的损失。如何判断当事人的申请是否错误，《中华人民共和国民事诉讼法》对此并没有作出规定。判断申请人的申请是否存在错误，应当结合具体案情，通过审查申请人是否存在通过保全损害被申请人合法权益的过错、保全的对象是否属于权属有争议的标的物、被申请人是否存在损失、是否为了保证判决的执行等因素予以考虑，不宜简单地以判决支持的请求额与保全财产数额的差异判断申请人是否有错误。

最高人民法院

民事裁定书

（2012）民申字第1282号

再审申请人（一审原告、二审上诉人）：李正辉。

委托代理人：郭香龙，北京市天同律师事务所律师。

委托代理人：郑玮，北京市天同律师事务所律师。

被申请人（一审被告、二审被上诉人）：柴国生。

---

① 参见《最高人民法院公报》2014年第3期。

委托代理人：钟炜，广东法则明律师事务所律师。

委托代理人：徐婉雯，北京市大成（深圳）律师事务所律师。

再审申请人李正辉因与被申请人柴国生财产损害赔偿纠纷一案，不服广东省高级人民法院（2011）粤高法民一终字第87号民事判决，向本院申请再审。本院依法组成合议庭对本案进行了审查，现已审查终结。

李正辉申请再审称：

（一）柴国生在另案［最高人民法院（2009）民二终字第43号，以下简称“43号案”］一审时，申请保全了李正辉名下广东雪莱特光电科技股份有限公司（以下简称雪莱特公司）6186180股股票（保全当日2007年9月28日雪莱特公司股票收盘价为每股17.2元，约10640万元）及两处房产、一辆机动车（价值约220万元），总共价值10860万元，但法院最终只支持了柴国生2374万元（法院生效判决判令李正辉向柴国生退还雪莱特公司股票348259股及赔偿1929余万元。判决生效之日，雪莱特公司股票价格为每股12.77元）的诉讼请求。柴国生超标的申请查封了8486万元，超过合理范围，属于保全错误。原审判决未能认定柴国生的保全错误行为，属于法律适用错误。

（二）最高人民法院（2010）民申字第572号案件（以下简称“572号案”）与本案案情类似，根据该案中的裁判观点，本案柴国生的超额错误保全行为构成侵权。

（三）柴国生错误申请保全，应当承担保全期间标的物价值贬损的风险。柴国生对李正辉所持股票申请保全，限制了李正辉对股票的处分权，根据权利义务相适应的原则，柴国生应当承担股票价格波动造成的价值贬损的风险。雪莱特公司股票在被保全期间发生价格下跌，属于柴国生申请保全应当预见和承担的风险，柴国生应当承担该部分损失的赔偿责任。这种责任包括三个方面：一是李正辉所持股票在禁售期内，发生了贬值损失。这部分损失应由柴国生予以赔偿。二是在李正辉所持股票可自由流通后的股价损失，该损失应按该股票解禁日与解封日价值之间的差额计算。原审判决已查明相关事实却未能判决支持，于法无据。三是柴国生保全李正辉巨额财产，应当赔偿李正辉因此遭受的该期间利息损失。柴国生对李正辉的财产采取诉讼保全，限制了李正辉的处分权，导致李正辉无法利用被保全的财产从事经营活动。因此，判令柴国生赔偿超额保全部分财产在保证期间的利息损失，是公平合理的。

（四）柴国生的错误保全和未能及时解除保全，致使李正辉处分股票需缴纳税费，该部分税费应由柴国生承担。原审判决未能支持李正辉该项请求是错误的。

综上，李正辉依据《中华人民共和国民事诉讼法》第二百条第六项的规定请求再审本案。

柴国生提交书面答辩意见认为，柴国生在“43号案”中的保全申请行为符合法律规定，不存在申请错误的情形；李正辉认为柴国生保全申请错误没有任何事实和法律依据。李正辉在再审申请中陈述的其所持有的股票在保全期间发生的贬值损失根本不存在，更不存在股价利息损失；李正辉以雪莱特公司股票在限售期内的历史最高点价格计算其损失并要求柴国生赔偿毫无依据。李正辉称由于柴国生在股权纠纷案终审判决后没有及时向法院申请解封标的物，导致其增加了个人所得税的支出，并要求柴国生赔偿其损失毫无依据。李正辉依法缴纳个人所得税是其作为公民的法定义务。故请求驳回李正辉的再审申请。

本院认为：

（一）关于柴国生在“43号案”中申请保全是否存在错误的问题。

《中华人民共和国民事诉讼法》第一百条第一款规定：“人民法院对于可能因当事人一方的行为或者其他原因，使判决难以执行或者造成当事人其他损害的案件，根据对方当事人的申请，可以裁定对其财产进行保全、责令其作出一定行为或者禁止其作出一定行为；当事人没有提出申请的，人民法院在必要时也可以裁定采取保全措施。”第一百零五条规定：“申请有错误的，申请人应当赔偿被申请人因保全所遭受的损失。”根据这些规定，申请保全是当事人的诉讼权利，但如果权利行使不当，造成他人财产损失的，应当予以赔偿。在“43 号案”中，柴国生提起诉讼的原因是其认为讼争股票依据双方签订的协议在李正辉服务不满五年的情况下应全部返还，为保证将来判决得以执行，对所涉股票申请了保全，其行为本身不具备违法性。虽然生效判决未支持柴国生的全部诉讼请求，但就案件的证据而言，不足以认定柴国生具有通过保全来损害李正辉财产的故意或明显过失。同时，财产保全制度的设立目的是保护当事人的合法权益和保证将来人民法院生效的裁判文书得以执行。人民法院采取保全措施，必然会使得被保全的当事人不能自由地对被保全的财产进行事实上或法律上的处分。因此，仅以法院生效判决支持的诉讼请求额少于保全财产数额来判断柴国生保全错误，与民事诉讼法规定的保全制度不符。

（二）关于柴国生的保全行为是否给李正辉造成了股票损失的问题。

根据《中华人民共和国民事诉讼法》第一百条和第一百零五条的规定，只有在申请人的保全申请有错误时，才应赔偿被申请人因此所遭受的损失。股票的价格是波动的，从双方提供的雪莱特公司股票的价格变动情况来看，虽然在查封之日即 2007 年 9 月 28 日雪莱特公司股票的价格为 17.2 元/股，但根据《中华人民共和国公司法》第一百四十二条第一款“发起人持有的本公司股份，自公司成立之日起一年内不得转让。公司公开发行股份前已发行的股份，自公司股票在证券交易所上市之日起一年内不得转让”的规定，雪莱特公司的股票首次公开发行的时间是 2006 年 10 月 25 日，也就是说最早要到 2007 年 10 月 25 日，李正辉名下的股份才能上市交易，即使柴国生没有申请法院采取保全措施，李正辉也不可能在 2007 年 10 月 16 日将其名下的股票变现。2007 年 8 月 28 日李正辉从雪莱特公司离职，根据《中华人民共和国公司法》第一百四十二条第二款“公司董事、监事、高级管理人员离职半年内，不得转让其所持有的本公司股份”的规定，在 2008 年 2 月 27 日前，李正辉作为该公司的高管人员不能转让其所持有的公司股份。从 2008 年 2 月 28 日至 2010 年 2 月 22 日的股票价格变动情况来看，2008 年 2 月 27 日至 2010 年 2 月 22 日雪莱特公司的股票日平均收盘价为 8.41 元/股。其中 2008 年 11 月 4 日股票收盘价仅为 3.75 元/股，到深圳市中级人民法院解封之日的 2010 年 2 月 22 日，当日股票收盘价已涨为 9.46 元/股。如果按 2008 年 11 月 4 日的 3.75 元/股的股价计算，扣除应退还给柴国生的 348259 股股票及股票变现后应缴纳的个人所得税，剩余股票价值与柴国生申请保全的股票价值基本相当。李正辉以雪莱特公司股票价格的最高点来计算其损失并请求由柴国生赔偿没有依据，依法不应支持。由于股市的特殊性，其风险无法预见，以股票价格的波动来认定柴国生申请保全的行为侵害了李正辉的合法权益没有合理性。另外，在查封期间，李正辉未向法院或柴国生提出过要对被保全的股票进行交易、变卖，也未依法申请置换查封物。

李正辉持有股票在禁售期届满后，在被查封期间，如果认为其存在损失，则存在如何计算损失的问题。从双方当事人提供的材料分析，从 2008 年 2 月 28 日起至 2010 年 2 月 22 日，雪莱特公司股票收盘价，最高为 15.33 元/股，最低为 3.75 元/股，日平均收盘价为 8.41 元/股，低于解封日的价格。如果认为李正辉持有的股票在查封期间存在损失，难以确定计算其损失的股票基价。对比 2008 年 2 月 28 日至 2010 年 2 月 22 日的平均价与 2010 年 2 月 22 日的股价，李正辉不存在损失。李正辉后出售其股票共获利 84357958.45 元。

（三）关于税收损失应由谁承担的问题。

李正辉在再审申请中还提出，判决生效后柴国生没有及时向人民法院申请解封标的物，导致其增加了个人所得税的支出，应由柴国生赔偿。2009 年 12 月 31 日财政部、国家税务总局、证监会发布《关于个人转让上市公司限售股所得征收个人所得税有关问题的通知》规定，自 2010 年 1 月 1 日起，对个人转让限售股取得的所得，征收个人所得税。2009 年 9 月 4 日李正辉签收“43 号案”的二审判决，其应当按照判决所确定的内容自觉履行义务，但其没有主动履行，应当承担由此产生的不利的法律后果。税收是国家征收的，与申请保全行为没有必然联系。李正辉再审申请中提出由柴国生赔偿其多支付的个人所得税损失没有依据，本案二审判决未予以支持是正确的。

（四）关于本案与“572号案”的关系问题。

“572号案”虽然与本案皆是因申请财产保全引起的纠纷，但两案有重大差别：一是被保全人是否存在损失。“572号案”中，当事人申请保全的标的物是电子产品等，不宜采取保全措施，本案柴国生申请查封的财产主要是雪莱特公司的股票。依现行市场行情，电子产品的价格呈下降趋势；股票价格呈波动趋势，有涨有跌。“572号案”的被保全人确有损失，而本案被保全人并无损失。二是被保全的当事人过错情形不同。“572号案”的保全申请人乐金飞利浦曙光电子有限公司和被保全人东莞牡丹电视机厂对被保全财产的损失的产生均有过错，而本案中难以认定柴国生申请保全存在过错。“572号案”驳回双方当事人的再审申请系出于平衡双方利益及该案的实际情况考虑，并未确定判断保全错误的标准。实际上，对本案有参考意义的案例是最高人民法院（2011）民申字第271号案，该案明确了对权属有争议的标的物申请保全不构成保全错误的意见。

综上所述，李正辉的再审申请不符合《中华人民共和国民事诉讼法》第二百条第六项规定的情形。依照《中华人民共和国民事诉讼法》第二百零四条第一款规定的情形，裁定如下：

驳回李正辉的再审申请。

026. 有义务协助法院采取保全措施的第三人，恶意侵害保全申请人的债权，导致裁判文书无法执行，申请人债权受到损害的，应当承担侵权行为损害赔偿责任①

上海普鑫投资管理咨询有限公司诉中银国际证券有限责任公司财产损害赔偿纠纷案

裁判摘要

有义务协助法院采取保全措施的第三人，恶意侵害保全申请人的债权，拒不协助保全，或者采取其他措施妨害保全，导致最终裁判文书无法执行，申请人债权无法实现而受到损害的，该第三人应当对申请人承担侵权行为损害赔偿责任。

原告：上海普鑫投资管理咨询有限公司，住所地：上海市长宁区北蒲松北路。

法定代表人：季文，该公司董事长。

被告：中银国际证券有限责任公司，住所地：上海市银城中路。

法定代表人：许刚，该公司董事长。

原告上海普鑫投资管理咨询有限公司（以下简称普某公司）因与被告中银国际证券有限责任公司（以下简称中银国际）财产损害赔偿纠纷一案，向上海市徐汇区人民法院提起诉讼。

原告普某公司诉称：上海市第一中级人民法院（以下简称一中院）在审理本案原告诉另案被告上海嘉恒实业发展有限公司（以下简称嘉恒公司）、

① 参见《最高人民法院公报》2014年第10期。

深圳市唯美特信息咨询有限公司（以下简称唯美特公司）、上海腾武企业发展有限公司（以下简称腾武公司）委托合同纠纷一案期间，执行法官依原告申请，于2004年5月21日到唯美特公司指定证券交易的中银营业部要求查询、冻结该公司资金账户下151个股东账户的股票。其时，本案被告认为其自身亦持有对该公司的债权，故被告明知唯美特公司资金账户实际存在，只是将名字改为“唐静”，却谎称营业部没有该公司的账户。当法官出示下挂于唯美特公司名下的5个股票账户时，被告又予推托，拒绝协助冻结。5月24日上午，被告未经唯美特公司同意，私自陆续将唐静名下的549万股“中房股份”转移到中银国际下属的各地营业部，以规避保全，致使一中院仅冻结到唐静名下的5个股东账户。同月26日，法官再次至中银国际办理唐静名下剩余146个股东账户冻结手续，中银国际又要求法院到该公司下属的外地营业部去办理手续，而实际上，中银国际已经擅自将唐静名下的143个股东账户，从外地营业部转移至中银国际上海欧阳路证券营业部，并且还向上海市第二中级人民法院（以下简称二中院）起诉唯美特公司并申请财产保全。同日，二中院在上海欧阳路营业部冻结了相关账户。6月3日，本案原告与另案被告嘉恒公司、唯美特公司、腾武公司之间的纠纷以调解结案，被告嘉恒公司应给付本案原告人民币（以下币种同）6220万元并承担受理费321010元及保全费300520元。调解书生效后，原告共收到执行回款40181600元，余款22639930元始终未获清偿。故原告诉至法院，请求判令被告赔偿原告按照2004年6月7日538万股“中房股份”市值19045200元及以该款为基数，自2004年6月7日至判决生效之日止，按中国人民银行同期贷款利率计算的利息损失。

被告中银国际辩称：其行为不构成侵权，原告普某公司在申请保全过程中自身存在的重大过失是其未能成功冻结款项的原因。不同意原告的诉请。

上海市徐汇区人民法院一审查明：

2004年5月11日，唯美特公司向中银国际广元西路证券营业部出具声明书，申请将其开设的资金账号户名更改为唐静，并声明该账户下的资产属其所有。当月 20 日，一中院对普某公司诉嘉恒公司、唯美特公司、腾武公司一案出具裁定书，冻结唯美特公司原在中银国际所属各证券营业部开立的 151 个股东账号项下的证券、资金。当月 21 日，一中院执行法官到唯美特公司指定证券交易的中银国际上海广元西路证券营业部，要求查询、冻结相关股票及资金账户余额，并向中银国际上海广元西路证券营业部提供了 5 个股东账号作为查询线索。执行法官在向中银国际出具查询介绍信的同时，还向其送达了查封、冻结嘉恒公司、唯美特公司、腾武公司 6220 万元财产的民事裁定书。但中银国际告知执行法官如需打印账户资料，须到中银国际总部办理相关查询转批手续。该日，中银国际遂未同一中院办理冻结措施。当月 24 日上午，中银国际未经唯美特公司同意，擅自陆续将唐静名下 146 个股东账户中的 5491089 股“中房股份”的指定交易由中银国际上海广元西路营业部转移到中银国际下属在牡丹江、天津、武汉和重庆的四处营业部，仅留下一中院在当月 21 日提供的 5 个股东账户名下 235242 股“中房股份”。24 日下午，一中院向中银国际送达了冻结唐静在中银国际上海广元西路营业部开设的资金账户名下全部股票、其他证券和资金余额（股票：572 万股“中房股份”）的协助执行通知书和民事裁定书。中银国际遂协助一中院冻结了上述 5 个留在广元西路营业部的股东账户中的 235242 股“中房股份”股票。同月 26 日上午，一中院再次至中银国际总部办理唐静名下剩余 146 个股东账户的股票冻结手续，并再次向中银国际送达了相关协助执行通知书及民事裁定书。中银国际又要求一中院到中银国际下属在牡丹江、天津、武汉和重庆的四处营业部去办理手续，并称唯美特公司的股票已质押给中银国际，且法院若要冻结股票，应到营业部去办理。一中院则要求中银国际对此备案，今后若有其他法院冻结此 151 个股东账号项下股票，中银国际应告知已被一中院冻结。同日，中银国际再次在未经唯美特公司同意的情况下，擅自将唐静名下的 143 个股东账户（注：账户内股票合计 5380719 股“中房股份”）的指定交易从牡丹江、天津、武汉和重庆四处营业部转移到中银国际上海欧阳路营业部，仅在天津和武汉留下 3 个股东账户（注：该 3 个账户项下股票合计 110370 股“中房股份”）。此时，二中院亦已于当日对中银国际起诉嘉恒公司、唯美特公司委托合同纠纷一案作出裁定书，冻结嘉恒公司和唯美特公司银行存款 54559050 元或查封等值财产及权益。中银国际则立即为二中院办妥了诉争 5380719 股“中房股份”的冻结手续。次日，一中院分赴天津和武汉，将中银国际留下的三个股东账户内的 110370 股“中房股份”予以了冻结。

2004 年 6 月 3 日，一中院就普某公司诉嘉恒公司、唯美特公司、腾武公司委托合同纠纷一案出具（2004）沪一中民三（商）初字第 144 号民事调解书，确认嘉恒公司于同月 7 日向普某公司支付 6000 万元及利息 220 万元，受理费合计 621530 元亦由嘉恒公司承担，唯美特公司、腾武公司对嘉恒公司的上述债务承担连带担保责任。同月 21 日，一中院根据上述民事调解书作出（2004）沪一中执字第 417 号民事裁定书，冻结、扣划被执行人嘉恒公司、唯美特公司、腾武公司银行存款 62886332 元及相应利息。同年 8 月 16 日，一中院对中银国际上海广元西路营业部发出公函，要求其纠正有关错误行为，并对唯美特公司持有的股票实施查封。当月 17 日，中银国际复函一中院，称其不存在未按规定协助法院办理查封手续的问题。同年 9 月 9 日，东方证券股份有限公司（以下简称东方证券）提交变更执行人申请书，称普某公司已将上述民事调解书项下的债权整体转让给东方证券，据此申请将执行申请人变更为东方证券。但该申请未获一中院准许。

2005 年 4 月，二中院就中银国际起诉嘉恒公司、唯美特公司等委托合同纠纷一案作出判决，判决唯美特公司不对中银国际承担责任。该案后经二审判决，唯美特公司仍不向中银国际承担责任。同年 10 月 28 日，兰州铁路公安局到中银国际上海欧阳路证券营业部办理了诉争股票的轮候冻结手续。同年 11 月，一中院出具裁定书，裁定（2004）沪一中民三（商）初字第 144 号民事调解书中止执行。至此，普某公司在该案共计收到执行回款 40181666. 41

元，余款 22639863.59 元始终未获清偿。2007 年 5 月，诉争股票被之前实施轮候冻结的兰州铁路公安局转至兰州铁路运输中级法院予以了处理。2011 年 6 月 13 日，东方证券向普某公司出具函件，解除双方的《债权转让协议》，并明确剩余 22639930 元应由普某公司自行通过法律手段收回，普某公司回函同意。同年 10 月 20 日，普某公司提起本案诉讼。

本案的争议焦点是：中银国际转移证券、妨害法院进行财产保全的行为，是否侵害财产保全申请人即普某公司对被申请人享有的债权。普某公司就其债权受损，可否依照《中华人民共和国侵权责任法》请求中银国际承担侵权赔偿责任。

上海市徐汇区人民法院一审认为：

中银国际在明知普某公司已通过一中院对唯美特公司实施财产保全的情况下，未经唯美特公司同意，擅自以变更指定交易的方式违法转移唯美特公司财产，使法院针对普某公司债权所采取的保全措施因此大部分落空，并最终导致普某公司在该案的诉讼债权未获全额清偿。中银国际上述转移财产的行为主观恶意明显，该行为同普某公司因债权未获清偿所产生损失的因果关系也相当明确，故中银国际对普某公司侵权的事实成立。鉴于普某公司对诉争损失的造成不负任何过错，故中银国际应赔偿普某公司因侵权引起的全部损失。现普某公司主张由中银国际按照诉争股票在生效民事调解书确定的给付之日的市值计付赔偿数额以及据此计算利息损失的起算日期，予以支持。虽然法院查明的被转移股票数略大于普某公司主张数额，但根据不告不理原则，本案对该部分超额股票不予处理。

据此，上海市徐汇区人民法院根据《中华人民共和国侵权责任法》第六条第一款、第十五条第一款第（六）项的规定，作出如下判决：中银国际应于判决生效后十日内赔偿普某公司 19045200 元，并按中国人民银行同期公布的 1 年期流动资金贷款基准利率赔偿普某公司上述款项自 2004 年 6 月 7 日起至判决生效之日止的利息损失。案件受理费 185088.42 元，由中银国际负担。

一审判决后，中银国际及普某公司均不服，向一中院提起上诉。中银国际称，原审判决对于中银国际构成侵权行为的事实认定错误，其不构成侵权，且其行为与普某公司受损害之间不具有因果关系，故请求撤销原判，改判驳回普某公司的原审全部诉请。**普某公司称，**原审判决正确，但对利息计算的利率有误，要求改判中银国际按中国人民银行公布的同期贷款基准利率赔偿普某公司的利息损失。

一中院经二审，确认了一审查明的事实。

一中院二审认为：普某公司诉请中银国际承担侵权行为损害赔偿责任，此以普某公司存在受《中华人民共和国侵权责任法》保护的权利为前提。该法第二条第二款规定："本法所称民事权益，包括生命权、健康权、姓名权、名誉权、荣誉权、肖像权、隐私权、婚姻自主权、监护权、所有权、用益物权、担保物权、著作权、专利权、商标专用权、发现权、股权、继承权等人身、财产权益。"本案中，普某公司因对唯美特公司执行无着而提起诉讼，其受损害者，实际上是普某公司对唯美特公司所享有的债权。债权在前述法律条款中并未特别列举，至于其是否属于该条款所称"财产权益"，换言之，债权是否在侵权法保护之列，二审认为，侵权法旨在调和、平衡被害人损失填补与社会公众行为自由两种利益，实现被害人保护、维持社会一般行为自由以及吓阻违法行为的有机统一。因其要求行为人对社会上所有他人的权利负有一般性的注意义务，不以行为人与该他人间有何种法律关系为前提，因此，该他人受法律保护的权利原则上须为绝对权（如所有权、人格权），即可以让社会公众知晓该权利的存在。而债权系债权人与债务人间相对性的权利，不易为外部所获知，如要求外部的行为人对债权保护负有注意义务，则行为人难免遭受不测之损害，社会公众亦将因对其自身行为所可能产生的后果无法预见而致其行为自由受到过度约束，在被害人保护与社会一般行为自由的法益衡量上有失均衡，故债权不应与绝对权受同等程度之法律保护。但是债权并非被完全排除在侵权法的保护范围之外，如果行为人明知他人存在或有可能存在的债权，而恶意加以侵害的，即无上述遭受不测损害之虞，此种情形下，使行为人对其积极追求的损害后果承担侵权赔偿责任，始能实现侵权法平衡法益的制度功能，保护合法权益、吓阻违法行为。

本案中，中银国际在收到一中院的保全通知和相关民事裁定书之后，对于普某公司对唯美特公司可能享有的债权即已处于明知状态，但其非仅拒不协助办理保全手续，反而未经唯美特公司同意，将证券从上海广元西路营业部转移至全国四地，又要求执行法官自行前往各该地办理保全手续，明显存在转移财产、妨害法院采取保全措施的故意。再结合中银国际在二中院起诉唯美特公司的案件，中银国际在二中院依其申请准许保全之后，立即将绝大部分证券又从上述四地转回上海欧阳路营业部，并于当日即与二中院办妥保全手续，足以认定中银国际明显系出于其自身利益考虑，恶意阻挠普某公司申请在先的保全，以此非法手段争夺财产保全的次序，其侵害普某公司合法权益的恶意至为明显。综合上述分析，中银国际存在恶意侵害普某公司债权的行为，普某公司有权就其债权受损依照《中华人民共和国侵权责任法》请求保护。

中银国际另称，其行为与普某公司债权受损之间不存在因果关系。对此，二审认为，侵权法意义上的因果关系的成立，应同时具备以下两项要件：其一，若无此行为，即不会产生损害；其二，依社会通念判断，若有此行为，则通常均会产生此种损害后果。就本案观察，一方面，若中银国际能协助一中院进行保全，则普某公司的债权不至于执行无着；另一方面，中银国际妨害保全的行为，依社会通念判断，足可造成债务人转移隐匿财产，或者该财产被其他权利人保全等各种危及债权人实现权利的情况，本案中唯美特公司的证券也正是在普某公司保全不成后，遭他人轮候查封，最终导致普某公司遭受损害。综上，中银国际的行为与普某公司受到损害之间，存在侵权法意义上的因果关系。故对中银国际的该项意见，不予采信。

综据上述，原审判决中银国际向普某公司承担侵权行为损害赔偿责任，并无不当，中银国际的上诉理由不能成立。

对于普某公司的上诉理由，二审认为，原审法院按中国人民银行同期公布的一年期贷款基准利率支持普某公司要求赔偿利息的诉请，并无不当，普某公司上诉请求变更利息计算方式，缺乏法律和合同依据，二审不予采信。

综上，原审认定事实清楚，适用法律正确，程序合法。一中院依照《中华人民共和国民事诉讼法》第一百五十三条第一款第（一）项及第一百五十八条之规定，判决如下：

驳回上诉，维持原判。

上诉人普某公司提起上诉的二审案件受理费人民币 12341.77 元，由普某公司负担。上诉人中银国际提起上诉的二审案件受理费人民币 185088.42 元，由中银国际负担。

本判决为终审判决。

027. 物业对未及时清除可能对业主财产造成损害的小区共用部分的安全隐患致业主财产损害，应承担违约责任[①]

陈书豪与南京武宁房地产开发有限公司、南京青和物业管理有限公司财产损害赔偿纠纷案

裁判摘要

物业服务企业对小区共有部分负有保养、维护义务，对于可能对业主财产造成损害的小区共用部分的安全隐患，应当及时消除，否则致业主财产损害后，物业服务企业应承担违约责任，对业主的损失进行赔偿。即便该安全隐患是第三人造成，也不能免除物业服务企业的违约责任，因第三

① 参见《最高人民法院公报》2013 年第 5 期。

人侵权致小区共用部分对业主财产造成损害的，物业服务企业可以负责的情形是物业服务企业已履行了保养维护义务，而第三人侵权是不可预见、不可避免的。

价值较大的财物在受损后，虽经修复，但与原物相比，不仅在客观价值上可能降低，而且在人们心理上价值降低，这就是价值贬损，按照违约责任理论，承担违约责任的方式首先是恢复原状，而恢复原状肯定要求赔偿财物的价值贬损。

房地产开发企业作为商品房的出卖人，在出售房屋、转移房屋所有权，并且商品房小区已经封园后，在所售房屋及共用部分没有质量瑕疵的情形下，对于小区业主的义务已经履行完毕，不需要承担责任。

原告：陈书豪。

被告：南京武宁房地产开发有限公司，住所地：南京市江宁区科学园天元中路。

法定代表人：赵崇希，该公司董事长。

被告：南京青和物业管理有限公司，住所地：溧水县永阳镇大东门商业步行街。

法定代表人：符丽娟，该公司董事长。

原告陈书豪与被告南京武宁房地产开发有限公司（以下简称武宁公司）、南京青和物业管理有限公司（以下简称青和公司）发生财产损害赔偿纠纷，向南京市江宁区人民法院提起诉讼。

原告陈书豪诉称：2011年6月25日早晨，被告武宁公司开发的南京市江宁区武夷绿洲小区观竹苑的围墙倒塌，其停在由被告青和公司负责管理的小区正规车位上的车辆（苏A856S3）遭受严重损害。原告车辆所投保的保险公司经过实地查看后表示，围墙倒塌是由于围墙外的土堆长期受雨水浸泡挤压所致，属于人为因素，车主无责，在事故责任方明确并且可以被找到的情况下，根据相关保险条款拒绝赔偿。后经查，此围墙属武宁公司负责管理，倒塌的原因系管理不善造成。在了解情况后，武宁公司给出书面承诺，同意承担原告的修车费用和物价定损费用，但是对于原告车辆的折损费拒不赔偿。在这起事故中，青和公司没有尽到对车辆的管理责任，故也应承担责任。现依据其和武宁公司、青和公司的合同关系要求：1. 两被告支付原告车辆修理费22309元；2. 两被告支付原告物价定损费720元；3. 两被告支付原告车辆折损费20000元；4. 两被告支付这起事故给原告造成的误工费、交通费1000元；5. 两被告承担本案的诉讼费；6. 两被告承担连带责任。

被告武宁公司辩称：原告陈书豪与武宁公司之间存在商品房买卖合同关系，武宁公司已经按照商品房买卖合同的约定向原告交付了经竣工验收合格的房屋及相关附属设施，不存在违约行为。围墙倒塌属于围墙之外他人土地上堆放的土堆因遭遇大暴雨倒塌而冲毁围墙，并非该围墙本身质量原因而倒塌，即武宁公司不存在任何违约行为，不承担责任。

被告青和公司辩称：其和原告陈书豪之间仅有一份停车服务协议，按该协议约定，其公司仅为陈书豪提供车辆管理服务所产生的秩序维护、卫生、环境保洁、停车服务，小区的楼盘、公共设施的产权均不属于其公司所有，故要其公司赔偿没有法律依据。

南京市江宁区人民法院一审查明：

原告陈书豪购买了被告武宁公司开发的位于南京市江宁区天元中路武夷绿洲小区观竹苑24幢906室房屋，并于2009年7月取得房屋的所有权证，现观竹苑已封园。武宁公司于2009年7月27日和被告青和公司签订了一份武夷绿洲前期物业服务合同，约定青和公司对武夷绿洲小区提供前期物业管理服务。双方还约定，青和公司对武夷绿洲小区物业共用部位进行维修养护。2010年12月，青和公司与陈书豪签订了一份停车服务协议，约定将小区地面105号车位交由陈书豪停车。2011年6月24日、25日本区大雨，同年6月25日上午，陈书豪停车位旁围墙外堆放的泥土坍塌，致围墙倒塌，压坏了陈书豪的苏 A856S3 车辆。陈书豪的车辆被压坏后，产生维修费用 20654 元、定损费 720 元。2011 年 11 月，陈书豪诉至法院。法院在审理过程中，经陈书豪申请，法院委托南京市鼓楼区物价局价格认证中心对车辆苏 A856S3 的折损情况进行鉴定评估，经鉴定，该车在 2011 年 6 月 25 日的贬值损失鉴证价格为 9770 元。

本案在审理过程中，原告陈书豪向两被告主张了误工费、交通费 1000 元、汽车配件费 559.83 元、汽车美容费 1000 元。就误工费其仅提供了工资表，但工资表中无法反映其因误工产生的损失；就交通费其仅提供了四张打车费的发票，但未证明打车的用途；就汽车配件费、美容费其仅提供了发票，未提供证据证明该费用的产生系 2011 年 6 月 25 日车辆损坏所致。

南京市江宁区人民法院一审认为：

被告青和公司在因第三人侵权致原告陈书豪车辆受损，陈书豪选择合同之诉，要求其赔偿损失时，应承担违约责任。其理由如下：

一、致原告陈书豪车辆受损的原因，是被告青和公司对按约应由其管理的小区共用部分（围墙）管理不善所致。按照一般情况及本案中青和公司与武宁公司的前期物业服务合同，青和公司对小区的共用部分，如围墙、道路、公共管道等负有保养维护的义务。小区内的物业通常分为共用部分和专用部分，专用部分的保养维修因物业服务企业无法进入和控制，一般由业主自行负责（有特别约定的储藏室、业主有产权的地下车库等特殊部分例外），而共用部分的维修、养护通常由物业服务企业负责，这是由业主、物业服务企业的能力、社会分工及合同约定所决定的，而小区的共用部分致业主财物受损，对共有部分有维护、保养义务的物业服务企业应当承担违约责任。如该损失系第三人侵权所致，物业服务企业在承担违约责任后可向第三人追偿。

二、被告青和公司对小区的共同部分——围墙的管理不善，体现在对围墙没有进行日常的保养和维护。从本案的案情来看，围墙倒塌系墙外堆土过多、雨天倒塌所致。而按案件实际情况，并不是土刚刚堆好，就遇雨倒塌，也就是说，只要青和公司按照合同的约定，对围墙进行日常保养维护，是能够发现并消除安全隐患的，也就能够避免陈书豪的车辆受损。

三、被告青和公司辩称其只对停车位的秩序进行管理，对停车位的安全只有一般人的注意义务，故不同意承担违约责任，法院认为，物业服务企业在第三人对小区共用部分侵权致业主财产受损的免责事由只能是在按合同履行了物业服务的义务后，对第三人实施的侵权行为不可预知也不可控制。可预知的或可控制的第三人侵权是小区共用部分的安全隐患，物业服务企业有义务消除该隐患，由此产生的费用可由第三人负担。

对于原告陈书豪的车辆受损后的价值贬损，法院经审理认为被告青和公司应当赔偿。所谓价值贬损，即指价值较大的财物在受损后，虽经修复，与原物相比，不仅客观价值有所降低，在人们心理上价值的降低，后一种价值的降低，虽系人们主观心理上的降低，但在财物所有权人实现该财物的价值时（比如出售），是客观存在的，根据违约责任的理论，合同一方当事人在违约时，首先应当考虑承担的责任是恢复原状，而对于财物来说，恢复原状显然不是仅指恢复财物的原来物理上的形状，肯定包括恢复财物原来的价值，故青和公司应当赔偿陈书豪车辆价值贬损的损失。

此外，法院还认为，被告武宁公司作为商品房的出卖人，在出售商品房并转移房屋所有权商品房小区已经封园后，在房屋质量没有瑕疵的情形下，对房屋的买受人原告陈书豪的义务已履行完毕。综上，对陈书豪要求武宁公司赔偿其损失的诉讼请求，法院不予支持。对陈书豪要求被告青和公司赔偿其损失的诉讼请求，予以支持。陈书豪主张的车辆维修费 20654 元、定损费 720 元，有车辆损失鉴定清单、定损费票据等证据印证，法院予以采信。其主张的车辆配件费、汽车美容费、误工费、交通费，因无充分证据证明系车辆受损所致，法院不予支持。对其主张的车辆折损费 20000 元，因车辆贬值损失价格鉴证价格为 9770 元，故部分予以支持。

据此，南京市江宁区人民法院于 2012 年 3 月 22 日判决：

一、被告青和公司于本判决发生法律效力之日起10日内赔偿原告陈书豪车辆维修费20654元、定损费720元、车辆折损费9770元，合计31144元。

二、驳回原告陈书豪的其他诉讼请求。

青和公司不服一审判决，向南京市中级人民法院上诉称：1. 陈书豪与青和公司之间建立的仅为物业服务合同法律关系，根据《物业管理条例》第四十七条的规定，这一注意义务为“物业管理企业应当协助做好物业管理区域内的安全防范工作”，青和公司承担的只是一般人的注意义务，即物业公司对小区及停车场只需尽到基本的安全义务；2. 围墙倒塌造成车辆损失的原因并未查清，一审判决认定小区围墙外堆有泥土，2011年6月25日大雨致围墙倒塌并无事实依据，即便是上述原因，青和公司也只是管理不到位，只应承担很小的责任，而不应承担全部责任。故应当依法撤销一审判决，依法改判青和公司不承担赔偿责任，诉讼费用由陈书豪承担。

被上诉人陈书豪辩称：一审法院判决有事实和法律依据，上诉人青和公司提出的《物业管理条例》中的规定与青和公司负有养护义务并不矛盾。综上，一审法院认定事实清楚，适用法律正确，请求维持原判。

被上诉人武宁公司辩称：1. 武宁公司已经完全履行了其与被上诉人陈书豪约定的商品房买卖合同中的义务，不存在任何违约行为，不应承担任何违约责任，一审法院判决驳回陈书豪要求武宁公司赔偿其损失的诉讼请求正确；2. 武宁公司已经将涉案小区委托给上诉人青和公司提供物业管理和服务，对小区提供物业管理和服务的责任主体为青和公司，武宁公司不应承担因小区物业服务问题而产生的责任；3. 一审判决驳回陈书豪要求武宁公司向其承担赔偿责任的诉讼请求，陈书豪并未就此提出上诉。综上，请法院维持一审判决驳回陈书豪要求武宁公司向其承担赔偿责任诉讼请求的判项。

南京市中级人民法院经二审，确认了一审查明的事实。

南京市中级人民法院二审认为：

建设单位依法与物业服务企业签订的前期物业服务合同，对业主有约束力。本案一审中，被上诉人陈书豪选择合同之诉，故本案应为物业服务合同纠纷。被上诉人武宁公司与上诉人青和公司签订的前期物业服务合同合法有效，当事人应当履行合同中约定的权利义务。根据该合同的约定，青和公司负责物业共用部分的维修养护。陈书豪的车辆停放在青和公司提供的车位上，被倒塌的围墙致损，青和公司未尽到维修养护义务，应当承担赔偿责任。综上，青和公司的上诉请求与理由均不能成立，不予支持。

据此，南京市中级人民法院依照《中华人民共和国民事诉讼法》第一百五十三条第一款第（一）项之规定，于2012年6月19日作出判决：

驳回上诉，维持原判。

本判决为终审判决。

028. 证券公司员工利用职务之便盗卖客户股票获取价金，证券公司应承担侵权责任①

张春英与中国工商银行股份有限公司昌吉回族自治州分行、新疆证券有限责任公司、杨桃、张伟民财产损害赔偿纠纷案

裁判摘要

证券公司员工利用职务之便盗卖客户股票获取价金，应承担赔偿损失的侵权责任。证券公司员工的职务身份增加了其侵权行为发生的可能性和危险性，证券公司对此种行为应当预见到并应采取一定措施予以避免，但因其内部管理不善、内部监控存在漏洞导致未能避免，应当认定证券公司员工的侵权行为与其履行职务有内在关联，证券公司应承担赔偿责任。该损失的计算方法，应根据客户的投资习惯等因素加以判断。如果受害人的

① 参见《最高人民法院公报》2013年第2期。

投资行为表现长线操作、主要通过对股票的长期持有，获取股票增值以及相应的股利等收益，则其股票被盗卖的损失通常应当包括股票被盗卖后的升值部分以及相应的股利。受害人的开户银行如未履行相应审查义务，导致证券公司员工获取价金的，则应在被盗卖股票的现金价值范围内承担连带责任。

最高人民法院
民事判决书

（2011）民提字第320号

申请再审人（一审原告、二审上诉人）：张春英。

委托代理人：张元欣，新疆西部律师事务所律师。

被申请人（一审被告、二审上诉人）：中国工商银行股份有限公司昌吉回族自治州分行。住所地新疆维吾尔自治区昌吉市文化西路3号。

法定代表人：陈玉宝，该行行长。

委托代理人：王守军，新疆庭州律师事务所律师。

委托代理人：甘细军。系该行法律事务部科长。

被申请人（一审被告、二审被上诉人）：新疆证券有限责任公司。住所地新疆维吾尔自治区乌鲁木齐市友好南路14号1502室。

负责人：尹正友，该公司破产管理人工作组组长。

委托代理人：刘金海。系该公司破产管理人工作人员。

委托代理人：贵颜媛。系该公司破产管理人工作人员。

被申请人（一审被告、二审被上诉人）：杨桃。

被申请人（一审被告、二审被上诉人）：张伟民。系杨桃之夫。

申请再审人张春英因与中国工商银行股份有限公司昌吉回族自治州分行（简称工行昌吉州分行）、新疆证券有限责任公司（简称新疆证券公司）、杨桃、张伟民财产损害赔偿纠纷一案，不服新疆维吾尔自治区高级人民法院（2010）新民二终字第14号民事判决，向本院申请再审。本院于2011年7月1日作出（2011）民申字第345号民事裁定，提审本案。本院依法组成合议庭，开庭审理了本案。张春英的委托代理人张元欣，工行昌吉州分行的委托代理人王守军、甘细军，新疆证券公司委托代理人刘金海到庭参加诉讼，经依法传唤，杨桃、张伟民未到庭参加诉讼。本案现已审理终结。

2007年4月10日，一审原告张春英起诉至新疆维吾尔自治区昌吉市人民法院称，被告杨桃利用其在新疆证券公司昌吉分公司工作之便，骗取我的信任，私自为我办理了驻留委托业务。2005年11月17日、12月13日杨桃在工行昌吉州分行以我的名义办理了两张牡丹灵通卡，2005年12月12日，杨桃利用其私自办理的驻留业务将我的股票全部卖掉，并利用职务便利将卖股票所得价款91270元取走，杨桃的行为侵犯了我的财产所有权，导致我未能享受股票的送股分红。另外，被告张伟民参与并实际享受了该侵权所得，被告新疆证券公司未尽管理之责，被告工行昌吉州分行未尽审查义务而给杨桃办理了银行卡，为杨桃支取现金提供了方便，上述四被告的行为造成我的财产损失，应共同承担赔偿责任，请求法院判令四被告共同赔偿股票损失457320元，分红损失4131.27元。

杨桃辩称，我认可张春英的股票损失是91270元，但我已承担了刑事责任，故不应当承担民事赔偿责任，另外，张伟民没有参与犯罪，不应当承担任何责任。

新疆证券公司答辩称，张春英损失应当从杨桃卖出股票时的价格计算，即91270元，另外，由于杨桃的行为属于犯罪行为，并非职务行为，故我公司不应对原告的损失承担赔偿责任。

工行昌吉州分行答辩称，张春英主张的股票损失和分红损失是不确定的，该请求无事实及法律依据。而我方仅为杨桃办理了灵通卡的业务，并无任何过错，不应当承担任何赔偿责任。

张伟民未到庭答辩。

由于新疆维吾尔自治区乌鲁木齐市中级人民法院受理了被告之一新疆证券公司的破产申请，2008年10月14日，新疆维吾尔自治区昌吉市人民法院将该案移送至新疆维吾尔自治区乌鲁木齐市中级人民法院。

新疆维吾尔自治区乌鲁木齐市中级人民法院一审查明，2005年4月25日，张春英与其子董新茂到昌吉市延安南路新疆证券公司昌吉营业部，咨询如何将其丈夫名下的股票过户到自己名下的事宜，该营业部营业员杨桃和高磊负责接待，二人告知张春英，如按正规手续需公证后才能办理过户，手续很复杂，可以采取简便方式，即先将其丈夫董跃山名下的股票卖掉变成现金，然后再以张春英的名义开一个股票账户，将资金存入该账户，再用现金把卖出的股票买入。张春英同意这种方式，由于其不会操作股票买卖和开户手续，2005年4月27日杨桃从张春英处获取股票交易密码，将董跃山名下的特变电工股票卖出，并为张春英办理了股票电话委托手续。2005年4月28日，杨桃将卖出的股票金额68482.12元转入张春英股票账户，并于5月份两次买入特变电工9900股股票，之后杨桃将张春英的身份证、股票交易卡及银行储蓄卡等交给张春英。2005年11月17日杨桃通过工行昌吉州分行长宁分理处员工孙晓伟在工商银行以张春英的名字办理了一张牡丹灵通卡（卡号9xxx66），并利用证券公司员工的授权权限及证券公司操作平台，办理银证转账开销户手续，2005年12月12日杨桃将张春英股票账户上的12870股价值92299.35元特变电工股票卖出。2005年12月13日杨桃又通过证券公司的操作平台，利用员工权限将张春英股票账户的对应关系改变至自己办理的牡丹灵通卡上（卡号95xxx66），并开通了张春英股票交易卡的驻留委托业务（无卡交易）。同日，杨桃还将张春英股票账户上的20000元转至自己持有的银行卡上，在工行昌吉分行亚中商城长宁分理处ATM机取款1000元。2005年12月15日，杨桃又一次将张春英股票账户上的45000元转入自己的牡丹灵通卡上，12月16日、18日、19日、21日、22日，杨桃分别在工行、农行自动取款机上取款24000元。2005年12月23日杨桃告诉孙晓伟上次办的卡丢失了，又一次要求孙晓伟以张春英的名字在工行昌吉州分行办理了一张卡号为9xxx66的牡丹灵通卡，同日杨桃利用证券公司的操作平台及工作人员的权限进入证券公司股票操作系统，将前面银证转账对应关系撤销后，将张春英的银证转账对应关系转至新卡上。2005年12月26日至2006年1月6日，杨桃将张春英股票账户上40500元转入该牡丹灵通卡上，并于2005年12月27日、28日、29日，2006年1月1日、2日、3日、4日、5日分别在昌吉农行、工商银行自动取款机上取款40000元。2006年1月6日杨桃又一次将张春英账户上的12500元转至自己持有的银行卡上，并于2006年1月6日、7日、8日分别在昌吉农行、工行和乌鲁木齐银行自动取款机上取款12900元，前后两张银行卡共计取款91270元。杨桃将款取出后，分别于2006年1月16日、1月20日存入自己掌握的其舅舅徐付瑞的证券账户中，后陆续将钱取出。最后一笔40050元是由其丈夫张伟民于2006年6月15日取出，上述款项至今未追回。

一审法院另查明，昌吉市人民法院于2006年12月1日判决杨桃犯盗窃罪，处以有期徒刑14年，杨桃不服上诉至昌吉州中级人民法院，2007年3月2日，昌吉州中级人民法院作出驳回上诉、维持原判的刑事裁定。

一审法院另查明，张春英系董跃山的妻子，二人有2子1女，长子董兴茂、次子董新华、小女儿董晓蓉。一审庭审期间，三人均同意放弃董跃山名下股票的继承权，由张春英继承。

新疆维吾尔自治区乌鲁木齐市中级人民法院一审认为，一、关于本案各当事人的责任问题：1. 关于杨桃的责任问题。杨桃作为证券公司的工作人员，违反证券法的禁止性规定，利用员工权限，借助证券公司的终端操作平台将私自办理的张春英的灵通卡与张春英的股票账户对接，后又私自卖出张春英账户中的特变电工股票，并将所有卖出股票款全部转至自己名下，该行为严重侵犯了张春英的民事权利，已构成民事侵权，根据《中华人民共和国民法通则》第一百零六条的规定，应承担张春英股票账户被盗损失的全部赔偿责任。2. 关于新疆证券公司的责任问题。杨桃违反交易规则，侵吞占有股票款的行为都是利用其在证券公司工作的便利条件，并借助证券公司的终端操作平台，其犯罪行为的得逞完全与证券公司内部监控存在漏洞有关。《中华人民共和国证券法》第一百四十六条规定，证券公司的从业人员在证券交易活动中，执行所属的证券公司的指令或者利用职务违反交易规则的，由所属的证券公司承担全部责任。作为证券营业部门，证券公司有义务保护股民的资金和股票安全，由于证券公司内部管理混乱，为杨桃犯罪提供了可乘之机，故应承担赔偿责任。3. 关于工行昌吉州分行的责任问题。银行转账、银证通业务是银行与证券公司联合推出的旨在方便股民进行证券交易的一项金融服务业务。作为发卡机构，在杨桃以他人名义开户时，工行昌吉州分行没有谨慎审核杨桃的身份和授权的合法性，给杨桃以张春英的名义开设灵通卡，严重违反了操作规程，致使证券账户所有人张春英丧失对证券账户的控制，为杨桃实施犯罪行为提供了便利条件，其行为有明显过错，故应承担本案的民事赔偿责任。杨桃、新疆证券公司、工行昌吉州分行之间虽不存在共同故意或共同过失，但三被告的侵权行为直接结合，导致张春英遭受财产损害，构成共同侵权，故三被告应当对张春英的经济损失承担连带赔偿责任。4. 关于张伟民的责任问题。杨桃将张春英股票据为己有后，其丈夫张伟民于2006年6月15日将40050元取出，该事实有张伟民在公安机关的询问笔录及生效的刑事判决文书为证，张伟民的行为构成不当得利的侵权。而在本案审理期间，张伟民未能到庭举证证明其取得的40050元具有合法根据，故其给张春英造成的损失，应当予以返还。二、关于本案的损失认定问题。股票是一种随着证券市场行情变化进而发生股值涨跌的有价证券，股票被盗之后，如何计算可得利益损失，法律并无明确规定，加之本案系刑事判决之后受害人提起的民事诉讼，而附带民事诉讼的赔偿是坚持全额赔偿直接损失的原则，故本案的股票损失数额应当参考涉案股票在刑事部分确定的数额来认定。依照《中华人民共和国民法通则》第九十二条、第一百零六条第二款、第一百三十条之规定，新疆维吾尔自治区乌鲁木齐市中级人民法院于2009年6月9日作出（2008）乌中民一初字第103号民事判决：一、杨桃赔偿张春英股票损失款91270元；二、新疆证券公司对上述款项承担连带赔偿责任；三、工行昌吉州分行对上述款项承担连带赔偿责任；四、张伟民在其不当得利40050元范围内对张春英承担赔偿责任；五、驳回张春英的其他诉讼请求。案件受理费8311.77元（张春英已交），由杨桃、新疆证券公司、工行昌吉州分行承担1623.29元，由张春英承担6688.48元。

张春英不服一审判决，向新疆维吾尔自治区高级人民法院提出上诉称，一、一审判决认定事实不清，证据不足。一审判决以刑事判决书作为证据确定本案的赔偿数额，证据不足。本案中，股票显然是可流通转让的种类物，种类物不存在返还不能的情形，应当优先适用返还股票的民事责任方式，返还被盗股票128790股。即便不能返还，折价赔偿也应当由专业机构评估被盗12870股的股票价值，而不能以盗卖所获金额确定赔偿数额。二、一审法院适用法律错误。1. 一审法院以附带民事诉讼的赔偿原则来认定本案的股票损失没有法律依据。《中华人民共和国民法通则》第一百一十七条、《最高人民法院关于刑事附带民事诉讼范围问题的规定》第二条规定体现的是全面赔偿的原则，一审法院的"全额赔偿直接损失的原则"是对法律规定的错误理解。2. 一审判决违背了公平、合理原则。由于证券市场的复杂性，证券投资者的损失具有不确定性，主要表现为股票价格波动。本案应当比照《最高人民法院关于审理证券市场因虚假陈述引发的民事赔偿案件的若干规定》中因虚假陈述造成投资者损失时，采用投资差额损失计算方法，即以一定时间内的价格之差来确定投资者的损失来处理本案。可以参照开庭之日或者判决书下发之日的股票市值，判令杨桃、张伟民、新疆证券公司、工行昌吉州分行赔偿损失。综上，请求：一、依法撤销一审判决，发回重审或者依法改判为支持张春英全部的诉讼请求。二、判令被上诉人承担全部诉讼费用。

工行昌吉州分行答辩称，张春英的上诉请求与其一审诉讼请求相同，张春英的诉讼请求是要求赔偿被盗卖的股票价值损失及升值损失，而非盗卖股票所得资金损失，此请求与工行昌吉州分行无关，应予以驳回。张春英的损失是新疆证券公司工作人员杨桃的犯罪行为所导致，整个侵权行为都是在新疆证券公司的平台上完成的，无论杨桃是否在银行办卡，均不能影响与阻止利用职务之便盗卖行为的发生。我行办理灵通卡与杨桃利用职务之便盗卖股票之间无共同故意、无共同侵权行为，无法律因果关系，张春英的诉讼请求要求工行昌吉州分行承担共同赔偿责任无事实和法律依据。张春英将卡、身份证、密码交于杨桃并由杨桃实施代理行为，是张春英自愿行为，由此所产生的后果应由张春英与杨桃承担，杨桃在承担盗窃罪的刑事责任后，民事责任应当由新疆证券公司承担。请求依法驳回张春英对工行昌吉州分行的诉讼请求。

新疆证券公司当庭答辩称，股票并非可以流通的种类物，属于特定物。杨桃侵占张春英的股票资金系其个人犯罪行为，法律明确规定证券公司的职工不可替客户进行股票交易，杨桃出卖股票的行为并非履行其职务行为，新疆证券公司在此过程中是无过错的。股票卖出时市值为91270元，应当以此为标准计算损失，无进行评估之必要。

工行昌吉州分行上诉称，一、一审判决认定事实与判决结果前后矛盾，判决我行承担连带赔偿责任无法律和事实依据。1. 一审判决杨桃承担全部赔偿责任，又认定新疆证券公司的员工因履行职务和新疆证券公司管理不善造成客户损失但却未依据《中华人民共和国证券法》规定判决新疆证券公司承担全部赔偿责任，判决新疆证券公司承担连带赔偿责任显然是错误的。2. 一审判决一方面认定“杨桃、新疆证券公司、工行昌吉州分行之间不存在共同故意或共同过失”，但另一方面又“认定构成共同侵权，故应当对张春英的经济损失承担连带赔偿责任”，杨桃既承担了直接赔偿责任，又承担了共同侵权的连带赔偿责任，前后矛盾。同时，既然工行昌吉州分行不存在共同故意或共同过失，就不应构成共同侵权。3. 一审判决在判项上主次不分。按照一审判决，张春英将获得91270元加40050元共计131320元的赔偿。二、工行昌吉州分行工作人员的办卡行为与杨桃履行职务盗窃张春英的股票无法律上的因果关系，对此损失不应承担任何责任。根据人民银行的办卡规定，允许代理人持办卡人身份证代理办卡，杨桃作为代理人持有张春英的身份证代理办卡行为不属于禁止性行为，是规定允许的。杨桃持张春英的身份证办卡的事实已被生效的（2006）昌刑初字第274号、（2007）昌中刑初字第40号刑事判决书及杨桃、证人孙晓伟所证实，作为银行工作人员在无法辨认身份证真伪的情况下，为杨桃代理张春英办卡，属合规行为，因此造成的一切损失，应当由行为人承担，与工行昌吉州分行无关。三、一审判决认定杨桃、新疆证券公司、工行昌吉州分行对张春英的股票损失构成共同侵权无事实和法律依据。杨桃作为新疆证券公司员工执行指令或者利用职务便利违反交易规则，应由所属证券公司承担全部责任，工行昌吉州分行在本案中不承担责任。一审判决认定直接结合的共同侵权不当，应根据《最高人民法院关于审理人身损害赔偿案件适用法律若干问题的解释》第三条第二款规定精神，根据过失大小或者原因分比例各自承担相应的赔偿责任，而不是判令承担连带责任。综上，请求：一、依法撤销（2008）乌中民一初字第103号民事判决第三项，依法驳回张春英对工行昌吉州分行的诉讼请求，维持判决第一、二、四、五项。二、判令由张春英、杨桃、张伟民及新疆证券公司承担一、二审诉讼费用。

张春英答辩称，一、一审法院认定工行昌吉州分行违规给杨桃以张春英名义开设灵通卡，导致张春英遭受财产损害的事实清楚，证据确凿。二、判令工行昌吉州分行承担连带赔偿责任适用法律正确。工行昌吉州分行与杨桃的侵权行为直接结合导致张春英的12800股股票被变卖，造成张春英损失，理应承担赔偿责任。工行昌吉州分行的上诉请求不能成立，应当予以驳回。

新疆证券公司答辩称，一、一审法院认定事实清楚，适用法律正确。该判决认定工行昌吉州分行在为杨桃办卡及银证转账过程中存在违规操作的事实是经生效的刑事判决所确认的，工行昌吉州分行应承担民事赔偿责任。二、根据现行法律司法解释规定，共同侵权行为包括无共同过错但侵害行为直接结合致人同一损害的情形。本案中，工行昌吉州分行因审查不严造成杨桃趁机自行开办以张春英为户名的灵通卡并且办理银证转账业务的事实是本案张春英损失的直接原因，工行昌吉州分行的审查不严的过错行为直接导致本应转入张春英自行掌握银行账户内的钱被杨桃利用并转入由杨桃开办的并由杨桃控制的银行卡内，二者侵害行为直接结合导致了张春英的同一损害事实。二、工行昌吉州分行审查不严造成张春英损失。按照银行规定，办理银行卡开户业务不能由他人代办，必须由本人持本人身份证予以办理；按照银行的规定，办理股票交易的资金账户和银行账户的银证转账业务必须由本人持身份证以及证券公司出具的证明前往银行办理，不能由他人代办。假设按照正规的操作程序，张春英的损失也就不会发生，因此工行昌吉州分行对损失应当承担连带赔偿责任。请求依法维持一审判决。

新疆维吾尔自治区高级人民法院二审查明的事实与一审相同。

新疆维吾尔自治区高级人民法院二审认为，本案中杨桃利用其在新疆证券公司的工作便利办理银证转账开销户手续，私自办理张春英的灵通卡并与张春英的股票账户对接，将张春英股票账户上的12870股价值92299.35元特变电工股票卖出后共计取款91270元，杨桃的行为触犯我国刑法已被追究刑事责任，侵权人因同一行为应当承担刑事责任的，不影响依法承担侵权责任。杨桃的行为主观上存在占有他人合法财产的故意，事实上已侵犯了张春英合法的财产权利，造成了张春英的财产损失，其行为同时构成了民法中的侵权。杨桃的侵权行为虽然并非履行新疆证券公司的行为，并非是因执行工作任务而产生，但新疆证券公司负有保护股民资金和股票安全的法定义务，杨桃的侵权行为利用了其在新疆证券公司的工作便利，借助了新疆证券公司的终端操作平台，杨桃的侵权行为与新疆证券公司管理不善、内部监控存在漏洞有着直接的关联，新疆证券公司对造成张春英的损失存在明显的过失。工行昌吉州分行作为发放银行卡的专业机构负有谨慎审核办卡人身份及在他人代办时审查授权合法性的义务，而工行昌吉州分行违反了相关操作规程，未尽审查义务，为杨桃实施侵权行为提供了便利，工行昌吉州分行亦存在明显的过失。杨桃、新疆证券公司和工行昌吉州分行之间虽无共同的故意或过失，但三者的侵害行为直接结合发生同一损害后果，杨桃、新疆证券公司与工行昌吉州分行构成共同侵权，一审法院对于侵权性质认定正确，杨桃、新疆证券公司与工行昌吉州分行关于其不应承担责任的上诉请求没有事实及法律依据，本院不予支持。

侵权责任中关于侵害他人财产的赔偿原则是以填补损害为主旨，也即根据损害的大小确定赔偿的范围。财产损失可以按照损失发生时的市场价格或其他方式计算。本案中股票的价值是随着证券市场不断进行变化的，具有风险及不可控性，杨桃系按照当日的股票市值将张春英的股票卖出后占有，且杨桃已被追究刑事责任，一审法院以附带民事诉讼中全额赔偿直接损失的原则按照刑事判决认定数额赔偿张春英损失并无不当。新疆证券公司与工行昌吉州分行在共同侵权中并不存在侵权的故意，其承担责任范围与过失大小相当，以刑事判决认定数额作为损失的标准符合其责任范围。张春英关于股票时可流通转让的种类物应当返还被盗股票12870股，如不能返还，应由专业机构评估折价赔偿的上诉请求没有法律依据，不予支持。

公安机关的询问笔录及生效的刑事判决文书证实，杨桃丈夫张伟民在杨桃将张春英股票据为已有后，于2006年6月15日将40050元取出。因张伟民未能到庭举证证明其取得40050元具有合法根据，一审法院认定张伟民的行为构成不当得利侵权，并判令张伟民在91270元的范围内对其取出的40050元承担连带赔偿责任，对此张伟民并未提出上诉。工行昌吉州分行上诉称张春英将获得91270元加40050元共计131320元的赔偿与一审判决内容不符，属理解有误。综上，依照《中华人民共和国民事诉讼法》第一百五十三条第一款第（一）项之规定，新疆维吾尔自治区高级人民法院于2010年5月11

日作出（2010）新民二终字第14号民事判决：驳回上诉，维持原判。二审案件受理费9024.47元由张春英与工行昌吉州分行各自负担50%，即4512.24元。

张春英不服二审判决，向本院申请再审称，张春英股票被盗卖，一、二审判决以刑事部分确定的数额来认定民事赔偿数额没有法律依据，本案应适用全面赔偿原则即赔偿直接损失和可得利益损失。一、股票是可流通转让的种类物，被申请人依法应当承担返还12870股股票的责任。承担赔偿责任的前提是特定物灭失不能返还。本案中股票是可流通转让的种类物，可以在不同时间、地点买入同一种类、同一数量的股票，所以不存在返还不能的情形，本案应当优先适用返还股票的民事责任。二、若不能返还股票则应适用完全赔偿原则赔偿张春英的损失。根据现行法的规定，完全赔偿原则即赔偿直接损失和赔偿可得利益损失。本案的直接损失为91270元，《最高人民法院关于审理证券市场因虚假陈述引发的民事赔偿案件的若干规定》第三十四条规定："投资人持股期间基于股东身份取得的收益，包括红利、红股、公积金转增所得的股份以及投资人持股期间出资购买的配股、增发股和转配股，不得冲抵虚假陈述行为人的赔偿金额"。因此，股票的可得利益包括股票溢价、配股、分红。二审中，张春英提交了特变电工股票2005年12月12日至2008年5月30日的收盘价及分红记录和配股记录，截止2008年5月30日，张春英的股票已增至36808股，股票的均价为16元，股票的价值588928元，现金分红为4131.27元。张春英的可得利益损失为501789.27元（具体计算方式为588928-91270+4131.27=501789.27）。截止开庭前一天即3月25日特变电工股票的价格为21元，股票的价值已为772968元。如果按现价，张春英的诉讼主张远远低于股票现值。三、以刑事案件确定的数额赔偿财产损失显失公平。股票价格不同于其他物价，相关法律也未明确规定此类行为给证券投资者造成损失的计算方法，所以，依据公平原则，以特变电工股票被盗卖后至起诉之前的平均价作为赔偿的依据和标准，并不违反法律规定，也与股票和在侵权时间段之内的实际价格走向吻合。综上所述，请求：撤销新疆维吾尔自治区高级人民法院（2010）新民二终字第14号民事判决和新疆维吾尔自治区乌鲁木齐市中级人民法院（2008）乌中民一初字第103号民事判决，改判支持张春英一审全部诉讼请求。

工行昌吉州分行答辩称，一、张春英在本案诉讼过程中均请求赔偿457320元的股票损失，同时请求赔偿12870股特变电工股票的分红损失4131.27元，并未请求91270元的资金损失。而股票损失和分红损失与工行昌吉州分行办理银行卡是否有过错无关。杨桃利用其获得的张春英的个人信息及职务上的便利将张春英的12870股特变电工股票擅自出卖，无论杨桃在工行是否办理了银行卡或工行工作人员是否违章办卡，都不影响或不能控制杨桃擅自出卖客户股票的行为发生，张春英请求的股票损失和分红损失只能在此阶段发生，因此，两者无因果关系。而杨桃在出卖股票后将获得的91270元的资金通过工行办理的银行卡取出并占为己有，该损失与工行昌吉州分行有关。根据民事诉讼不告不理和民事权利自由处分原则，由于张春英并未请求该项损失，因此，工行昌吉州分行不应承担责任。二、根据《中华人民共和国证券法》第一百四十六条、第二百一十条之规定，新疆证券公司应当承担其员工杨桃造成他人损害的全部赔偿责任。一审判决认定杨桃履行职务的行为造成张春英损失，应当承担全部责任，但却并未根据《中华人民共和国证券法》的规定判决由新疆证券公司承担全部责任，显然错误。三、一、二审判决一方面认定杨桃、新疆证券公司、工行昌吉州分行之间不存在共同故意或共同过失，另一方面又认定构成共同侵权，显然错误。由于三者之间不存在共同故意或共同过失，因此工行昌吉州分行不应当承担连带责任。四、一、二审判决在判项上主次不分。按照一审判决第一项和第二项、第三项的表述，工行昌吉州分行、新疆证券公司对杨桃在91270元的范围内不能赔偿的部分承担连带赔偿责任。而第四项又判决张伟民承担40050元的赔偿，如此，张春英将获得91270元加40050元共计131320元的赔偿，该赔偿数额显然无法律依据。五、工行昌吉州分行工作人员的办卡行为与杨桃盗窃张春英的股票行为无法律上的因果关系，对457320元的股票损失和分红损失4131.27元不应承担任何责任。工行昌吉州分行的办卡行为无主观过错，且与杨桃、证券公司无共同过错。根据人民银行的办卡规定，允许代理人持办卡人身份证代理办卡，杨桃作为代理人持张春英的身份证办卡行为不属禁止性行为。因此造成的损失应当由行为人承担而非由工行昌吉州分行承担。综上，一、二审判决工行昌吉州分行承担连带赔偿责任是错误的，请求撤销新疆维吾尔自治区高级人民法院（2010）新民二终字第14号民事判决和新疆维吾尔自治区乌鲁木齐市中级人民法院（2008）乌中民一初字第103号民事判决第三项，依法驳回张春英对工行昌吉州分行的诉讼请求，维持第一、二、四、五项判决。一、二审诉讼费用由张春英承担。

新疆证券公司庭审答辩称，一、张春英请求被盗卖股票的分红、收益损失，于法无据。二、杨桃的行为是个人犯罪行为，不是职务行为，新疆证券公司不能预知不能控制也无法克服，应由杨桃个人承担赔偿责任。三、仅将股票卖出本身并不产生损失，只有从资金账户中将资金提取之后，损失才发生，因此没有工行昌吉州分行的开卡行为，损失就不会发生。同时，股票被盗卖之后的收益损失、股票升值等损失，不应由新疆证券公司承担。

杨桃、张伟民未答辩。

本院再审查明的事实与原审查明的事实一致。

本院认为，本案的争议焦点是：一、张春英的损失应如何计算？二、新疆证券公司、工行昌吉州分行应承担何种责任？

关于张春英所受的损失应如何计算的问题，本院认为，首先，根据《中华人民共和国公司法》的规定，股票所代表的股权的内容包括自益权和共益权，其中的自益权主要包括股利分配请求权、剩余财产分割请求权、新股认购优先权等权利。其中的股利分配，实践中主要包括以配股方式分配的股利和以现金方式分配的股利。因此，盗卖投资者股票获取价金，不仅侵害了投资者的股票所代表的当时的股权价值，也使投资者基于其股东地位本应享有的其他权益尤其是股利分配请求权遭受损害。其次，与其他财产权不同的是，股票所代表的股权的价值会随着公司经营状况、市场行情等因素的变化而增长或降低。同时，股票价值的实际实现也与投资者的投资习惯密切相关。因此，在侵权人盗卖投资者股票获取价金的情况下，判断被侵权人所遭受损失的范围应当综合考虑受害人的投资习惯、市场行情的变化等因素。最后，从因果关系上看，侵权人盗卖投资者股票获取价金场合，如果受害人的投资行为表现为短线操作、通过股票涨跌变化，以频繁买入、卖出方式获取投资收益，则其股票被盗卖的损失未必包含股票被盗卖后的股票本身升值部分以及相应的股利；如果该受害人的投资行为表现长线操作、主要通过对股票的长期持有，获取股票增值以及相应的股利等收益，则其股票被盗卖的损失通常应当包括股票被盗卖后的升值部分以及相应的股利。

本案中，张春英被盗卖股票的根源是继承其丈夫董跃山的遗产而得。并且，在张春英通过新疆证券公司办理开户手续并重新购入特变电工股票的情况来看，张春英不了解如何开户、对股票交易的相关手续一无所知、对股票市场也知之甚少，更谈不上通过短线操作方式获取利益。另外，从张春英通过新疆证券公司办理完手续至发现股票被盗卖的一年多时间内未查看股票账户、未作出任何交易指令的事实也足以证明，张春英进行短线交易的可能性很小。因此，基于前述分析，张春英的损失应当包括股票被盗卖后的股利损失和升值损失。

关于张春英损失的计算方法问题，新疆证券公司员工杨桃于 2005 年 12 月 12 日将张春英股票账户上的 12870 股特变电工股票全部卖出，张春英于 2007 年 4 月 10 日起诉至新疆维吾尔自治区昌吉市人民法院，2008 年 10 月 14 日，该案被移送至新疆维吾尔自治区乌鲁木齐市中级人民法院。2008 年 11 月 17 日，张春英向新疆维吾尔自治区乌鲁木齐市中级人民法院交纳了诉讼费。张春英主张以侵权行为发生之时即 2005 年 12 月 12 日至其起诉前特变电工最后一次配股即2008年5月30日止为计算损失的时点，并无不当。根据该期间的分红记录和配股记录，截止2008年5月30日，张春英的股票应增至36808股，根据在此期间的每日平均收盘价计算，股票的价值为588928元，现金分红为4131.27元，张春英的各项损失分别为现金损失91270元，现金股利损失4131.27元，股票溢价损失588928－91270＝497658元，总额为593059.27元。张春英一审诉讼请求股票损失457320元和分红损失4131.27元共计461451.27元，应予支持。

关于新疆证券公司应承担何种责任的问题，本院认为，杨桃作为新疆证券公司的工作人员，利用其在新疆证券公司的工作便利，借助新疆证券公司的终端操作平台完成其侵权行为，杨桃在新疆证券公司的职务增加了其侵权行为发生的可能性和危险性，新疆证券公司对此种行为应当预见到并应采取一定措施予以避免，但因其内部管理不善、内部监控存在漏洞导致未能避免。因此，应当认定，杨桃的侵权行为与其履行职务有内在关联，根据《中华人民共和国民法通则》第一百二十一条之规定，同时参照《最高人民法院关于审理人身损害赔偿案件适用法律若干问题的解释》第八条、第九条之规定，新疆证券公司与杨桃应当就前述张春英的全部损害承担连带赔偿责任。

关于工行昌吉州分行的责任问题，本院认为，银行作为发放银行卡的专业机构负有谨慎审核办卡人身份及在他人代办时审查授权合法性的义务，本案中，工行昌吉州分行在杨桃以张春英名义办理银行卡过程中，未按照规程审核其代理手续、未按要求审查代理人签名，具有过失，为杨桃实施侵权行为提供了条件，并造成了杨桃通过该银行卡非法取得盗卖股票所得的91270元的损害后果。因此，工行昌吉州分行虽与杨桃无共同的故意或过失，但工行昌吉州分行的过失行为与杨桃的故意行为直接结合，共同造成受害人张春英91270元的损失，工行昌吉州分行、杨桃和新疆证券公司应当对该91270元的损失承担连带责任。对于超出91270元之外的其他损失，因工行昌吉州分行的过失行为导致的损失只能是杨桃利用银行卡盗卖股票的价金损失，而被盗卖股票的其他损失是因股票被盗卖所产生的，而与工行昌吉州分行的过失行为并无因果关系，工行昌吉州分行对此部分损失不应承担责任。张春英主张工行昌吉州分行应对所有损失承担连带责任，无法律根据，原审判决对此认定正确，本院予以维持。

至于杨桃丈夫张伟民获得的张春英盗卖股票价款中的40050元，张伟民未提出上诉，也未申请再审，本院予以维持。

综上所述，原审判决认定事实清楚，但适用法律错误。依照《中华人民共和国民法通则》,《最高人民法院关于审理人身损害赔偿案件适用法律若干问题的解释》第八条、第九条，《中华人民共和国民事诉讼法》第一百八十六条、第一百五十三条第一款第（二）项之规定，判决如下：

一、撤销新疆维吾尔自治区高级人民法院（2010）新民二终字第14号民事判决和新疆维吾尔自治区乌鲁木齐市中级人民法院（2008）乌中民一初字第103号民事判决；

二、杨桃和新疆证券有限责任公司对张春英损失461451.27元承担连带赔偿责任，于本判决生效后十日内支付；

三、中国工商银行股份有限公司昌吉回族自治州分行就张春英损失461451.27元中的91270元范围内与杨桃、新疆证券公司承担连带赔偿责任，于本判决生效后十日内支付；

四、张伟民就张春英损失461451.27元中的40050元范围内承担不当得利的返还责任，于本判决生效后十日内支付；

五、驳回张春英的其他诉讼请求。

如果未按本判决指定的期间履行给付金钱义务，应当依照《中华人民共和国民事诉讼法》第二百二十九条之规定，加倍支付迟延履行期间的债务利息。

一审案件受理费8311.77元，由杨桃和新疆证券有限责任公司各负担2973.39元，由中国工商银行股份有限公司昌吉回族自治州分行负担1644元，由张伟民负担721元；二审案件受理费9024.47元，由杨桃和新疆证券有限责任公司各负担4512.24元。

029. 经律师事务所见证的遗嘱因不符合遗嘱继承法定形式要件被法院判决无效后，律师事务所应承担过错赔偿责任[①]

王保富诉三信律师所财产损害赔偿纠纷案

裁判摘要

根据《中华人民共和国律师法》第四十九条第一款的规定，经律师见证的遗嘱因不符合法律规定的形式要件被确认无效，致使遗嘱受益人蒙受经济损失的，律师所在的律师事务所应当承担过错赔偿责任。

原告：王保富，男，56岁，住北京市海淀区马甸西村。

被告：北京市三信律师事务所，住所地：北京市朝阳区农展馆南里。

负责人：刘成，该事务所主任。

原告王保富因与被告北京市三信律师事务所（以下简称三信律师所）发生财产损害赔偿纠纷，向北京市朝阳区人民法院提起诉讼。

原告诉称：经被告见证的原告父亲王守智生前所立的遗嘱，由于缺少两个以上见证人这一法定形式要件，在继承诉讼中被法院认定无效。原告作为继承诉讼中的败诉方，不仅不能按遗嘱继承得到父亲的遗产，还得按法定继承向其他继承人付出继承房屋的折价款。被告在见证原告父亲立遗嘱的过程中有过错，侵害了原告的遗嘱继承权利，给原告造成了财产损失，应当赔偿。请求判令被告赔偿房屋折价款、遗嘱见证代理费、两审继承诉讼的代理费、

① 参见《最高人民法院公报》2005年第10期。

诉讼费等损失共计134893.75元。

被告辩称：王守智委托被告代理的事项是见证签字，不是见证代书遗嘱。被告是根据王守智的委托，才指派了一名律师去见证王守智签字，已经履行了自己的义务，且在见证过程中没有过错。至于经被告见证签字的遗嘱，其内容和形式是否符合法律规定，被告没有提示义务。王守智所立的遗嘱，是因代书人未签字而被认定无效。被告不是该遗嘱的代书人，不应该承担代书人的法律责任。综上，不同意原告的诉讼请求。

北京市朝阳区人民法院经审理查明：

2001年，原告王保富之父王守智与被告三信律师所签订了《非诉讼委托代理协议》书一份，约定：三信律师所接受王守智的委托，指派张合律师作为王守智的代理人；代理事项及权限为：代为见证；律师代理费用为6000元；支付方式为现金；支付时间为2001年8月28日；协议上还有双方约定的其他权利义务。王守智在该协议书上签字，三信律师所在该协议书上加盖了公章，但该协议书未标注日期。同年9月10日，王守智又与三信律师所指派的律师张合签订了一份《代理非诉讼委托书》，内容为：因见证事由，需经律师协助办理，特委托三信律师所律师张合为代理人，代理权限为：代为见证。9月17日，三信律师所出具一份《见证书》，附王守智的遗嘱和三信律师所的见证各一份。王守智遗嘱的第一项为：将位于北京市海淀区北太平庄钟表眼镜公司宿舍11门1141号单元楼房中我的个人部分和我继承我妻遗产部分给我大儿子王保富继承。见证的内容为：兹有北京市海淀区北太平庄钟表眼镜公司宿舍3楼4门2号的王守智老人于我们面前在前面的遗嘱上亲自签字，该签字系其真实意思表示，根据《中华人民共和国民法通则》第五十五条的规定其签字行为真实有效。落款处有见证律师张合的签字和三信律师所的盖章。王守智于9月19日收到该《见证书》。

2002年12月9日，王守智去世。原告王保富于2003年1月起诉至北京市海淀区人民法院，要求按照王守智的遗嘱继承遗产。2003年6月30日，北京市第一中级人民法院的终审判决认定：王守智所立遗嘱虽有本人、张合律师签字且加盖北京市三信律师事务所单位印章，但该遗嘱的形式与继承法律规定的自书、代书遗嘱必备条件不符，确认王守智所立遗嘱不符合遗嘱继承法定形式要件，判决王守智的遗产按法定继承处理。王保富因此提起本案诉讼，要求三信律师所赔偿经济损失。

经核实确认，按法定继承，原告王保富所得遗产比按遗嘱继承少114318.45元。

上述事实，有双方当事人陈述、《非诉讼委托代理协议》、《代理非诉讼委托书》、《见证书》、三信律师所接待笔录、（2003）海民初字第3229号民事判决书、（2003）一中民终字第5122号民事判决书等证据证实。

北京市朝阳区人民法院认为：

律师事务所是依靠聘请律师去为委托人提供服务，从而获取相应对价的机构。继承法律规定，代书遗嘱应当有两个以上见证人在场见证，由其中一人代书，注明年、月、日，并由代书人、其他见证人和遗嘱人签名。律师与普通公民都有权利作代书遗嘱的见证人，但与普通公民相比，由律师作为见证人，律师就能以自己掌握的法律知识为立遗嘱人服务，使所立遗嘱符合法律要求，这正是立遗嘱人付出对价委托律师作为见证人的愿望所在。原告王保富的父亲王守智与被告三信律师所签订代理协议，其目的是通过律师提供法律服务，使自己所立的遗嘱产生法律效力。三信律师所明知王守智这一委托目的，应当指派两名以上的律师作为王守智立遗嘱时的见证人，或者向王守智告知仍需他人作为见证人，其所立遗嘱方能生效。但在双方签订的《非诉讼委托代理协议》书上，三信律师所仅注明委托事项及权限是“代为见证”。三信律师所不能以证据证明在签订协议时其已向王守智告知，代为见证的含义是指仅对王守智的签字行为负责，故应认定本案的代为见证含义是见证王守智所立的遗嘱。三信律师所称其只是为王守智的签字进行见证的抗辩理由，因证据不足，不能采纳。《非诉讼委托代理协议》的签约主体，是王守智和三信律师所，只有三信律师所才有权决定该所应当如何履行其与王守智签订的协议。张合只是三信律师所指派的律师，只能根据该所的指令办事，无权决定该所如何行动。三信律师所辩解，关于指派张合一人去作见证人的决定，是根据王守智对张合的委托作出的，这一抗辩理由不能成立。

《中华人民共和国民法通则》第一百零六条第二款规定："公民、法人由于过错侵害国家的、集体的财产，侵害他人财产、人身的，应当承担民事责任。"被告三信律师所在履行与王守智签订的《非诉讼委托代理协议》时，未尽代理人应尽的职责，给委托人及遗嘱受益人造成损失，应当承担赔偿责任，但赔偿范围仅限于原告王保富因遗嘱无效而被减少的继承份额。虽然三信律师所在履行协议过程中有过错，但考虑到王保富在本案选择的是侵权之诉而非合同之诉，况且王守智的继承人并非只有王保富一人，故对王保富关于三信律师所应当退还王守智向其交付的代理费之诉讼请求，不予支持。三信律师所在代为见证王守智所立遗嘱过程中的过错，不必然导致王保富提起并坚持进行了两审继承诉讼，故对王保富关于三信律师所应当赔偿其在两审继承诉讼中付出的代理费和诉讼费之诉讼请求，亦不予支持。

据此，北京市朝阳区人民法院于2004年5月判决：

一、被告三信律师所于判决生效后7日内赔偿原告王保富经济损失114318.45元。

二、驳回原告王保富的其他诉讼请求。

案件受理费4208元，由原告王保富负担412元，由被告别三信律师所负担3796元。

判决后，三信律师所不服，向北京市第二中级人民法院提出上诉，理由是：根据王守智与我所签订的协议，我所只是为王守智在遗嘱上的签字提供见证，不是为王守智立遗嘱的行为见证，遗嘱早就由他人代王守智写好。在履行这一《非诉讼委托代理协议》的过程中，王守智没有财产损失，不享有违约赔偿请求权。王守智所立的遗嘱，由于不具备法定形式要件而被法院认定无效，这与我所见证其签字的行为无关。《中华人民共和国民法通则》第五十八条第二款规定，无效的民事行为，从行为开始时起就没有法律约束力。这就是说，从立遗嘱时起，被上诉人王保富就没有获得过依王守智的遗嘱继承财产的权利。现法院认定王保富按照法定继承获得王守智的遗产，这才是其应当享有的权利。王保富根本没有遭受过侵权损失，也就不享有侵权赔偿请求权。原审认定事实不清，适用法律错误，请求二审撤销原审判决第一项，改判驳回王保富的全部诉讼请求。

被上诉人王保富同意原判。

北京市第二中级人民法院经审理，确认了一审查明的事实。

本案争议焦点为：（1）三信律师所“代为见证”的，究竟是王守智在遗嘱上签字的行为，还是王守智立遗嘱的行为？（2）三信律师所的见证行为是否侵犯王保富的民事权利，应否承担赔偿责任？

北京市第二中级人民法院认为：

《中华人民共和国律师法》第二条规定：“本法所称的律师，是指依法取得律师执业证书，为社会提供法律服务的执业人员。”第十五条第一款规定：“律师事务所是律师的执业机构。”第二十七条规定：“律师担任诉讼法律事务代理人或者非诉讼法律事务代理人的，应当在受委托的权限内，维护委托人的合法权益。”公民在不具有法律专业知识，又想使自己的行为符合法律要求时，通常向律师求助。律师是熟悉法律事务，为社会提供法律服务的专业人员。律师在担任非诉讼法律事务代理人时，应当在受委托的权限内，维护委托人的合法权益。被上诉人王保富的父亲王守智委托上诉人三信律师所办理见证事宜，目的是通过熟悉法律事务的专业人员提供法律服务，使其所立遗嘱具有法律效力。作为专门从事法律服务的机构，三信律师所应当明知王守智的这一签约目的，有义务为王守智提供完善的法律服务，以维护委托人的合法权益。三信律师所不能以证据证明其与王守智约定的“代为见证”，只是见证签字者的身份和签字行为的真实性；也不能以证据证明在签约时，该所已向王守智明确告知其仅是对签字见证而非对遗嘱见证，故应当承担举证不能的不利后果。三信律师所上诉主张其仅为王守智签字行为的真实性提供见证，没有证据支持，不予采信。

《中华人民共和国律师法》第四十九条第一款规定："律师违法执业或者因过错给当事人造成损失的，由其所在的律师事务所承担赔偿责任。律师事务所赔偿后，可以向有故意或者重大过失行为的律师追偿。"王守智立遗嘱行为的本意，是要将遗嘱中所指的财产交由被上诉人王保富继承。由于上诉人三信律师所接受王守智的委托后，在"代为见证"王守智立遗嘱的过程中，没有给王守智提供完善的法律服务，以至王守智所立的遗嘱被人民法院生效判决确认为无效，王守智的遗愿不能实现。无效的民事行为自然是从行为开始时起就没有法律约束力，但这只是说王保富不能依法获得遗嘱继承的权利，不是说王守智从来不想或者不能通过立遗嘱把自己的财产交由王保富继承，更不是说王保富根本就不能通过遗嘱继承的途径来取得王守智遗产。王保富现在不能按遗嘱来继承王守智遗产的根本原因，是三信律师所没有给王守智提供完善的法律服务，以至王守智立下了无效遗嘱。三信律师所履行自己职责中的过错，侵害了王保富依遗嘱继承王守智遗产的权利，由此给王保富造成损失，应当承担赔偿责任。

综上，原审认定事实清楚，依照《中华人民共和国民法通则》第一百零六条第二款的规定判决上诉人三信律师所赔偿被上诉人王保富因不能按遗嘱继承而遭受的财产损失，适用法律正确，处理并无不当，应当维持。三信律师所的上诉理由均不能成立，应当驳回。据此，北京市第二中级人民法院依照《中华人民共和国民事诉讼法》第一百五十三条第一款第（一）项的规定，于 2004 年 12 月 1 日判决：

驳回上诉，维持原判。

一审案件受理费按一审判决执行；二审案件受理费 4208 元，由上诉人三信律师所负担。

本判决为终审判决。

030. 信托公司未履行必要的注意义务，造成投资人财产损失的，应承担相应责任①

基本案情：上海寅某投资管理中心（有限合伙）（以下简称上海寅某）与华某国际信托有限公司（以下简称华某信托公司）签订《单一资金信托合同》（以下简称《信托合同》），约定委托人上海寅某指定将2.8亿元信托资金由受托人华某信托公司管理，用于向浙江联某建设有限公司（以下简称联某公司）发放贷款。嗣后，上海寅某以“浙江联某杭州保障房投资基金项目”为名向社会公众募集资金，募集文件中载明产品类型为“华某信托联众单一资金信托贷款有限合伙基金”，吴某认购。其后，华某信托公司与联众公司签订《流动资金贷款合同》，华某信托公司根据《信托合同》约定将上海寅某交付的信托资金（包含吴某的投资款100万元）向联众公司发放贷款。基金到期后，吴某未收到投资款本金。经查，吴某的投资款被上海寅某执行事务合伙人委派代表陈某等人用于归还案外人某置业有限公司股东的对外债务。2018年，上海市第一中级人民法院作出刑事判决，认定联某公司系由陈某实际控制，其通过伪造联某公司承建杭州保障房项目合同等材料，与王某使用上海寅某的名义以高额利息向社会公众销售“浙江联某杭州保障房投资基金项目”，而后将募集资金打款至华某信托公司，华某信托公司再贷款给联众公司，联某公司收到后用以归还某置业有限公司股东的对外债务等基本事实。吴某起诉称华某信托公司未对信托项目进行有效监管导致损失，应当全额承担赔偿责任。

① 《人民法院服务和保障长三角一体化发展典型案例》（最高人民法院2021年11月2日发布），三、吴某诉华某国际信托有限公司财产损害赔偿纠纷案，载最高人民法院网站，https：//www.court.gov.cn/zixun/xiangqing/329801.html，最后访问日期：2023年7月4日。

裁判结果：上海市浦东新区人民法院一审判决华某信托公司应对吴某涉案损失承担20%的补充赔偿责任，即吴某应根据前述生效刑事判决通过追赃程序向犯罪分子追索其全部损失，但对其损失中不超过20万元的部分，在吴某追索不成的情况下，应由华澳信托公司向吴某承担补充赔偿责任。一审宣判后，双方当事人均不服，上诉至上海金融法院。

上海金融法院认为：吴某系上海寅某所设项目的投资人，与华某信托公司之间并无投资、信托等直接合同关系，吴某系以侵权损害赔偿为由起诉要求华某信托公司承担责任。华某信托公司在开展信托业务中未对犯罪分子借用其金融机构背景进行资金募集的行为采取必要防控措施，据此认定华某信托公司在信托业务开展时对委托资金来源的审核未尽必要注意义务，对吴某等投资者被骗受损负有一定责任。华某信托公司在管理案涉信托业务过程中存在过错，与吴某案涉损失在一定程度上具有因果关系，而吴某同时系相关刑事判决的被害人，其损失可通过刑事追赃、退赔方式得以保障，华某信托公司应对吴某涉案损失承担20%的补充赔偿责任。据此上海金融法院判决：驳回上诉，维持原判。

典型意义

构建良好金融生态、防范化解金融风险、维护社会整体稳定是长三角经济一体化发展的重要基础，离不开司法的助力。人民法院依法审理各类金融案件，维护金融市场秩序，为有效防范化解金融风险及维护金融安全提供了有力司法保障。

本案为全国首例判决信托公司在通道类业务中承担民事侵权责任的案件。本案明确信托公司虽仅负事务性管理之责，但仍应秉持审慎原则开展经营，并履行必要的注意义务。本案裁判厘清了信托公司合法审慎经营的权责边界，同时也积极回应了投资者诉求，给予受损投资者合理的经济赔偿，为解决同类金融产品兑付风险引发的纠纷提供了参考。

031. 一方必须在相邻一方使用的土地上通行的，应当予以准许；因此造成损失的，应当给予适当补偿[①]

基本案情：2011年5月，民营企业青海某房地产开发有限公司办理相关手续后建设开发位于青海省西宁市某商住小区项目。后青海省气象局将正在施工使用的唯一通道堵塞，造成无法施工。经诉讼及强制执行，该通道被疏通，共造成停工112天。青海某房地产开发有限公司起诉要求青海气象局支付停工产生的违约金损失、人员工资损失、监理费报酬损失、借款利息及罚息损失等各项损失合计4358404.81元。

裁判结果：青海省西宁市中级人民法院一审认为，根据《中华人民共和国民法通则》第八十三条关于“不动产的相邻各方，应当按照有利生产、方便生活、团结互助、公平合理的精神，正确处理截水、排水、通行、通风、采光等方面的相邻关系。给相邻方造成妨碍或者损失的，应当停止侵害，排除妨碍，赔偿损失”及《最高人民法院关于贯彻执行〈中华人民共和国民法通则〉若干问题的意见（试行）》第一百条关于“一方必须在相邻一方使用的土地上通行的，应当予以准许；因此造成损失的，应当给予适当补偿”的规定，青海省气象局理应向青海某房地产开发有限公司承担因侵权造成的财产损害赔偿责任。判决：青海省气象局赔偿青海某房地产开发有限公司各项经济损失1055240元；驳回青海某房地产开发有限公司的其他诉讼请求。

青海省气象局、青海某房地产开发有限公司上诉后，青海省高级人民法院作出二审判决：驳回上诉，维持原判。

---

① 《最高人民法院关于依法平等保护非公有制经济，促进非公有制经济健康发展民事商事典型案例》（2016年4月8日发布），二、青海某房地产开发有限公司与青海省气象局财产损害赔偿纠纷案，载最高人民法院网站，https：//www.court.gov.cn/zixun-xiangqing-19202.html，最后访问日期：2023年7月4日。

典型意义

本案是因相邻关系造成妨碍应当承担民事责任的典型性案例。实践中存在非公有制企业和政府机关、国有企业等因相邻关系等非合同关系引发的民事纠纷，在此类纠纷中，同样需要依照法律规定，对非公有制企业的合法权益予以保护，而不能允许其他主体对其合法权益肆意侵害而不承担相应法律责任。本案中，青海省气象局堵塞青海某房地产开发有限公司开发建设青海省气象局旧房改造项目正在施工的唯一通道构成侵权的事实，已由另案生效法律文书所确认，对于此侵权行为造成的青海某房地产开发有限公司的财产损失，青海省气象局应当予以赔偿。因此，青海某房地产开发有限公司的诉讼请求，在有证据支持的范围内，得到了人民法院的支持。人民法院审理该案件时，平等对待双方当事人，准确适用《中华人民共和国民法通则》及其司法解释等相关规定，依法支持青海某房地产开发有限公司的相应诉讼请求，维护了其作为非公有制企业的合法权益。

（二）地方法院典型案例

032. 公司员工严重违背敬业精神的，应承担由其失职给公司造成的损害赔偿责任[①]

基本案情：吕某彬系某科贸公司实际负责人，张某珍、李某系该公司会计。2020 年 5 月 14 日，张某珍接到电话，电话中人称要给其公司汇款，张某

① 《北京市第三中级人民法院保障民生弘扬社会主义核心价值观典型案例通报》（2023 年 2 月 1 日发布），八、某科贸公司诉张某珍、李某财产损害赔偿纠纷案——公司员工严重违背敬业精神的，应承担由其失职给公司造成的损害赔偿责任，载北京市第三中级人民法院微信公众号，https：//mp. weixin. qq. com/s/nW2HtRk6iEERK5ClwYb40Q，最后访问日期：2023 年 6 月 28 日。

珍遂添加对方QQ账号。后张某珍接到名为“吕某彬”的QQ账户发来消息，让其核对收款情况并称有笔加急款项需要转出，同时向张某珍发送了转账账户信息。张某珍按照该指令，告知李某转账，经张某珍复核后转出48万元。之后“吕某彬”QQ连续两次分别指示张某珍转账10万元、142万元，张某珍均按同一流程转账。当张某珍再次被要求转账时起疑并电话向吕某彬核实情况，吕某彬告知没有指示过转账。经报警处理，公安机关抓获犯罪嫌疑人三人，并追回赃款6万元发还某科贸公司。目前此电信诈骗案仍在侦查中。某科贸公司诉至法院要求张某珍、李某赔偿其公司全部经济损失及相应利息。

生效裁判：生效判决认为，员工在为公司提供劳动时应负有忠实勤勉义务。张某珍、李某均为专业财务工作人员，理应熟知财务管理和操作规定，特别是对公司的财务支出应负有高于常人的注意和审查义务。本案中，通过各方陈述可知，案发前张某珍、李某一般系通过公司财务微信群接受吕某彬等领导指示后方能付款，并不存在使用QQ账户等其他聊天工具指示付款的情况。而案发当日，张某珍在明知日常使用的微信群未下达转账指令的情况下，并未向吕某彬进行核实，冒然相信QQ账户的要求；李某亦未得到微信指令，在未进一步核实情况之下即按照张某珍的指示实施了转账操作，且二人作为专业财务人员，在连续三次按指令转账后才发觉异常，显然未尽到忠实勤勉义务，明显存在重大过失，应对由此给公司造成的损失承担赔偿责任。法院根据双方的过错程度，判决张某珍、李某连带向公司承担15%的赔偿责任。

典型意义

敬业，是社会主义核心价值观的基本要求之一。爱岗敬业是中华民族的传统美德，也是职业道德的核心要求。任何国家的发展和社会的进步都离不开公民个人的敬业精神，它要求每一位从业者要以强烈的责任感和事业心对待自己的职业。本案系因电信诈骗引发的民事赔偿案件。诈骗行为固然可憎，但综观本案事实，诈骗分子采取的手段并不高明，其采取的方式与张某珍所在公司日常下达转账指示的载体明显不同。如张某珍能审慎履行职责，第一时间电话或微信向单位领导核实，即可避免。李某作为公司的出纳在张某珍违反常规操作而直接向其指示付款时，疏于检查、核实，盲目听从。二人的共同失责导致了最终的付款事实。本案判决张某珍、李某承担一定比例的赔偿责任，可以促使劳动者谨慎勤勉对待岗位职责要求，增强责任意识，培育敬业精神，共促社会发展。

033. 信托公司过错行为客观上促成了犯罪分子的集资诈骗行为，对投资者被骗受损负有一定责任，承担相应的财产损害赔偿责任①

裁判要旨

在被动管理型信托业务中，信托公司虽主要依据信托合同约定履行相应义务，但其在以自身名义独立从事信托管理事务时，仍应尽到合理注意义务。信托公司作为专业的金融机构，在明知委托资金系属私募募集资金的情况下，更应当审慎回应委托人提出的明显不合理要求。如果信托公司过错行为客观上促成了犯罪分子的集资诈骗行为，对投资者被骗受损负有一定责任，则信托公司应当根据其过错程度，承担相应的侵权损害赔偿责任。

① 《上海高院发布2020年度上海法院金融商事审判十大案例》（2021年5月31日发布），信托公司在通道类业务中仍应尽到合理注意义务——吴某与甲信托公司财产损害赔偿纠纷案，载上海高院微信公众号，https：//mp. weixin. qq. com/s/gFXc5QUYM51hrL0NdvgrPw，最后访问日期：2023年7月4日。

基本事实：乙公司与被告甲信托公司签订《单一资金信托合同》（以下简称《信托合同》），约定委托人乙公司指定将信托资金2.8亿元由受托人甲信托公司管理，用于向乙公司发放贷款。嗣后，乙公司以“浙江某杭州保障房投资基金项目”为名向社会公众募集资金，募集文件中载明产品类型为“某信托联众单一资金信托贷款有限合伙基金”，原告吴某认购。其后，甲信托公司与乙公司签订《流动资金贷款合同》，甲信托公司根据《信托合同》约定将乙公司交付的信托资金（包含吴某的投资款）向乙公司发放贷款。基金到期后，乙公司未向吴某返还本金。

经查，吴某的投资款被乙公司执行事务合伙人委派代表陈某志等人用于归还案外人某置业有限公司股东的对外债务。2018年，上海市第一中级人民法院作出刑事判决，认定乙公司系由陈某志实际控制，其通过伪造乙公司承建杭州保障房项目的合同等材料，与王某使用乙公司的名义以高额利息向社会公众销售“浙江某杭州保障房投资基金项目”，而后将募集资金打款至甲信托公司，甲信托公司再贷款给乙公司。乙公司收到后用以归还某置业有限公司股东的对外债务等。

吴某起诉认为甲信托公司没有对信托项目进行有效监管，导致损失，应当全额承担赔偿责任。

裁判结果：上海市浦东新区人民法院于2019年10月31日作出（2018）沪0115民初80151号民事判决：甲信托公司对吴某根据刑事判决通过追赃程序追索不成的损失在20万元的范围内承担补充赔偿责任；驳回吴某的其余诉讼请求。

宣判后，吴某与甲信托公司均提出上诉。上海金融法院于2020年6月5日作出（2020）沪74民终29号民事判决：驳回上诉，维持原判。

裁判理由：法院认为，吴某系乙公司所设项目的投资人，与甲信托公司之间并无投资、信托等直接的合同关系，吴某系以侵权损害赔偿为由起诉要求甲信托公司承担责任。关于信托公司过错，第一，甲信托公司在开展信托业务中明知信托资金来源于社会募集，未对犯罪分子借用其金融机构背景进行资金募集的行为采取必要防控措施，也未对社会投资者作相应警示，据此认定甲信托公司在信托业务开展时对委托资金来源的审核未尽必要注意义务，对吴某等投资者投资被骗受损负有一定责任。第二，信托存续期间内，甲信托公司曾出具内容明显虚假、足以误导案外人的《项目风险排查报告》，上述行为客观上促成了犯罪分子的集资诈骗行为，对吴某等投资被骗受损负有一定责任。第三，《信托合同》约定，甲信托公司仅负有根据指定发放贷款并最终收回贷款的义务，并不负有主动管理的职责，也不承担贷款风险。因而吴某认为甲信托公司对信托财产缺乏监管，导致款项被犯罪分子转移的主张，缺乏事实依据，不予支持。

法院综合考虑认为，甲信托公司在管理案涉信托业务过程中的过错行为一定程度造成了吴某损失，而吴某同时系相关刑事判决的被害人，其民事权利可先通过刑事追赃、退赔方式得以保障，应对吴某涉案损失承担20%的补充赔偿责任，具体数额经核算确定为20万元。故判决：甲信托公司应就吴某刑事追赃程序追索不成的损失在20万元的范围内承担补充赔偿责任。

裁判意义

通道类信托业务在业务模式上偏离了信托业“受人之托，代人理财”的传统模式，权利义务设置上也有别于传统法律关系的基本结构。该案为全国首例判决信托公司在通道类业务中承担民事侵权责任的案件，入选2020年全国法院十大商事案例。该案积极回应了业界极为关注的信托公司在通道类业务中是否应当免责的问题。

该案中，法院明确信托公司虽仅负事务性管理之责，但仍应秉持审慎原则开展经营，并履行必要的注意义务。该司法观点反映了当前司法实践顺应宏观金融监管政策变化趋势，理性应对前期信托实践中的乱象和痛点，对通道业务中信托公司放任纵容违法募集、无视监管风控程序、随意出具虚假证明文件等行为严格追责，厘清了信托公司合法审慎经营的权责边界，同时也积极回应了投资者诉求，给予了受损投资者合理的经济赔偿，为解决同类金融产品兑付风险引发的纠纷提供了可行路径。

034. 金融机构和投资者应根据各自过错，对理财产品投资损失承担相应责任①

裁判要旨

金融机构向客户销售金融产品时应当遵守投资者适当性原则，如果其未全面履行风险评级、风险提示以及推介符合客户风险承受能力的金融产品等义务，造成投资者损失的，应当承担相应责任。具有一定投资经验的投资者在明知投资风险并承诺自担投资风险的情况下，自主选择超过其风险承受能力的理财产品发生亏损的，亦应自担相应投资风险。

基本案情：2011 年 3 月，胡某在甲银行处认购乙基金公司为管理人的 100 万元开放式基金，约定投资范围为 A 股、股指期货、基金、债券、权证等，胡某在交易凭条上签字确认，签名下方记载，“本人充分知晓投资开放式基金的风险，自愿办理甲银行代理的基金业务，自担投资风险”；胡某在交易凭条背面的《风险提示函》下方签字。胡某风险承受能力评级及适合购买的产品为稳健型。同日，胡某提交的《个人产品理财业务交易信息确认表》记载：“根据贵行为本人进行的风险评估结果显示，本人不适宜购买本产品。但

① 《2019 年度上海法院金融商事审判十大案例》（2020 年 5 月 18 日发布），二、金融机构和投资者应根据各自过错对理财产品投资损失承担相应责任——胡某诉甲银行、乙基金公司财产损害赔偿纠纷，载上海市高级人民法院网，https：//www. hshfy. sh. cn/shfy/web/xxnr. jsp？ pa = aaWQ9MjAyMTg2NTAmeGg9MSZsbWRtPWxtMDQxz，最后访问日期：2023 年 7 月 4 日。

本人认为，本人已经充分了解并清楚知晓本产品的风险，愿意承担相关风险，并有足够的风险承受能力和投资分辨能力购买该产品。现特别声明此次投资的决定和实施是本人自愿选择，其投资结果引致风险由本人自行承担。”涉案合同文本后附《股指期货交易风险提示函》中资产委托人落款处为空白。另查明，胡某曾于2010年购买100万元与本案理财产品结构类似的基金并盈利，且担任某公司股东。再查明，自2015年起，胡某开始从事股权投资，投资金额较高。之后，因涉案理财产品发生亏损，胡某以甲银行主动推介高于其风险承受能力的理财产品为由，起诉要求甲银行赔偿投资损失180642.62元及利息。

裁判结果：上海市高级人民法院于2019年10月8日作出（2016）沪民再31号民事判决：甲银行赔偿胡某损失72142.95元，驳回胡某的其余诉讼请求。

裁判理由：法院认为，涉案理财产品的损失分担应结合双方的过错责任的大小予以综合考量。首先，根据风险评估结果，胡某系稳健型投资者，其风险承受能力高于“保护本金不受损失和保持资产的流动性为首要目标”的保守型投资者。胡某作为具备通常认知能力的自然人，在甲银行履行风险提示义务的情况下，对其从事的交易行为的风险与上述书面承诺可能的法律后果应属明知。从胡某的投资经验来看，在购买本案系争理财产品之前，其曾经购买与本案系争理财产品风险等级相当的理财产品，并获得盈利，结合胡某曾担任某公司股东及之后从事股权投资等风险较高投资行为等情形综合考量，胡某应系具备一定经验的金融投资者，因此对系争理财产品发生亏损的风险应有所预期。在胡某书面承诺愿意自担风险，在无证据证明甲银行存在主动推介行为的情况下，按照“卖者尽责、买者自负”原则，胡某应自担涉案理财产品本金损失的主要责任。其次，甲银行在销售系争理财产品过程中风险提示手续不完备，未充分、完整地履行理财产品的风险提示义务，存在过错，应对本金损失承担相应赔偿责任，鉴于胡某本人对本金损失承担主要责任，甲银行承担的赔偿责任可以适当减轻，应承担40%的赔偿责任。

裁判意义

近年来，金融消费者权益保护的理念不断深化，金融消费者保护机制日趋健全，金融机构的投资者适当性管理义务受到社会的广泛关注。金融机构对于金融产品的交易模式以及金融市场风险的认知能力显著高于普通金融投资者。在理财产品销售活动中，金融机构应按照监管规定的要求，做好投资者风险等级评估，在充分了解投资者的认知水平与风险承受能力的基础上，合理引导投资者从事与其认知水平与风险承受能力相适应的金融交易。法院在审理涉及金融机构投资者适当性管理义务的民事赔偿纠纷案件中，应遵循“卖者尽责、买者自负”的裁判理念与价值取向，合理界定投资者与金融机构的权利义务边界。本案中，法院在综合考量双方过错的基础上，确立了投资者与金融机构之间应按照各自的过错程度分担损失的裁判规则，体现了司法裁判在确立金融交易规则与倡导正确投资理念上的价值引领功能。

（三）裁判依据

《中华人民共和国民法典》

第一百七十九条 承担民事责任的方式主要有：

……

（八）赔偿损失；

……

第二百三十八条 侵害物权，造成权利人损害的，权利人可以依法请求损害赔偿，也可以依法请求承担其他民事责任。

第二编　所有权纠纷

一、侵害集体经济组织成员权益纠纷

（一）地方法院典型案例

035. 随母落户村集体生活，女儿取得集体经济组织成员资格①

基本案情：万某（女）系某村民小组的集体经济组织成员，葛某系万某女儿。葛某于2018年8月28日因出生申报，将其户籍随母亲万某落户在该村民小组处，此后一直在该村民小组生活、居住。自2021年起，当地先后5次对村民小组的集体土地进行征收。2022年10月，该村民小组通过社员大会讨论，以葛某系随母落户的子女为由，决定不将其纳入分配范围。为此，葛某以其具有集体经济组织成员资格，村民小组侵害其成员权益为由向法院提起诉讼。

裁判结果：法院经审理认为，农村集体经济组织成员资格的认定，应当以是否在集体经济组织中形成较为固定的生产、生活关系，是否将农村集体土地作为基本生活保障，并结合当事人是否具有依法登记的集体经济组织所在地常住户口进行判断。万某具有集体经济组织成员资格，其女葛某因出生申报，随母落户于村民小组，且此后葛某一直在该村民小组生活、居住，故

① 《守护“她”权益，赋予“她”力量》（重庆市第一中级人民法院2023年3月2日发布），四、随母落户村集体生活，女儿取得成员资格，载重庆市第一中级人民法院微信公众号，https：//mp. weixin. qq. com/s/B4s6HdVenNRjuePwXNYzTQ，最后访问日期：2023年7月4日。

应当认定葛某取得了村民小组的集体经济组织成员资格，依法享有与同一集体经济组织其他成员同等的权利。因此，法院认定村民小组的行为损害了葛某的成员权益，判决村民小组向葛某支付土地补偿款。

典型意义

本案系法院在审理涉农案件中维护妇女及其子女成员权益的典型案例。《中华人民共和国妇女权益保障法》第二条第二款规定："国家采取必要措施，促进男女平等，消除对妇女一切形式的歧视，禁止排斥、限制妇女依法享有和行使各项权益。"第五十五条第一款规定："妇女在农村集体经济组织成员身份确认、土地承包经营、集体经济组织收益分配、土地征收补偿安置或者征用补偿以及宅基地使用等方面，享有与男子平等的权利。"村民小组决定随母落户的子女不参与成员权益分配，却认可随父落户的子女参与分配，根源在于对女性存在区别对待。本案明确了随母落户不影响子女的集体经济组织成员资格，有利于规范农村地区涉农权益的分配，消除对妇女在农村集体经济组织成员资格方面的歧视，引导农村地区妇女及其子女依法维权，促进男女实质平等。

036. 未成年人集体经济组织成员权益的保障[①]

基本案情：原告石某系集体经济组织成员，原告母亲陈某户籍一直在被告处，与被告建立有土地承包关系。2019年9月11日，被告确认原告母亲持有被告所在东瑶村股份经济合作社股份10股。原告自出生随母亲落户在被告处，依法取得被告集体经济组织成员资格。被告集体所有的土地被依法征收，

① 《权威发布！福建法院未成年人权益保护典型案例》（2022年5月30日发布），三、石某与东瑶村民小组侵害集体经济组织成员权益纠纷案——未成年人集体经济组织成员权益的保障，载福建法院网，https：//fjfy. fjcourt. gov. cn/article/detail/2022/05/id/6713356. shtml，最后访问日期：2023年7月4日。

取得相应征地补偿款。2019 年 11 月 22 日，被告决定二次分配征地补偿款，对 2018 年 7 月 1 日至 2019 年 6 月 30 日新出生未取得承包地的人员每人发放新增人口补偿款 50000 元。被告却以原告系外嫁女子女为由拒绝将上述款项发放给原告，损害了原告的合法权益。原告为维护自身合法权益，遂向法院提起诉讼，请求判令：被告支付原告征地补偿款 50000 元。

裁判结果：海沧法院经审理认为：本案系侵害集体经济组织成员权益纠纷。原告石某的母亲陈某系被告集体经济组织成员，享有土地承包经营权，原告出生后随母亲落户被告处，也居住生活在被告处，其自出生之日起即原始取得被告的集体成员资格，系被告集体经济组织的新增成员。农村集体土地属村民集体所有，土地被征收后，村民小组决定在本集体经济组织内部分配已经收到的征地补偿款，对其集体成员应同等对待。通过法律规定的民主议定程序，村民小组在决定征地补偿款的分配数额方面享有较大的自主权，但村民小组在民主议定分配方案确定分配对象时，应当遵循男女平等原则，避免剥夺具有本集体经济组织成员资格的人分配征地补偿款的权利。根据《最高人民法院关于审理涉及农村土地承包纠纷案件适用法律问题的解释》第二十四条规定，“农村集体经济组织或者村民委员会、村民小组，可以依照法律规定的民主议定程序，决定在本集体经济组织内部分配已经收到的土地补偿费。征地补偿安置方案确定时已经具有本集体经济组织成员资格的人，请求支付相应份额的，应予支持”，原告请求被告支付征地补偿款 50000 元，具有事实和法律依据，应予以支持。本案当事人均未上诉，一审判决已生效。

典型意义

本案涉及认定未成年人是否属于集体经济组织成员，是否具有集体经济组织成员资格，是否享有集体经济组织成员资格的权益。本案依据未成年人的生活基础系依赖于其父母，父母双方或者一方具有本集体经济组织成员资格，其自出生就落户于该集体经济组织，则未成年人基于出生自然取得该集体经济组织成员资格，即原始取得该集体经济组织成员资格。本案对保障未成年人作为集体经济组织成员权益具有重要意义。

（二）裁判依据

《中华人民共和国民法典》

第二百六十一条 农民集体所有的不动产和动产，属于本集体成员集体所有。

下列事项应当依照法定程序经本集体成员决定：

（一）土地承包方案以及将土地发包给本集体以外的组织或者个人承包；

（二）个别土地承包经营权人之间承包地的调整；

（三）土地补偿费等费用的使用、分配办法；

（四）集体出资的企业的所有权变动等事项；

（五）法律规定的其他事项。

第二百六十二条 对于集体所有的土地和森林、山岭、草原、荒地、滩涂等，依照下列规定行使所有权：

（一）属于村农民集体所有的，由村集体经济组织或者村民委员会依法代表集体行使所有权；

（二）分别属于村内两个以上农民集体所有的，由村内各该集体经济组织或者村民小组依法代表集体行使所有权；

（三）属于乡镇农民集体所有的，由乡镇集体经济组织代表集体行使所有权。

第二百六十三条 城镇集体所有的不动产和动产，依照法律、行政法规的规定由本集体享有占有、使用、收益和处分的权利。

第二百六十四条 农村集体经济组织或者村民委员会、村民小组应当依照法律、行政法规以及章程、村规民约向本集体成员公布集体财产的状况。集体成员有权查阅、复制相关资料。

第二百六十五条 集体所有的财产受法律保护，禁止任何组织或者个人侵占、哄抢、私分、破坏。

农村集体经济组织、村民委员会或者其负责人作出的决定侵害集体成员合法权益的，受侵害的集体成员可以请求人民法院予以撤销。

二、建筑物区分所有权纠纷

（一）最高人民法院指导案例

037. 缴纳专项维修资金的义务是一种旨在维护共同或公共利益的法定义务，其只存在补缴问题，不存在因时间经过而可以不缴的问题[①]

上海市虹口区久乐大厦小区业主大会诉上海环亚实业总公司业主共有权纠纷案

（最高人民法院审判委员会讨论通过 2016年9月19日发布）

关键词：民事/业主共有权/专项维修资金/法定义务/诉讼时效

裁判要点

专项维修资金是专门用于物业共用部位、共用设施设备保修期满后的维修和更新、改造的资金，属于全体业主共有。缴纳专项维修资金是业主为维护建筑物的长期安全使用而应承担的一项法定义务。业主拒绝缴纳专项维修资金，并以诉讼时效提出抗辩的，人民法院不予支持。

① 最高人民法院指导案例65号。

相关法条

《中华人民共和国民法通则》第一百三十五条

《中华人民共和国物权法》第七十九条、第八十三条第二款

《物业管理条例》第七条第四项、第五十四条第一款、第二款

基本案情：2004年3月，被告上海环亚实业总公司（以下简称环亚公司）取得上海市虹口区久乐大厦底层、二层房屋的产权，底层建筑面积691.36平方米、二层建筑面积910.39平方米。环亚公司未支付过上述房屋的专项维修资金。2010年9月，原告久乐大厦小区业主大会（以下简称久乐业主大会）经征求业主表决意见，决定由久乐业主大会代表业主提起追讨维修资金的诉讼。久乐业主大会向法院起诉，要求环亚公司就其所有的久乐大厦底层、二层的房屋向原告缴纳专项维修资金57566.9元。被告环亚公司辩称，其于2004年获得房地产权证，至本案诉讼有6年之久，原告从未主张过维修资金，该请求已超过诉讼时效，不同意原告诉请。

裁判结果：上海市虹口区人民法院于2011年7月21日作出（2011）虹民三（民）初字第833号民事判决：被告环亚公司应向原告久乐业主大会缴纳久乐大厦底层、二层房屋的维修资金57566.9元。宣判后，环亚公司向上海市第二中级人民法院提起上诉。上海市第二中级人民法院于2011年9月21日作出（2011）沪二中民二（民）终字第1908号民事判决：驳回上诉，维持原判。

裁判理由：法院生效裁判认为：《中华人民共和国物权法》第七十九条规定，“建筑物及其附属设施的维修资金，属于业主共有。经业主共同决定，可以用于电梯、水箱等共有部分的维修”。《物业管理条例》第五十四条第二款规定，“专项维修资金属于业主所有，专项用于物业保修期满后物业共用部位、共用设施设备的维修和更新、改造，不得挪作他用”。《住宅专项维修资金管理办法》（建设部、财政部令第165号）第二条第二款规定，“本办法所称住宅专项维修资金，是指专项用于住宅共用部位、共用设施设备保修期满

后的维修和更新、改造的资金”。依据上述规定，维修资金性质上属于专项基金，系为特定目的，即为住宅共用部位、共用设施设备保修期满后的维修和更新、改造而专设的资金。它在购房款、税费、物业费之外，单独筹集、专户存储、单独核算。由其专用性所决定，专项维修资金的缴纳并非源于特别的交易或法律关系，而是为了准备应急性地维修、更新或改造区分所有建筑物的共有部分。由于共有部分的维护关乎全体业主的共同或公共利益，所以维修资金具有公共性、公益性。

《物业管理条例》第七条第四项规定，业主在物业管理活动中，应当履行按照国家有关规定交纳专项维修资金的义务。第五十四条第一款规定：“住宅物业、住宅小区内的非住宅物业或者与单幢住宅楼结构相连的非住宅物业的业主，应当按照国家有关规定交纳专项维修资金。”依据上述规定，缴纳专项维修资金是为特定范围的公共利益，即建筑物的全体业主共同利益而特别确立的一项法定义务，这种义务的产生与存在仅仅取决于义务人是否属于区分所有建筑物范围内的住宅或非住宅所有权人。因此，缴纳专项维修资金的义务是一种旨在维护共同或公共利益的法定义务，其只存在补缴问题，不存在因时间经过而可以不缴的问题。

业主大会要求补缴维修资金的权利，是业主大会代表全体业主行使维护小区共同或公共利益之职责的管理权。如果允许某些业主不缴纳维修资金而可享有以其他业主的维修资金维护共有部分而带来的利益，其他业主就有可能在维护共有部分上支付超出自己份额的金钱，这违背了公平原则，并将对建筑物的长期安全使用，对全体业主的共有或公共利益造成损害。

基于专项维修资金的性质和业主缴纳专项维修资金义务的性质，被告环亚公司作为久乐大厦的业主，不依法自觉缴纳专项维修资金，并以业主大会起诉追讨专项维修资金已超过诉讼时效进行抗辩，该抗辩理由不能成立。原告根据被告所有的物业面积，按照同期其他业主缴纳专项维修资金的计算标准算出的被告应缴纳的数额合理，据此判决被告应当按照原告诉请支付专项维修资金。

（二）最高人民法院公报案例及典型案例

038. 不能办理产权登记成为特定业主所有权的客体的地上车位，属于业主共有[①]

重庆市豪运房地产开发有限公司诉重庆市九龙坡区西彭帝景豪苑业主委员会车位纠纷案

裁判摘要

小区建设完成之后，随小区房屋的出售，小区建设区划内的土地使用权也随之转移至小区业主，小区的共有部分土地使用权归小区业主共有。不能办理产权登记成为特定业主所有权的客体的地上车位，不能成为享有专有权的专有部分，该部分占用业主共有的道路或者其他场地用于停放汽车的车位，属于业主共有。

中华人民共和国最高人民法院

民事裁定书

（2017）最高法民申2817号

再审申请人（一审原告、二审上诉人）：重庆市豪运房地产开发有限公司。住所地：重庆市江北区杨河二村71号4-3号。

负责人：刘安红，该公司总经理。

委托诉讼代理人：骆志刚。

① 参见《最高人民法院公报》2021年第2期。

被申请人（一审被告、二审被上诉人）：重庆市九龙坡区西彭帝景豪苑业主委员会。住所地：重庆市九龙坡区西彭帝景豪苑小区内。

负责人：徐二毛，该业主委员会主任。

再审申请人重庆市豪运房地产开发有限公司（以下简称豪运公司）因与被申请人重庆市九龙坡区西彭帝景豪苑业主委员会（以下简称帝景豪苑业委会）车位纠纷一案，不服重庆市高级人民法院（2016）渝民终7号民事判决，向本院申请再审。本院依法组成合议庭对本案进行了审查，现已审查终结。

豪运公司申请再审称，（一）原判决适用法律错误。帝景豪苑小区建设用地使用权是豪运公司出资取得的，豪运公司是土地使用权人，根据《中华人民共和国物权法》（以下简称《物权法》）第一百四十二条之规定，帝景豪苑小区建筑区划内规划的地上停车位应当归豪运公司所有。原判决未适用《物权法》第一百四十二条，而适用《重庆市物业管理条例》第六十三条第二款，属于适用法律错误。（二）原判决认定案涉车位系占用业主共有的道路或者其他场地的车位，缺乏事实依据。小区的绿化面积、共有面积、交通道路，经政府相关部门验收合格，备案可查。小区绿化还超过了规划面积，不存在任何占用共有面积的情况。综上，豪运公司根据《中华人民共和国民事诉讼法》第二百条第二项、第六项规定申请再审。

帝景豪苑业委会提交意见称，案涉车位属于小区业主共有，豪运公司不享有权利。（一）案涉车位使用的是全体业主共有的土地使用权。豪运公司给小区业主办理了房屋初始登记及转移登记后业主共同享有小区全部土地使用权。根据《物权法》第七十四条第三款的规定，占用了业主共有道路或场地，车位就应属业主共有。（二）豪苑公司不能取得案涉车位的所有权证，案涉车位不属于专有部分，产权应归全体业主共有。（三）案涉车位未计入容积率，且不参与规划建设用地面积分摊，产权应归业主共有。

本院经审查认为，本案焦点问题是：一、原判决适用法律是否确有错误；

二、原判决认定基本事实是否缺乏证据证明。

（一）原判决适用法律是否确有错误

豪运公司申请再审认为原判决适用法律错误，应适用《物权法》第一百四十二条，而不应适用《重庆市物业管理条例》第六十三条第二款。《物权法》第一百四十二条规定，“建设用地使用权人建造的建筑物、构筑物及其附属设施的所有权属于建设用地使用权人，但有相反证据证明的除外”，而《重庆市物业管理条例》第六十三条第二款规定，“建设单位依法取得车位、车库权属登记后，可以向业主出售车位、车库。拟出售的车位、车库数量等于或低于物业管理区域的房屋套数时，每户业主只能购买一个车位或车库”，两者并不矛盾。由于豪运公司向小区业主出售房屋，小区内的土地使用权也转移至小区业主，小区共有部分土地使用权归小区业主共有。故豪运公司关于适用《物权法》第一百四十二条之规定，本案所涉地上停车位应归其所有的主张不能成立。原判决适用《重庆市物业管理条例》第六十三条第二款之规定，在于明确建设单位只有取得车位、车库权属登记之后才能进行出售，而案涉车位不能取得产权登记，因此不能进行出售。故原判决适用《重庆市物业管理条例》第六十三条第二款并无不当。豪运公司关于原判决适用法律错误的申请再审事由不能成立，本院不予支持。

（二）原判决认定基本事实是否缺乏证据证明

根据《最高人民法院关于审理建筑物区分所有权纠纷案件具体应用法律若干问题的解释》第二条第一款关于“建筑区划内符合下列条件的房屋，以及车位、摊位等特定空间，应当认定为物权法第六章所称的专有部分：（一）具有构造上的独立性，能够明确区分；（二）具有利用上的独立性，可以排他使用；（三）能够登记成为特定业主所有权的客体”之规定，案涉车位不能办理产权登记，因此其不能成为享有专有权的专有部分。即使豪运公司在建造帝景豪苑小区时支付了建筑区划内的土地使用权出让金，成为建设用地使用权人，但是小区建设完成之后，随小区内房屋的出售，小区建筑区划内的土地使用权也随之转移，小区的共有部分土地使用权归小区业主共有。由于案涉车位不能办理产权登记，不能成为专有部分，原判决确认该部分停车位属于占用业主共有的道路或者其他场地用于停放汽车的车位并无不当。而开发商建设的小区经验收合格，是开发商的基本义务，且绿化是否超过规划面积对认定停车位是否占用业主共有场地没有必然联系。故豪运公司关于原判决认定案涉车位系占用业主共有的道路或者其他场地的车位，缺乏事实依据的申请再审事由不能成立。

综上所述，豪运公司的再审申请不符合《中华人民共和国民事诉讼法》第二百条第二项、第六项规定的情形。依照《中华人民共和国民事诉讼法》第二百零四条第一款、《最高人民法院关于适用〈中华人民共和国民事诉讼法〉的解释》第三百九十五条第二款规定，裁定如下：

驳回重庆市豪运房地产开发有限公司的再审申请。

039. 房屋承租人将住宅改变为经营性用房的，是否应当经过有利害关系的业主同意①

张一诉郑中伟、中国联合网络通信有限公司武汉市分公司建筑物区分所有权纠纷案

裁判摘要

在审理建筑物区分所有权案件时，即使业主对房屋的使用没有给其他区分所有权人造成噪声、污水、异味等影响，只要房屋的用途发生改变，由专供个人、家庭日常生活居住使用改变为用于商业、工业、旅游、办公

① 参见《最高人民法院公报》2014 年第 11 期。

等经营性活动，即可认定该行为影响了业主的安宁生活，属于将住宅改变为经营性用房，应依照《中华人民共和国物权法》第七十七条关于业主改变住宅用途的规定处理。

房屋使用人将住宅改变为经营性用房的，应承担与业主相同的法定义务，除遵守法律、法规和管理规约外，还应当经有利害关系的业主同意。

原告：张一。

被告：郑中伟。

被告：中国联合网络通信有限公司武汉市分公司，住所地：武汉市东西湖区金银湖马池路。

原告张一因与被告郑中伟、中国联合网络通信有限公司武汉市分公司（以下简称联通武汉分公司）发生建筑物区分所有权纠纷，向湖北省武汉市武昌区人民法院提起诉讼。

原告张一诉称：被告郑中伟系武汉市武昌区中北路白玫瑰花苑×栋×单元A室的业主。2011年12月，被告郑中伟与被告联通武汉分公司未经小区内相关业主的同意，擅自将光纤传输机柜、电源柜、蓄电池等设备安置在A室，将A室建成通信机房，该机房24小时运转，无人值班，存在安全隐患，相关业主及白玫瑰花苑物业管理处曾多次对两被告进行劝阻，但两被告均未予理会。现原告诉至法院要求判令两被告拆除位于武汉市武昌区中北路白玫瑰花苑×栋×单元A室的光纤传输设备，恢复房屋住宅用途，并承担本案诉讼费用。

原告张一提交了如下证据：

1. 产权登记信息查询单1份，证明位于武昌区中北路白玫瑰花苑×栋×单元A室房屋所有权人为被告郑中伟，该房屋的设计用途是住房。

2. 武房权证洪字第2007010794号房屋所有权证1份，证明原告张一的住房在被告郑中伟房屋的楼下，是与本案有利害关系的业主。

3. 照片五张、关于武汉联通在中北路白玫瑰花苑小区放置光纤传输设备的说明1份、违约窃电停（限）电通知书1份，证明中北路白玫瑰花苑×栋×单元A室里放置着光纤传输设备，联通公司将其改建为通信机房，被告郑中伟在A室使用380伏非家用电源。

4. 证人叶国军、证人马占军的证言。证明证人都是与白玫瑰花苑×栋×单元A室房屋有利害关系的业主，证人不同意将白玫瑰花苑×栋×单元A室房屋改为经营性用房，要求拆除相关光纤传输设备。

5. 依原告张一申请法院到武汉武昌供电公司武昌供电营业厅取得的违约窃电停（限）电通知书1份。

被告郑中伟辩称：郑中伟是武昌区中北路白玫瑰花苑×栋×单元A室的业主，依据相关法律规定对此房屋享有使用、处分的权利，将房屋出租给联通武汉分公司的行为是合法合理，并没有给其他业主造成危害，也没有任何的安全隐患；白玫瑰花苑物业管理处确实下了整改通知，但我们认为是无效的，白玫瑰花苑小区另有各种公共服务公司的设备安放在业主共有的公共区域内，而联通公司的设备只放置在本人房屋内，并没有占用任何公摊面积；请求依法驳回原告的诉讼请求，本案诉讼费用由原告承担。

被告联通武汉分公司辩称：依据《电信条例》和《中华人民共和国物权法》，联通武汉分公司与被告郑中伟签订租赁合同后有权放置电信设备；联通武汉分公司放置电信设备的房间不属于经营性用房，没有对小区居民生活造成任何影响；请求依法驳回原告张一的诉讼请求。

湖北省武汉市武昌区人民法院一审查明：

被告郑中伟于2003年4月28日取得位于武汉市武昌区中北路白玫瑰花苑×栋×单元A室、设计用途住宅的房屋（以下简称A室房屋）的房屋所有权证，张一于2007年取得位于武汉市武昌区中北路白玫瑰花苑×栋×单元B室、设计用途住宅的房屋的房屋所有权证。郑中伟与张一系同一单元上下楼层邻居关系。

被告联通武汉分公司于 2010 年 5 月 13 日与武汉市公安局等签订武汉市城市视频监控系统项目建设、运维服务和租赁合同。

刘保姣（被告郑中伟之嫂）于 2011 年 10 月 8 日与被告联通武汉分公司签订白玫瑰花苑通信机房租赁合同，约定联通武汉分公司利用 A 室房屋建设通信机房，租期自 2011 年 10 月 8 日起至 2015 年 10 月 7 日止，年租金为 29800 元；刘保姣负责周边群众的协调工作，保证联通武汉分公司正常施工及日常维护；联通武汉分公司保证改造、装修房屋不影响房屋的建筑结构安全，设备在工作中或因老化等不影响周边群众的生活、休息。

被告联通武汉分公司于 2011 年 12 月入驻使用 A 室房屋至今。与此同时，郑中伟之兄郑中良仍居住使用 A 室房屋。

白玫瑰花苑物业管理处、白玫瑰花苑业主自 2012 年 3 月 19 日起，多次要求 A 室房屋业主“停止生产经营、恢复原住房性质、消除安全隐患”。

被告联通武汉分公司于 2012 年 4 月 8 日领取武汉市重大项目认定证书，载明项目名称为无线城市综合项目——“中国联通无线城市”，有效期至 2014 年 4 月 8 日。

武汉武昌供电公司于 2012 年 7 月 17 日认为 A 室房屋业主存在高价低接用电行为，发出违约窃电停（限）电通知。

被告联通武汉分公司在 A 室房屋内放置光纤传输机柜作为数据传输汇聚节点，用以建设有线光纤传输宽带网络，解决“平安城市”视频监控录像传输、无线城市综合项目 WLAN（无线宽带局域网）、周边居民小区宽带、固定电话等接入业务的汇聚、交换需求。

原告张一于 2013 年 1 月 16 日起诉被告郑中伟、联通武汉分公司至法院，请求判令郑中伟、联通武汉分公司拆除位于武汉市武昌区中北路白玫瑰花苑×栋×单元 A 室房屋内的光纤传输设备，恢复房屋住宅用途。

湖北省武汉市武昌区人民法院一审认为：

本案案由应确定为建筑物区分所有权纠纷。《中华人民共和国物权法》

第七十七条的立法目的，实际上主要针对的是利用住宅从事经营生产企业，规模较大的餐饮及娱乐、洗浴或者作为公司办公用房等动辄给其他区分所有权人带来噪音、污水、异味、过多外来人员出入等影响其安宁生活的营业行为，即并非所有将住宅改变的行为都是《中华人民共和国物权法》第七十七条规制的行为。被告郑中伟、武汉联通公司并未改变涉案房屋的住宅性质，即或改变亦是用于公益事业，且原告张一未提供其房屋价值、生活质量受到或者可能受到不利影响的证据。故对原告的诉请，不予支持。

据此，武汉市武昌区人民法院依照《中华人民共和国民事诉讼法》第六十四条的规定，于2013年9月26日判决：

驳回原告张一的诉讼请求。

张一不服一审判决，向湖北省武汉市中级人民法院提起上诉称：一、一审判决遗漏重大事实，且认定事实错误。被上诉人联通武汉分公司在一审提交的证据四即2012年5月13日武汉市城市视频监控系统项目建设、运维服务和租赁合同书中，合同金额高达数亿元，一审判决遗漏此重大事实，导致错误认定被上诉人郑中伟、被上诉人联通武汉分公司没有改变讼争房屋的住宅性质，即或改变也是用于公益事业。被上诉人郑中伟在一审提交的证据二即2013年3月25日照片两张，照片的内容只是一些生活用品，一审以此证据认定郑中伟的哥哥郑中良一直居住使用302室房屋，属于认定事实错误。二、一审判决擅自进行司法解释明显违法。一审判决错误地将《中华人民共和国物权法》第七十七条的立法目的解释为主要针对的是利用住宅从事经营生产企业，规模较大的餐饮及娱乐、洗浴或者公司办公用房等动辄给其他区分所有权人带来噪声、污水、异味、过多外来人员出入等影响其安宁生活的营业行为，而《中华人民共和国立法法》规定，法律解释权属于全国人民代表大会常务委员会，一审的解释行为违背了《中华人民共和国立法法》的规定。三、两被上诉人的行为已经严重侵犯有利害关系业主的权利，人民法院应责令其立即拆除以消除隐患。综上，请求：一、依法撤销一审判决，发回重审，或者查清事实后予以改判；二、判令两被上诉人拆除位于武汉市武昌区中北路白玫瑰花苑×栋×单元A室房屋的光纤传输设备，恢复房屋住宅用途。

上诉人张一在二审中提交了一份证据，即民事上诉状一份，证明全体业主反对被上诉人联通武汉分公司的行为。

被上诉人郑中伟答辩称：一、郑中伟将自有产权房屋租赁给被上诉人联通武汉分公司合理合法。《中华人民共和国物权法》赋予所有权人对自身动产或不动产享有占有、使用、收益权。二、一审判决合情合理。一审法院对《中华人民共和国物权法》第七十七条所作的解释正确。现行法律没有规定答辩人将房屋租赁给联通武汉分公司安装光纤设备的行为违法。三、答辩人不仅在一审中提交照片证明房屋可以正常居住，而且一审法院审判人员也实地查看过讼争房屋，房屋内有人居住生活。四、上诉人张一声称联通武汉分公司侵犯其权利，但没有举出证据证明到底侵犯其何种权利。联通武汉分公司曾请专业人员对辐射进行检测，没有检测出辐射，但上诉人不相信该意见。五、小区公共场所内还有其他通信设备，如果要拆除答辩人家中的通信设备，小区公共场所内的其他通信设备也应当拆除。综上，请求二审法院驳回上诉，维持原判。

被上诉人郑中伟在二审中提交一份证据，即近1年的水、电、燃气的发票一套，证明讼争房屋内一直有人居住生活。

被上诉人联通武汉分公司答辩称：上诉人张一片面理解了公益事业的概念。联通武汉分公司的情况与电力公司、自来水公司相似，虽然对用户收取费用，但仍然是公益事业。请求二审法院驳回上诉，维持原判。

被上诉人联通武汉分公司在二审中提交一份证据，即《武汉市人民政府办公厅关于进一步加强无线城市建设工作的通知》一份，证明武汉市人民政府要求全社会支持基础设施建设，支持无线城市建设，严格落实《住宅区和住宅建筑内光纤到户通信设施工程设计规范》和《住宅区和住宅建筑内光纤到户通信设施工程施工及验收规范》两项国家标准要求。

湖北省武汉市中级人民法院经二审，确认了一审查明的事实。

另查明，被上诉人郑中伟对刘保姣于2011年10月8日与被上诉人联通武汉分公司签订的白玫瑰花苑通信机房租赁合同予以认可。联通武汉分公司于2010年5月13日与武汉市公安局签订的武汉市城市视频监控系统项目建设、运维服务和租赁合同约定，合同基准价即招标采购过程中联通武汉分公司和金鹏电子信息机器有限公司的中标价格为1.86亿元。

本案二审的争议焦点是：一、被上诉人联通武汉分公司在讼争房屋内放置光纤传输机柜作为数据传输汇聚节点的行为是否属于将住宅改变为经营性用房；二、如果联通武汉分公司的上述行为属于将住宅改变为经营性用房，是否应当经过上诉人张一的同意。

湖北省武汉市中级人民法院二审认为：

一、关于第一个争议焦点。

被上诉人联通武汉分公司在讼争房屋内放置光纤传输机柜作为数据传输汇聚节点的行为，属于将住宅改变为经营性用房。理由如下：住宅是指专供个人、家庭日常生活居住使用的房屋。经营性用房是指用于商业、工业、旅游、办公等经营性活动的房屋。两者因用途不同而有本质区别。住宅的用途主要是生活居住，经营性用房的用途主要是经营性活动。本案中，联通武汉分公司租赁讼争房屋用于放置光纤传输机柜作为数据传输汇聚节点，以建设有线光纤传输宽带网络，解决“平安城市”视频监控录像传输、无线城市综合项目WLAN（无线宽带局域网）、周边居民小区宽带、固定电话等接入业务的汇聚、交换需求。从其用途可以看出，其租赁讼争房屋并不是为了生活居住，而是为了从事经营性活动，因此联通武汉分公司的上述行为属于将住宅改变为经营性用房。

二、关于第二个争议焦点。

被上诉人联通武汉分公司在讼争房屋内放置光纤传输机柜作为数据传输

汇聚节点的行为，应当经过上诉人张一的同意。理由如下：首先，联通武汉分公司将住宅改变为经营性用房的行为应当经过有利害关系的业主同意。依照《中华人民共和国物权法》第七十七条“业主不得违反法律、法规以及管理规约，将住宅改变为经营性用房。业主将住宅改变为经营性用房的，除遵守法律、法规以及管理规约外，应当经有利害关系的业主同意”的规定，业主将住宅改变为经营性用房，其行为的合法性需要同时满足两个条件：1. 遵守法律、法规以及管理规约；2. 应当经有利害关系的业主同意。即使没有违反法律、法规以及管理规约，只要没有经过有利害关系的业主同意，将住宅改变为经营性用房的行为的合法性仍不具备。《中华人民共和国物权法》第七十七条的条款语义清楚、内涵明确，一审对该条款中的“业主将住宅改变为经营性用房”作限缩性解释不当，予以纠正。依照《最高人民法院关于审理建筑物区分所有权纠纷案件具体应用法律若干问题的解释》第十条第一款“业主将住宅改变为经营性用房，未按照物权法第七十七条的规定经有利害关系的业主同意，有利害关系的业主请求排除妨害、消除危险、恢复原状或者赔偿损失的，人民法院应予支持”和第十六条第一款“建筑物区分所有权纠纷涉及专有部分的承租人、借用人等物业使用人的，参照本解释处理”的规定，联通武汉分公司作为讼争房屋的承租人将住宅改变为经营性用房，应承担与业主相同的法定义务，故也应当经过有利害关系的业主同意。

其次，上诉人张一应认定为有利害关系的业主。依照《最高人民法院关于审理建筑物区分所有权纠纷案件具体应用法律若干问题的解释》第十一条“业主将住宅改变为经营性用房，本栋建筑物内的其他业主，应当认定为物权法第七十七条所称‘有利害关系的业主’。建筑区划内，本栋建筑物之外的业主，主张与自己有利害关系的，应证明其房屋价值、生活质量受到或者可能受到不利影响”的规定，上诉人张一作为本栋建筑物内的业主，无需举证证明其房屋价值、生活质量受到或者可能受到不利影响，即可认定为有利害关系的业主。

综上，被上诉人联通武汉分公司租赁被上诉人郑中伟的房屋用于放置光纤传输机柜作为数据传输汇聚节点的行为属于将住宅改变为经营性用房，该行为未经有利害关系的业主上诉人张一的同意，依照前述《最高人民法院关于审理建筑物区分所有权纠纷案件具体应用法律若干问题的解释》第十条第一款和第十六条第一款的规定，联通武汉分公司应承担相应责任。被上诉人郑中伟明知其嫂子刘保姣将讼争房屋出租给被上诉人联通武汉分公司用于建设通信机房，仍对该房屋租赁合同予以认可，其应与联通武汉分公司共同承担责任。故对于张一关于郑中伟、联通武汉分公司拆除位于武汉市武昌区中北路白玫瑰花苑×栋×单元A室房屋的光纤传输设备、恢复房屋住宅用途的上诉请求，予以支持。一审判决认定事实清楚，但适用法律不当，据此，武汉市中级人民法院依照《中华人民共和国民事诉讼法》第一百七十条第一款第（二）项的规定，于2014年1月20日判决：

一、撤销武汉市武昌区人民法院（2013）鄂武昌民初字第00444号民事判决；

二、郑中伟、中国联合网络通信有限公司武汉市分公司于本判决生效后六十日内拆除位于武汉市武昌区中北路白玫瑰花苑×栋×单元A室房屋的光纤传输设备，恢复房屋住宅用途。

本判决为终审判决。

（三）裁判依据

《中华人民共和国民法典》

第二百零七条 国家、集体、私人的物权和其他权利人的物权受法律平等保护，任何组织或者个人不得侵犯。

第二百三十六条 妨害物权或者可能妨害物权的，权利人可以请求排除妨害或者消除危险。

第二百四十条 所有权人对自己的不动产或者动产，依法享有占有、使用、收益和处分的权利。

第二百七十五条 建筑区划内，规划用于停放汽车的车位、车库的归属，由当事人通过出售、附赠或者出租等方式约定。

占用业主共有的道路或者其他场地用于停放汽车的车位，属于业主共有。

第二百七十六条 建筑区划内，规划用于停放汽车的车位、车库应当首先满足业主的需要。

第二百七十七条 业主可以设立业主大会，选举业主委员会。业主大会、业主委员会成立的具体条件和程序，依照法律、法规的规定。

地方人民政府有关部门、居民委员会应当对设立业主大会和选举业主委员会给予指导和协助。

第二百七十八条 下列事项由业主共同决定：

（一）制定和修改业主大会议事规则；

（二）制定和修改管理规约；

（三）选举业主委员会或者更换业主委员会成员；

（四）选聘和解聘物业服务企业或者其他管理人；

（五）使用建筑物及其附属设施的维修资金；

（六）筹集建筑物及其附属设施的维修资金；

（七）改建、重建建筑物及其附属设施；

（八）改变共有部分的用途或者利用共有部分从事经营活动；

（九）有关共有和共同管理权利的其他重大事项。

业主共同决定事项，应当由专有部分面积占比三分之二以上的业主且人数占比三分之二以上的业主参与表决。决定前款第六项至第八项规定的事项，应当经参与表决专有部分面积四分之三以上的业主且参与表决人数四分之三以上的业主同意。决定前款其他事项，应当经参与表决专有部分面积过半数的业主且参与表决人数过半数的业主同意。

第二百七十九条 业主不得违反法律、法规以及管理规约，将住宅改变为经营性用房。业主将住宅改变为经营性用房的，除遵守法律、法规以及管理规约外，应当经有利害关系的业主一致同意。

第二百八十条 业主大会或者业主委员会的决定，对业主具有法律约束力。

业主大会或者业主委员会作出的决定侵害业主合法权益的，受侵害的业主可以请求人民法院予以撤销。

第二百八十一条 建筑物及其附属设施的维修资金，属于业主共有。经业主共同决定，可以用于电梯、屋顶、外墙、无障碍设施等共有部分的维修、更新和改造。建筑物及其附属设施的维修资金的筹集、使用情况应当定期公布。

紧急情况下需要维修建筑物及其附属设施的，业主大会或者业主委员会可以依法申请使用建筑物及其附属设施的维修资金。

第二百八十二条 建设单位、物业服务企业或者其他管理人等利用业主的共有部分产生的收入，在扣除合理成本之后，属于业主共有。

第二百八十三条 建筑物及其附属设施的费用分摊、收益分配等事项，有约定的，按照约定；没有约定或者约定不明确的，按照业主专有部分面积所占比例确定。

第二百八十四条 业主可以自行管理建筑物及其附属设施，也可以委托物业服务企业或者其他管理人管理。

对建设单位聘请的物业服务企业或者其他管理人，业主有权依法更换。

第二百八十五条 物业服务企业或者其他管理人根据业主的委托，依照本法第三编有关物业服务合同的规定管理建筑区划内的建筑物及其附属设施，接受业主的监督，并及时答复业主对物业服务情况提出的询问。

物业服务企业或者其他管理人应当执行政府依法实施的应急处置措施和其他管理措施，积极配合开展相关工作。

第二百八十六条 业主应当遵守法律、法规以及管理规约，相关行为应当符合节约资源、保护生态环境的要求。对于物业服务企业或者其他管理人执行政府依法实施的应急处置措施和其他管理措施，业主应当依法予以配合。

业主大会或者业主委员会，对任意弃置垃圾、排放污染物或者噪声、违反规定饲养动物、违章搭建、侵占通道、拒付物业费等损害他人合法权益的行为，有权依照法律、法规以及管理规约，请求行为人停止侵害、排除妨碍、消除危险、恢复原状、赔偿损失。

业主或者其他行为人拒不履行相关义务的，有关当事人可以向有关行政主管部门报告或者投诉，有关行政主管部门应当依法处理。

第二百八十七条 业主对建设单位、物业服务企业或者其他管理人以及其他业主侵害自己合法权益的行为，有权请求其承担民事责任。

《最高人民法院关于审理建筑物区分所有权纠纷案件适用法律若干问题的解释》

第十四条 建设单位、物业服务企业或者其他管理人等擅自占用、处分业主共有部分、改变其使用功能或者进行经营性活动，权利人请求排除妨害、恢复原状、确认处分行为无效或者赔偿损失的，人民法院应予支持。

属于前款所称擅自进行经营性活动的情形，权利人请求建设单位、物业服务企业或者其他管理人等将扣除合理成本之后的收益用于补充专项维修资金或者业主共同决定的其他用途的，人民法院应予支持。行为人对成本的支出及其合理性承担举证责任。

三、业主知情权纠纷

（一）最高人民法院公报案例及典型案例

040. 业主享有了解本小区建筑区划内涉及业主共有权及共同管理权等相关事项的权利①

孙庆军诉南京市清江花苑小区业主委员会业主知情权纠纷案

裁判摘要

业主作为建筑物区分所有人，享有知情权，享有了解本小区建筑区划内涉及业主共有权及共同管理权等相关事项的权利，业主委员会应全面、合理公开其掌握的情况和资料。对于业主行使知情权亦应加以合理限制，防止滥用权利，其范围应限于涉及业主合法权益的信息，并遵循简便的原则。

原告：孙庆军。

被告：南京市清江花苑小区业主委员会，住所地：南京市鼓楼区清江花苑圆梦园1幢101室。

原告孙庆军与被告南京市清江花苑小区业主委员会（以下简称清江花苑

① 参见《最高人民法院公报》2015年第12期。

业委会）发生业主知情权纠纷，向南京市鼓楼区人民法院提起诉讼。

原告孙庆军诉称：原告系清江花苑小区业主，本届业主委员会自2012年12月接手小区以来，管理混乱，财务收支不透明，从不公开依法应公开的信息，甚至出现违法行为，致原告等广大业主合法权益受到损害。原告曾至业委会要求查询相关信息被借故推脱。为维护业主合法权益，原告向法院提起诉讼，请求依法判决：一、被告清江花苑业委会在小区公告栏公布下列情况及资料：1. 公布清江花苑小区建筑物及附属设施的维修资金筹集使用情况；2. 公布本届业主委员会所有决定、决议和会议记录；3. 公布本届业主委员会与物业公司之间的服务合同和共有部分的使用及收益情况；4. 公布本小区停车费收支分配和车位处分情况；5. 公布本届业主委员任期内的各年度财务收支账目、收支凭证；二、诉讼费用由被告承担。

被告清江花苑业委会辩称：1. 原告孙庆军的请求应通过业主大会集体行使。现因部分业主与被告产生冲突导致业委会无法召开，故原告起诉公布事项无法通过业主大会进行公示。2. 原告要求公布维修资金的情况，被告将当庭公示原告所属单元的维修资金使用情况。而且小区维修资金的使用应向相关管理部门申报，业委会并未掌握相关情况。3. 关于车位的情况。车位使用是根据先到先用的原则分配，故无法提供具体处分情况，原告应向小区物业公司质询。对于其他的诉求，被告已经予以公示。

南京市鼓楼区人民法院经审理查明：原告孙庆军系南京市鼓楼区清风园×幢×单元××室房屋的所有权人，其房屋位于清江花苑住宅小区内。

2014年4月4日，被告清江花苑业委会于小区公告栏张贴《关于目前业委会账户资金情况的说明》，主要内容为：2014年1月27日业委会代表小区收取过街通道征地补偿款2334820元，为使公共收益保值增值，业委会工作人员于2014年2月26至28日通过网上银行分四笔合计260万借用个人账户购买两支货币基金，后应法院要求，于2014年4月3日申请赎回，4月4日本金260万元及收益10443.12元均已归入业委会公共账户，特予以公示。后被告在小区公告栏对2013年度、2014年度的业委会收支情况进行公示，2013年度收支一览表载明收支各5项；2014年度收支一览表载明收入3项、支出4项。2015年7月11日，被告在小区公告栏张贴公告，告知全体业主：小区物业变更及2014年业委会财务收支账目等信息已公布，如业主对有关信息需要进一步了解，请到业委会办公室询问和查阅。

另查明：2012年12月14日，上届清江花苑业委会与无锡市谐和物业管理有限公司（以下简称谐和公司）签订《清江花苑小区物业服务合同》，委托其对小区物业进行管理。该物业服务合同已在小区公告栏张贴。2015年3月15日，被告清江花苑业委会向谐和公司发函催缴2014年度公共收益，谐和公司答复称，将于2015年3月30日前将2014年度公共收益情况提交并公示，具体欠缴金额及结算日期将与被告商定后实施。2015年6月19日，被告在小区公告栏张贴《物业变更公示》，告知小区业主：接谐和公司通知，因其面临破产，推荐江苏启成物业服务公司（以下简称启成公司）进行托管。后被告与启成公司签订物业服务合同，并在小区公告栏公布《物业服务合同》。原告孙庆军因要求被告公开相关信息，与被告产生纠纷，诉至法院，要求判如所请。

庭审中，被告清江花苑业委会举证招标时间为2013年7月的清江花苑小区屋面、墙体防水工程的开标、评标公示、招标文件、中标通知书、维修资金申请使用征询意见表及部分公摊明细等涉及维修资金使用情况的文件。原告孙庆军对此认可，但认为被告应公布全部维修资金的情况，而非专项维修资金的情况。

南京市鼓楼区人民法院审理认为：

业主对小区公共事务和物业管理的相关事项享有知情权，可以向业委会、物业公司要求公布、查阅依法应当向业主公开，且确由业委会和物业公司掌握的情况和资料。原告孙庆军作为业主，可以向被告清江花苑业委会主张公布由被告掌握的情况和资料。根据《最高人民法院关于审理建筑物区分所有权纠纷案件具体应用法律若干问题的解释》第十三条之规定，业主有权请求公布、查阅以下资料：（一）建筑物及其附属设施的维修资金的筹集、使用情况；（二）管理规约、业主大会议事规则，以及业主大会或者业主委员会的决定及会议记录；（三）物业服务合同、共有部分的使用和收益情况；（四）建筑区划内规划用于停放汽车的车位、车库的处分情况；（五）其他应当向业主公开的情况和资料。因此被告认为原告主张的权利应通过业主大会予以集体行使的抗辩理由，没有法律依据，且有违经济、便利原则，不利于业主上述知情权利的行使与保护，因此不予支持。清江花苑业委会应保障业主对上述资料进行查阅的权利，并及时公布与业主利益相关的资料。

关于原告孙庆军请求公布清江花苑小区建筑物及附属设施的维修资金筹集使用情况的主张。建筑物及附属设施的维修资金属于业主共有，用于住宅共有部位、共用设施设备保修期满后的维修及更新，业主有权了解其使用情况。被告清江花苑业委会作为小区全体业主的代表对小区进行管理，对于维修资金的筹集及使用情况应当知晓，而且资金是否由其直接掌握不影响其对维修资金情况的公布。被告向法院提交的2013年清江花苑小区屋面、墙体防水工程等资金使用情况，仅为部分资金的使用情况，并非全部维修资金的筹集、使用情况。故对原告的该项诉请，予以支持。关于原告要求公布本届业主委员会所有决定、决议和会议记录的主张。业委会作出的决定、决议和会议记录与业主的权利紧密相关，应予公开，并提供业主查阅。在本案审理过程中，被告虽已提交了相关会议纪要等证据，但并未在小区向全体业主公布，故对原告的该项诉请，予以支持。关于原告要求公布本届业主委员会与物业公司之间的物业服务合同和共有部分的使用及收益情况的主张。被告在小区公告栏已经张贴与谐和公司、启成公司所签订的《物业服务合同》，原告亦可通过被告办公室查阅上述物业服务合同，因此对于原告该项主张，不予支持。小区共有部分使用和收益与业主的利益亦是密切相关，虽存在谐和公司未及时上缴公共收益等的问题，但是被告作为全体业主代表应及时追缴，保障业主的合法权利，并将目前的使用和收益情况及时公布。关于原告要求公布本小区停车费收支分配和车位处分情况的主张。小区共有停车位，即规划区外的车位，虽由物业公司代管，归属小区全体业主共有，业主对于小区共有部分停车费的收支分配及停车位处分情况享有知情权。被告应及时联系物业公司，及时公布上述信息。故对于原告的该项主张，予以支持。关于原告主张公布本届业主委员任期内的各年度财务收支账目、收支凭证的主张。小区财务收支与小区业主具体利益息息相关，业委会应予公布。被告虽在小区公告栏公布了 2013 年度及 2014 年度的收支一览表，项目较少且不尽详细，后被告虽在庭审中提供账目明细表及凭证，但并未履行公布的义务，因此支持原告的主张。

综上，南京市鼓楼区人民法院依照《最高人民法院关于审理建筑物区分所有权纠纷案件具体应用法律若干问题的解释》第十三条、《中华人民共和国民事诉讼法》第六十四条以及《最高人民法院关于适用〈中华人民共和国民事诉讼法〉的解释》第九十条之规定，于 2015 年 9 月 16 日作出判决：

一、被告南京市清江花苑小区业主委员会于本判决生效之日起三十日内在小区公告栏内或公共区域内张贴公布本届业主委员会成立以来清江花苑小区建筑物及附属设施的维修资金筹集、使用情况。

二、被告南京市清江花苑小区业主委员会于本判决生效之日起三十日内在小区公告栏内或公共区域内张贴公布本届业主委员会成立以来业主委员会的决定、决议和会议记录。

三、被告南京市清江花苑小区业主委员会于本判决生效之日起三十日内在小区公告栏内或公共区域内张贴公布本届业主委员会成立以来（每半年一次）清江花苑小区共有部分的使用及收益情况。

四、被告南京市清江花苑小区业主委员会于本判决生效之日起三十日内在小区公告栏内或公共区域内张贴公布本届业主委员会成立以来清江花苑小区停车费收支分配及车位处分情况。

五、被告南京市清江花苑小区业主委员会于本判决生效之日起三十日内在小区公告栏内或公共区域内张贴公布本届业主委员会成立以来各年度财务收支账目明细、收支凭证。

一审判决后，双方均未上诉，该判决已发生法律效力。

041. 业主有权请求公布、查阅维修基金的使用情况、业委会的决定及会议记录、物业服务合同、共有部分的收益情况以及其他应当向业主公开的情况和资料①

夏浩鹏等人诉上海市闸北区精文城市家园小区业主委员会业主知情权纠纷案

裁判摘要

业主知情权是指业主了解建筑区划内涉及业主共有权以及共同管理权相关事项的权利。根据《最高人民法院关于审理建筑物区分所有权纠纷案件具体应用法律若干问题的解释》第十三条的规定，业主请求公布、查阅建筑物及其附属设施的维修基金使用、业委会的决定及会议记录、共有部分的收益、物业服务合同等情况和资料的，人民法院应予支持。司法解释对于业主知情权的范围作出了明确的规定，业主以合理的方式行使知情权，应当受到法律保护。

原告：夏浩鹏。

原告：杨建平。

原告：杨荣华。

① 参见《最高人民法院公报》2011 年第 10 期。

原告：罗光亚。

原告：周修安。

被告：上海市闸北区精文城市家园小区业主委员会，住所地：上海市闸北区虬江路。

负责人：姜宏章，该业主委员会主任。

原告夏浩鹏、杨建平、杨荣华、罗光亚、周修安因与被告上海市闸北区精文城市家园小区业主委员会（以下简称精文业委会）发生业主知情权纠纷，向上海市闸北区人民法院提起诉讼。

原告夏浩鹏、杨建平、杨荣华、罗光亚、周修安诉称：五名原告系上海市闸北区精文城市家园小区业主，被告精文业委会系该小区业主委员会。根据法律规定，原告享有要求公布、查阅业委会决定及会议记录、维修基金使用情况的权利。被告应每月与开户银行核对维修基金账目，每半年向业主公布一次，但被告至今未按规定公布2007年下半年至2009年上半年小区维修基金和公共收益的有关账目情况，剥夺了原告的知情权。原告现对已公布账目中的停车费、广告费及清洗玻璃、景观灯改造及业委会值班津贴19023元有异议，被告应提供相关凭证以供原告核对。维修基金开户银行曾给被告实物回扣，被告在账目中未予公开。此外，被告选聘的上海精文物业管理有限公司（以下简称精文物业）超资质接盘，为此原告向有关部门反映，上海市闸北区住房保障和房屋管理局（以下简称闸北区房地局）在《信访答复》中称“我局曾就物业超资质接盘的问题与业委会进行沟通，业委会还专门提交报告，说明情况”，但该报告未向业主公开。原告请求判令：1. 精文业委会公布2009年7月14日闸北区房地局在《信访答复》中所提及的“为此业委会还专门提交报告”之“报告”以及“与精文城市家园业委会进行沟通”的全部情况和同意“续聘”精文物业的全部会议记录；2. 精文业委会公布关于讨论精文物业超资质接盘的业主大会或业主委员会的决定及会议记录；3. 精文业委会公布自2007年下半年至2009年上半年按每半年一次的小区维修资金和公共收益账目情况（公共收益账目具体指机动车停车费、广告费收支情况），并要求将上述账目张贴在小区及每个门牌号幢前面；4. 精文业委会提供上述账目的费用清单、发票原件和按户分摊费用清单以供原告进行核对和查询，原告享有复印权（复印费由原告承担）；5. 精文业委会向原告出示《物业服务合同》之附件，原告对该合同附件享有复印权（复印费由原告承担）；6. 精文业委会向原告出示维修资金的会计账目，原告对该账目享有复印权（复印费由原告承担）；7. 精文业委会向原告出示《物业服务合同》中提及的物业公司各项工作报告，原告享有复印权（复印费由原告承担）。

原告夏浩鹏、杨建平、杨荣华、罗光亚、周修安提交以下证据：

1. 公共收益、维修资金收入财务管理账目公布明细表以及广告展示箱、蒸汽房、灯箱的照片，旨在证明被告精文业委会公布的账目存在收支不清、部分收益未入账以及被告擅自动用公共收益资金的情况。

2. 2009年9月16日业主委员会公告、2009年7月14日闸北区房地局的《信访答复》、2008年6月10日被告精文业委会与精文物业签订的《物业服务合同》及业主大会议事规则、业主公约，旨在证明被告隐瞒精文物业超资质的情况，擅自签订《物业服务合同》，侵犯业主权益。

3. 小区灯具、玻璃墙窗的照片，旨在证明小区擦玻璃、安装灯具工程未经公示、表决。

4. 上海市商品房预售合同、2009年9月7日政府信息公开申请答复书以及精文物业资质证书，旨在证明精文物业并非商品房预售合同中约定的物业公司。

5. 2009年11月19日小区部分业主签名的《关于精文城市家园业委会侵犯业主知情权的经过》，旨在证明被告精文业委会多次侵犯业主知情权、监督权。

6. 2009年9月16日闸房管答字（2009）第36号回复，旨在证明前期物业管理合同未经备案。

7. 维修资金业主年度结存单，旨在证明维修基金开户银行定期向小区业主寄送年度结存单。

被告精文业委会辩称：1. 闸北区房地局在《信访答复》中所提及的“为此业委会还专门提交报告”、“与精文城市家园业委会进行沟通”的事实并不存在。为此，精文业委会向闸北区房地局投诉，芷江西房地办已对此做出书面澄清，所以被告无法提供五原告要求的上述材料。有关“续聘”精文物业的全部会议记录已提交法庭；2. 精文物业是经有关部门批准的前期物业，选聘是按程序选举产生。签约时，精文业委会并不知道精文物业超资质，也未就此进行过专门讨论，无法提供讨论精文物业超资质接盘的相关决定及会议记录；3. 精文业委会成立于2007年12月，自2008年始小区公共收益账目已按每半年一次在小区及每个门牌号幢张贴公布，即使账目形式上存在缺陷，并不影响其真实性。关于小区的维修基金，由于至今尚未动用，故无相关账目可供公布，且开户银行上海银行闸北支行定期向小区业主寄发业主年度结存单，故不同意原告的第三项诉讼请求；4. 已公布的收益账目中涉及业委会开支（办公费、会议费、电话费、培训费、值班津贴）的清单及发票虽在精文业委会处，但精文业委会担心原告可能做出断章取义的行为，经讨论决定不向原告提供。其他清单及发票均由精文物业保管，被告无法提供，且精文业委会认为该部分的知情权不包括在法定范围之内；5. 2008年6月精文业委会与精文物业签订的《物业服务合同》之《补充协议书》已提交法庭；6. 上海市闸北区精文城市家园小区的维修基金未曾使用，无会计账目可供提供，不同意原告的该项诉讼请求；7. 精文物业从未向精文业委会提供过书面的工作报告，双方仅是口头上的沟通，无法提供原告要求的相关材料。针对原告的诉讼请求，精文业委会还认为：原告曾向被告提出查阅相关资料的要求，精文业委会为此请示芷江西房地办，房地办根据当时的法律规定认为个人无权查阅，故精文业委会拒绝了原告的查阅请求。有关物权法司法解释实施后，原告未再与精文业委会进行沟通即提起诉讼。现精文业委会愿意按法律规定接受业主的查询，但原告的知情权仅限于司法解释规定的五项内容。此外，由于原告采取暴力手段阻碍被告的正常工作，限制业委会委员的人身自由，应芷江西房地办的要求被告已停止工作，新一届的业委会选举工作正在筹备中。

被告精文业委会提交以下证据：

1. 2009年9月18日被告精文业委会针对《信访答复》的投诉、2009年11月30日芷江西房地办的回复，旨在证明闸北区房地局在《信访答复》中所提及的“为此业委会还专门提交报告”、“与精文城市家园业委会进行沟通”的事实并不存在。

2. 2008年6月10日被告精文业委会与精文物业签订的《物业服务合同》、《补充协议书》及“续聘”的会议记录、续聘物业的公告、几点说明、结果公告、选票样张，旨在证明精文物业是按程序选举产生。

3. 公共收益账目明细表，旨在证明被告精文业委会已每半年一次在小区公布公共收益账目。

4. 2009年2月14日《关于城上城小区续订物业服务合同的情况汇报》以及2009年4月5日、9月16日两次业委会公告，旨在证明被告精文业委会已就续聘物业及维修基金等问题做出说明。

上海市闸北区人民法院一审查明：

原告夏浩鹏、杨建平、杨荣华、罗光亚、周修安系上海市闸北区精文城市家园小区业主。

2007年12月6日，上海市闸北区房屋土地管理局向上海市闸北区精文城市家园小区业主大会、被告精文业委会颁发了《业主大会、业主委员会备案证》，其中明确业委会负责人为姜宏章、许富琪、王耀宗。

2008年6月10日，被告精文业委会与精文物业签订《物业服务合同》，委托精文物业对小区实施物业服务与管理。合同期为3年，自2008年6月10日至2011年6月9日止。之后，精文业委会与精文物业又就小区内公益收入的分配签订了《补充协议书》。

2008 年 4 月 5 日、7 月 18 日，精文物业对小区 2005 年 8 月至 2007 年 12 月、2008 年上半年的公共收益账目制表并在小区公布。上述账目中显示 1-23 号业主外墙玻璃清洗费为人民币 4.9 万元。

2009 年 1 月、7 月，被告精文业委会与精文物业共同对小区 2008 年下半年及 2009 年上半年的公共收益账目进行公布。上述账目中显示清洗玻璃费用共计 10 万元（第一次 4.9 万元、第二次 5.1 万元）；2007 年 11 月至 2008 年 12 月办公费、会议费、业委会值班津贴支出 19023 元；划入小区维修基金账户 10 万元；2009 年上半年南区景观灯改造费用 35050 元以及办公费、电话费、会议费、培训费、业委会值班津贴支出 7505.7 元。

2009 年 7 月 14 日，闸北区房地局就原告周修安的信访做出《信访答复》，称："精文物业以三级资质承接精文城市家园超出了其资质的承接范围。我局曾就精文物业超资质接盘的问题与业委会进行沟通，业委会表示小区刚完成物业选聘，重新选聘需花费大量人力物力，不利于小区建设，且大多数业主也认可精文物业的管理水平，为此业委会还专门提交报告，说明情况。我局对精文物业保留处罚的权力。"

由于被告精文业委会认为上述《信访答复》的内容与实际不符，遂向闸北区房地局提出投诉。2009 年 11 月 30 日，芷江西房地办做出书面答复如下：一、关于"我局曾就精文物业超资质接盘的问题与业委会进行沟通"的提法，是指业委会与房办或我局各部门之间的各种形式的联系、咨询等，并非拘泥于专门派人当面沟通。二、关于"业委会专门提交报告"的提法，实际是我局根据贵委 2008 年 9 月 2 日针对有关投诉答复的一份材料，即"关于城上城有关情况的汇报"的部分摘录引用，而非"专门报告"。三、关于选聘物业，我局认定物业超资质接盘，保留对物业处罚权力，并未认定业委会责任，相反，肯定续聘是经业主大会表决通过的，是走过程序的。

2008 年，被告精文业委会与上海银行闸北支行就小区维修基金签订存款合同，将维修基金存入该行。诉讼中，法院与该行取得联系，该行向法院表示：精文城市家园小区维修基金至今未有支出，维修基金的利息系由电脑操作平摊至每户业主名下，银行按期向每户业主寄发维修基金年度结存单。不存在银行给精文业委会回扣一事。

诉讼中，法院与精文物业取得联系，精文物业表示其确未向被告精文业委会提交过书面的工作报告，双方均是口头沟通。小区清洗玻璃、景观灯改造、广告费及停车费的费用清单和发票均由其负责保管，如法院认为应向原告夏浩鹏、杨建平、杨荣华、罗光亚、周修安提供，其愿意配合被告予以提供。由于小区公共收益尚未进入维修基金账户，故无按户分摊费用清单。

鉴于被告精文业委会当庭提交了原告夏浩鹏、杨建平、杨荣华、罗光亚、周修安要求的部分材料，原告自愿撤回第一、第二、第五、第七项诉讼请求。

以上事实，有原告夏浩鹏、杨建平、杨荣华、罗光亚、周修安提供的公共收益账目明细表、《信访答复》、业委会公告、《物业服务合同》、维修资金业主年度结存单、被告精文业委会提供的对“信访答复”的投诉、芷江西房地办的回复、《关于城上城小区续订物业服务合同的情况汇报》、《物业服务合同》、《补充协议书》、公共收益账目明细表、“续聘”的会议记录等证据证实，足以认定。

本案的争议焦点是：业主有权请求公布、查阅资料和情况的范围以及业委会应当如何公布上述资料和情况。

上海市闸北区人民法院一审认为：

根据《最高人民法院关于审理建筑物区分所有权纠纷案件具体应用法律若干问题的解释》的规定，业主有权请求公布、查阅维修基金的使用情况、业委会的决定及会议记录、物业服务合同、共有部分的收益情况以及其他应当向业主公开的情况和资料。根据《上海市商品住宅维修基金管理办法》（以下简称《维修基金管理办法》）的规定，业委会应将物业管理区域内收取的停车费、广告费等经营性收益及时存入维修基金账户。业委会每月应与开户银行核对维修基金账目，并按每半年一次向业主公布以下情况：维修基金交纳、使用和结存的金额；发生物业维修、更新的项目和费用及按户分摊情况；业委会活动经费在维修基金中列支的项目和费用及按户分摊情况；维修基金使用和管理的其他有关情况。维修基金公示的目的在于能充分反映出资金的使用情况和业主分摊情况，以便于业主及时进行监督。基于以上规定，被告精文业委会虽已公布四次公共收益账目，但不完整，维修基金的结存及按户分摊情况亦未能在其中全面体现。原告夏浩鹏、杨建平、杨荣华、罗光亚、周修安认为已公布的维修基金、公共收益账目不符合规定的理由成立，被告应按照《维修基金管理办法》第十九条的规定重新公布维修基金账目，以提高维修基金的透明度。至于上述账目在何处公布的问题，法院认为在该小区的公告栏内张贴既能够起到公示的作用又较为便利，原告要求精文业委会将所有账目张贴于各个门牌号码前的要求，不具备合理性和必要性，亦有违经济原则，法院难以支持。

关于原告夏浩鹏、杨建平、杨荣华、罗光亚、周修安第四项诉讼请求，根据《维修基金管理办法》中有关核对账目的规定，业主对公布的维修基金账目情况有异议的，可以要求业委会和物业公司提供有关的费用清单、发票原件和按户分摊费用清单进行核对。本案中，原告对于被告已公布账目中的停车费、广告费及清洗玻璃、景观灯改造、业委会值班津贴（19023 元）的收支情况有异议，被告精文业委会有义务提供相应的发票、清单等以便原告进行查阅、核对及复印。如需精文物业协助的，被告应督促其予以配合。

关于原告夏浩鹏、杨建平、杨荣华、罗光亚、周修安第六项诉讼请求，鉴于原告上述权利的行使已足以保障原告对维修基金管理和使用的知情权，原告再行要求被告提供维修资金的会计账目缺乏法律依据，亦超出了业主知情权的合理范围，法院难以支持。

原告夏浩鹏、杨建平、杨荣华、罗光亚、周修安在诉讼中自愿撤回部分诉请，并无不妥，可予准许。

据此，上海市闸北区人民法院于 2010 年 8 月 11 日判决：

一、被告精文业委会应于本判决生效之日起三十日内重新公布 2007 年下半年至 2009 年上半年的维修资金和公共收益账目（按每半年一次），并将上述账目张贴于小区公告栏内；

二、被告精文业委会应于本判决生效之日起三十日内向原告周修安、夏浩鹏、杨建平、杨荣华、罗光亚出示上述账目中的停车费、广告费及清洗玻璃、景观灯改造、业委会值班津贴（19023 元）的费用清单、发票原件和按户分摊费用清单（原告如需复印的，被告应予提供，复印费由原告自行承担）；

三、原告周修安、夏浩鹏、杨建平、杨荣华、罗光亚其余的诉讼请求，不予支持。

一审判决宣判后，双方当事人均未提出上诉，一审判决已经发生法律效力。

（二）裁判依据

《中华人民共和国民法典》

第二百八十一条 建筑物及其附属设施的维修资金，属于业主共有。经业主共同决定，可以用于电梯、屋顶、外墙、无障碍设施等共有部分的维修、更新和改造。建筑物及其附属设施的维修资金的筹集、使用情况应当定期公布。

紧急情况下需要维修建筑物及其附属设施的，业主大会或者业主委员会可以依法申请使用建筑物及其附属设施的维修资金。

《最高人民法院关于审理建筑物区分所有权纠纷案件具体应用法律若干问题的解释》

第十三条 业主请求公布、查阅下列应当向业主公开的情况和资料的，人民法院应予支持：

（一）建筑物及其附属设施的维修资金的筹集、使用情况；

（二）管理规约、业主大会议事规则，以及业主大会或者业主委员会的决定及会议记录；

（三）物业服务合同、共有部分的使用和收益情况；

（四）建筑区划内规划用于停放汽车的车位、车库的处分情况；

（五）其他应当向业主公开的情况和资料。

四、相邻关系纠纷

（一）最高人民法院公报案例及典型案例

042. 出卖人出卖不动产时，其基于相邻关系而在他人不动产上享有的通行等权利不应成为转让标的[①]

屠福炎诉王义炎相邻通行权纠纷案

裁判摘要

一、买卖合同中，买受人取得的只能是出卖人有处分权的标的物或权利。如果出卖人无权处分，即使买卖双方在合同中进行了约定，买受人也无法通过该买卖合同而取得相应的权属。

二、出卖人出卖不动产时，其基于相邻关系而在他人不动产上享有的通行等权利不应成为转让标的。即使双方在买卖合同中对该通行权进行了所谓的约定，对第三人也不具有约束力。买受人享有的通行权权源基础同样是相邻关系，而并非买卖合同的约定。当客观情况发生变化，买受人不再符合相邻关系要件时，第三人得拒绝买受人的通行要求，买受人无权以买卖合同中关于通行权的约定约束第三人。

① 参见《最高人民法院公报》2013 年第 3 期。

原告：屠福炎。

被告：王义炎。

原告屠福炎因与被告王义炎发生相邻通行权纠纷，向浙江省余姚市人民法院提起诉讼。

原告屠福炎诉称：原告拥有泗门镇泗北村施家弄西路8号小屋两间半，建筑面积为113.05平方米。根据原告父亲的买房文契载明，原告在两间半小屋的东首有一扇历史通道的东大门长期供出入行路之用。原告与被告王义炎系继兄弟关系，被告住在东邻。原、被告双方为了方便生活和出入行路，在1991年2月20日签订了一份协议。协议约定，为了考虑原告对出道地和出入，由原告购买原告房屋南面的两间徐渭明小屋为妥。协议经双方签字，并经多位村干部作证。然而，被告违背协议约定，于1996年偷偷向徐渭明购买了本该由原告购买的两间小屋。被告于2000年将围墙打住，使原告两间小屋对出的道地也被被告打住了。2009年10月4日，被告趁原告上班时，用砖头将原告东大门砌住，使原告无法出入东门。原告将被告砌住的砖头敲掉，被告再次用花秆树枝堆放在原告东门处，使原告无法出入。根据原告父亲生前于1966年购买争议房时，在契约中明确约定，出入行路有朝东厢见门向南进出无阻，道地公用，故原告既享有东大门出入行路的权利，又享有道地公共使用的权利。被告打围墙强占原告土地公共使用权，又用砖、柴堵住原告东门，又违约购买徐渭明房屋，给原告居住带来不便，权利长期受侵。为此，请求法院判令：1. 被告排除原告东大门口的障碍物，确保原告出入行路通畅；2. 被告拆除围墙，被告围墙内土地供原、被告共同使用；3. 本案诉讼费用由被告负担。

原告屠福炎提供了以下证据：

1. 1966年3月17日房屋买卖契约1份，用于证明原告屠福炎享有父亲祖传房屋两间半，出入行路朝东，往南畅通无阻的事实。

2. 1991年2月24日协议书1份，用于证明被告王义炎违约向徐渭明购买房屋，使矛盾埋下了种子的事实。

3. 原告屠福炎的土地使用证1份、照片6张，共同用于证明被告王义炎使用的围墙挡住了原告晒场的事实。

4. 证人杨水淼出具的“撤回先前证明的说明”1份，用于证明证人杨水淼已经撤回了被告王义炎提供的第3组证据中杨水淼的证明的事实。

被告王义炎辩称：原告屠福炎小屋东首确有一扇门，在几十年以前确有出入，因为那时被告房屋东首有出路，而原告小屋西首有条2米宽的沟，没有出入。但是随着村里的发展，十几年以前，被告的东首已无出入口，也要向西南首出入。原告西首的沟已经填成了马路，并且在西南首开了墙门供其出入，行路通畅。现原告已将其房屋出租给他人，并且东首的门已无实际作用而长期不用。被告考虑到双方安全，将原告所谓的“出路”用砖砌墙，这事也得到村委的认同。村委也认为时过境迁，村里已经作出新的规划，原告从自己家的西南首出入更为方便畅通，有利于原、被告两家的共同人身财产安全。如果原告从东首出入，不仅侵犯了被告的私有财产，造成了被告及家人生活上的不方便和不安全，原告自身也是极不方便的。被告购买徐滑明的房屋确系双方自愿，且已经通知原告，并经村委会同意，且原告在1991年前已经不是本村村民，无权购买本村房屋。因此，该地块使用权归被告享有，原告无权共同使用。

被告王义炎提供了以下证据：

1. 泗门镇泗北村村民委员会的情况说明1份，用于证明当地村委认为原告屠福炎已经有西南出入行路，被告王义炎购买徐滑明的房屋是经过村委会准许，被告可将原告东首间门砌墙堵住的事实。

2. 照片13张，用于证明原告屠福炎房屋已经有西南出入行路，并更为方便，被告王义炎没有妨碍原告出入行路的事实。

3. 证人杨水淼的证明1份、村里的收据1份，共同用于证明被告王义炎购买徐滑明的房屋，已经征求了原告的意见，并且经过村里同意的事实。

4. 泗门镇泗北村村民委员会2010年7月27日的证明1份，用于证明原告屠福炎现在的出入是朝西南，1991年原告的户籍已经不在该村的事实。

5. 被告王义炎的土地使用证1份，用于证明被告的土地使用范围的事实。

浙江省余姚市人民法院一审查明：

1966年3月17日，原告屠福炎的父亲屠珠花与滕菊仙签订了一份房屋买卖契约，约定屠珠花向滕菊仙购买坐落于余姚市泗门镇泗北村的房屋一套。在该买卖契约中注明：“出入行路有朝东厢见门，向南进入无阻，道地公用。”屠珠花去世后，该房屋归原告所有。原告的东邻为被告王义炎。1991年2月24日，原告与被告签订协议书一份，该协议书约定“现因屋前有惠明两间房屋，现经协商，如惠明房屋出卖，应有福炎归买，但归买后要拆除，福炎道地按原住房对出8公尺，义炎、福炎出入行路各人朝南过东，福炎房屋买进后拆除”。1991年后，原告的户籍已经不在余姚市泗门镇泗北村。1994年5月31日，原告取得了余集建（泗）字第9400452号集体土地建设用地使用证，用地面积为265.62平方米。1997年3月，被告购买了徐渭明的房子，并向当时的村集体组织缴纳费用400元。2000年，被告在原属徐渭明房屋的后墙处打起了围墙。2006年11月14日，被告取得了余集用（2006）第11642号集体土地建设用地使用证。2009年10月，原、被告双方发生纠纷，被告从自己的院子内用障碍物将原告原向东出行的门堵住。该纠纷经泗北村、泗门镇有关组织多次调解无果。

另查明：原告屠福炎的父亲屠珠花1966年向滕菊仙购买房屋时，西面是一条水沟，向西无法出行。后因泗北村的规划和发展，该房屋西面的水沟现已填上，并成为泗北村内的公共道路。1999年，泗北村村民委员会将原告的出行路线调整为向西、向南出入。

浙江省余姚市人民法院一审认为：

在买卖合同中，买受人受让的客体只能是出让人享有完全处分权的标的物。如果出卖人对有关标的物不享有处分权，不仅出卖人无权出卖，而且买受人也不可能通过与无权处分人签订买卖合同而取得相应的权属。在本案中，原告屠福炎的父亲屠珠花生前于1966年向滕菊仙购买房屋时，受让的客体应当是双方当事人约定的四址分明的、出让人滕菊仙享有完全处分权的房屋所有权及相应土地使用权。滕菊仙对于该房屋及相应四址分明的土地使用权之外的其他土地，客观上是不享有宅基地使用权和集体建设用地使用权的。因此原告的父亲屠珠花，也不可能通过与滕菊仙签订的买卖合同，而取得滕菊仙享有处分权之外的其他土地的宅基地使用权或者集体建设用地使用权的。虽然屠珠花与滕菊仙在买卖合同中载明了房屋“出入行路有朝东厢见门，向南进入无阻，道地公用”，但是该约定只是屠珠花与滕菊仙之间的约定，对第三人没有约束力。作为该房屋的相关权利人，包括滕菊仙、屠珠花以及本案原告屠福炎，在一定条件下，可以向东、向南出行，并非基于对向东、向南土地的宅基地使用权或者集体建设用地使用权，而是基于民事法律规范的基本原理之一——相邻关系。所谓相邻关系，是指两个或两个以上的相互毗邻的不动产所有人或使用人，在行使对自己不动产的占有、使用、收益、处分等权益时，客观上必须对相邻的不动产产生影响时，相邻的不动产权利人必须承担最低限度的“容忍”义务。具体到本案，由于滕菊仙出卖给屠珠花房屋时，该房屋的西面是一条水沟，该房屋的权利人向西无法出行，根据当时的情况只能向东、向南出行，因此其东邻的有关权利人就应当允许其向东出行。即使原告的父亲屠珠花与滕菊仙当时签订的买卖合同中没有载明“出入行路有朝东厢见门，向南进入无阻，道地公用”的约定条款，原告的父亲根据相邻关系之原理，不仅可以，而且只能向东、向南出行并使用公共道地，但是这并不意味着原告的父亲就取得了向东、向南出行所必须使用的土地的宅基地使用权或者集体建设用地使用权。原、被告双方于1991年2月24日签订的协议书中，虽然也涉及了原告向东、向南出行的问题，但原告向东、向南出行的原因和基础与原告父亲生前享有向东、向南出行的原因和基础是一致的。因此，原告可以向东、向南出行，也不意味着原告就取得了向东、向南出行所必须使用的土地的宅基地使用权或者集体建设用地使用权。事实上，对于农村每一户宅基地使用权人，作为排他使用的空间只能是相关使用权证中确定的四址范围内的土地。对于该宅基地范围之外的出行路线，应当是遵从当地有关组织的道路规划和统一安排。有关的组织，根据当地的社会发展及客观现实，也有权适时作出相应的调整，相关的权利人也有义务遵守调整后的道路规划和出行安排。本案中，随着泗北村的发展变化，原告房屋西面的水沟现在已经填平，泗北村村民委员会也已经于1999年将原告的出行路线调整为向西、向南出行，原告宅基地的西南方向现在也已经安装了大门，出了该大门就是村里的街道。因此，原告现在从自己的西南方向大门出入，不仅符合村里的规划和安排，也有利于自己的使用和生活。从相邻关系的角度考虑，由于前所述及的原告现在已经拥有了方便的出行线路，因此原告现在从被告的宅基地内通过不仅不是必须的，而且对于原、被告双方的使用和生活都是不利的，也是不方便的。综上，原告的诉讼请求，没有法律依据，本院不予支持。

据此，浙江省余姚市人民法院依据《中华人民共和国民法通则》第八十三条、《中华人民共和国物权法》第八十四条的规定，于2011年1月17日判决：

驳回原告屠福炎的诉讼请求。

屠福炎不服一审判决，向浙江省宁波市中级人民法院提起上诉称：一、一审法院认定事实错误。上诉人在东首出入行路不但是历史上的通道，也是各方约定的通行之路。1991年2月上诉人与被上诉人王义炎签订的协议书，可推断出被上诉人对原出入通道行走约定的追认，而且也可肯定上诉人房屋前面需要8公尺道地及相应通风和采光的权利。如果允许被上诉人将上诉人的东首出入通道封闭，那么，上诉人屋内将永远是一片黑暗，永远无法开南大门。涉案通道和上诉人房屋南首围墙内的土地使用权，均不属于被上诉人的合法宅基地，被上诉人审批的土地使用权只有120平方米。二、一审判决缺乏正当性。相邻各方应本着有利于生产和生活的原则，彼此为对方承受权利的限制。被上诉人忍受上诉人向东首出入行路是基于历史上形成的习惯通道，同时也是双方协议书可推断出为上诉人便利的约束。被上诉人在上诉人房屋南首打围墙，严重影响上诉人房屋外观及通风采光。综上，请求二审法院撤销原判，依法改判。

被上诉人王义炎答辩称：上诉人的出行权问题，根据原来的情况，上诉人屠福炎小屋东首确实有一扇门，但现在情况已经改变，上诉人向被上诉人方向出入已经没有条件，而且该出行道路已经被村委会调整。上诉人的出行由自家西南首出入，更有利于上诉人与被上诉人的生活，有利于两家的人身、财产安全。关于被上诉人围墙一事，上诉人前面原本是该村村民徐渭民的房屋，后来由被上诉人购买后拆除建造了围墙。围墙有栅栏，比较通透，比原来房屋对上诉人房屋的采光肯定要好。请求二审法院驳回上诉，维持原判。

浙江省宁波市中级人民法院经二审，确认了一审查明的事实。

浙江省宁波市中级人民法院二审认为：

由于时间的推移和村建设的发展，双方当事人房屋的出入通道和四周的道路发生了明显的变化。上诉人屠福炎房屋西面的水沟已经被填平，村委会于1999年将上诉人的出行路线调整为向西、向南出行，上诉人也在房屋院子的西南角开设了大门，出了大门就是村里宽阔的街道。因此，上诉人从自己的大门出入，不仅符合村里的规划和安排，也有利于自己的生产、生活。上诉人主张的东方向行路，虽曾是上诉人房屋的出入口，但现在该方向行路已经属于被上诉人王义炎的私人院子，上诉人欲打此进出，对双方均不方便，容易引发矛盾纠纷。上诉人房屋南面的围墙，系被上诉人在购入他人房屋后拆除而建造的，围墙的中上部是栅栏，对上诉人房屋的通风、采光影响不大，且比较原来的房屋对上诉人的影响更小。因此，上诉人要求从其房屋东边出入，被上诉人拆除围墙，拆除围墙后的土地供双方共同使用的主张，缺乏依据。上诉人主张的宅基地使用权问题，不属于本案的审理范围。综上，原审认定事实清楚，适用法律正确。上诉人的上诉，理由不能成立，法院难以支持。

据此，浙江省宁波市中级人民法院依照《中华人民共和国民事诉讼法》第一百五十三条第一款第（一）项、第一百五十八条的规定，于2011年4月15日判决：

驳回上诉，维持原判。

本判决为终审判决。

043. 施工一方大量抽排地下水，造成相邻一方的房屋及财产损失的，施工一方应承担损害赔偿责任①

新华日报社诉南京华厦实业有限公司相邻关系侵权损害赔偿纠纷案

原告：新华日报社。

法定代表人：刘向东，该社总编辑。

委托代理人：徐某，该社经理部副经理。

委托代理人：刘泽震，南京市第一律师事务所律师。

被告：南京华厦实业有限公司。

法定代表人：邵人龙，华厦公司董事长。

委托代理人：徐苏平，南京金融证券律师事务所律师。

原告新华日报社因与被告南京华厦实业有限公司（以下简称华厦公司）相邻关系侵权损害赔偿纠纷一案，向江苏省高级人民法院提起诉讼。

原告新华日报社诉称，被告在建设与原告相距20米的华荣大厦而进行的

① 参见《最高人民法院公报》1996年第3期。

基础工程期间，因施工大量抽排地下水，使原告印刷厂地面下沉，厂房墙体多处开裂，厂内3台进口印刷机和4台国产印刷机的基础移位，印刷机受到严重损伤，造成经济损失1399万元，请求法院判令被告赔偿并承担有关诉讼费用。

被告华厦公司辩称，原告损失是华荣大厦基础工程施工单位造成的，应由施工单位赔偿；原告超过了诉讼时效起诉已丧失胜诉权；原告的请求应交由行政部门处理。要求驳回原告的诉讼请求。

江苏省高级人民法院经审理查明，被告华厦公司投资建设的华荣大厦与原告新华日报社相邻。1991年1月15日，南京市房地产开发总公司与香港敦恒投资有限公司合资的南京华厦房产开发建设有限公司（后更名为华厦公司）正式成立。同年4月，该公司投资建设的华荣大厦的基础工程根据被告及有关单位论证通过的施工方案开始施工，一个月后发现施工现场附近地面下沉即停止施工。同年6月15日，被告及有关单位又论证通过了施工修改方案后，基础工程继续施工。10月中旬，新华日报社发现其印刷厂厂房墙壁、地面开裂、3台德国进口的胶印机出现异常，报纸印刷质量明显下降，印刷机严重受损，厂房墙体损害并危及人员安全。对此，南京市人民政府派员召集有关单位、专家商讨，采取补救措施后，新华日报社印刷厂地面沉降才得到有效控制，但厂房、印刷机受损方面的处理并未涉及。经新华日报社委托的南京土木建筑学会、国家印刷机械质量监督检查中心及江苏省地震局等单位鉴定认为，新华日报社印刷厂厂房和厂内印刷机受损的直接原因是华荣大厦基础工程施工大量抽排地下水造成。1992年7月10日，新华日报社向南京市人民政府报告要求华厦公司赔偿损失，但未得到解决，遂直接向华厦公司索赔，经交涉未果。1994年6月30日，新华日报社向法院起诉，要求华厦公司赔偿财物损失。

经查，1. 新华日报社已损失为：请国内外专家调校修理印刷机费用179504元；在专家修理调校印刷机期间请他人代印部分报纸费用差额31893.5元；德国专家来南京修理印刷机食宿费6796.4元；南京土木建筑学会鉴定费3000元；

国家印刷机构质量监督检验中心鉴定费、评估费、交通费、食宿费共计 11.81 万元；其他有关单位咨询、鉴定费 4.76 万元。2. 新华日报社必将继续受损失的为：修理进口印刷机必须进口的零部件购置费 765 万元，购置该零部件需交关税及增值税 244 万元；拆除印刷机需拆除费、运输费、保管费、安装费、调校费等计 190 万元；维修加固厂房和重做印刷机基础所需工程费 1506686.38 元。原告上述已损失和即将损失总计人民币 13883580.28 元。

以上事实，有双方当事人陈述、有关证人证言、鉴定结论、工程预算书票据等证据证实。经当庭质证，被告对原告委托的有关部门作出的鉴定结论和评估预算等亦未要求重新鉴定。

江苏省高级人民法院认为，被告华厦公司建设的华荣大厦与原告新华日报社印刷厂厂房相邻。华厦公司在建设华荣大厦时，未充分考虑邻里建筑物的安全，于施工期间大量抽排地下水，并于初期发现问题后又未能及时采取必要的防护措施，使新华日报社印刷厂地面发生沉降，损坏了印刷厂房屋基础，致该厂房及屋内印刷机械受损。事实清楚，证据充分，足以认定。华厦公司违背《中华人民共和国民法通则》第八十三条关于“不动产的相邻各方，应当按照有利生产，方便生活，团结互助，公平合理的精神，正确处理截水、排水、通行、通风、采光等方面的相邻关系”的规定建设房屋，给新华日报社造成了巨大损失，应负全部赔偿责任。所建华荣大厦系华厦公司的所有权，新华日报社的印刷厂房和印刷机的损害，系华厦公司基础工程施工抽排地下水造成；至于华厦公司与施工单位还有纠纷，系另一法律关系，本案不予审理。因此，其主张“应由施工单位赔偿”的理由不予采纳。新华日报社的权益被侵害后，于 1992 年 7 月 30 日即向南京市人民政府报告，并一直要求华厦公司予以赔偿，未获解决，直到 1994 年 6 月 30 日向法院提起诉讼，符合《中华人民共和国民法通则》第一百三十五条关于“向人民法院请求保护民事权利的诉讼时效期间为二年”的规定，并未超过法定的诉讼时效，华厦公司关于新华日报社“超过了诉讼时效起诉，已丧失胜诉权”的主张，不能成立。新华日报社其余损失因自动放弃，故不予认定。据此，该院于1994年11月28日判决如下：

华厦公司于本判决生效后30日内，赔偿新华日报社各项损失计人民币13883580.28元。

本案诉讼费79428元，诉讼保全费70520元，合计人民币149948元由华厦公司负担。

华厦公司不服一审判决，向最高人民法院提出上诉，其理由是：被上诉人胶印车间的设计使用不合理，胶印机基础下未做砂石垫层、胶印机运转后无沉降观测记录，因此不能证明不均匀沉降只是华荣大厦施工抽水所致，请求撤销一审判决，在分清双方当事人责任程度、合理计算被上诉人损失的前提下，改判由双方分担民事责任。

新华日报社答辩认为，原审认定的事实完全符合实际，该社厂房和机器受损原因完全是华荣大厦施工长期、大量抽排地下水造成的，请求维持原判，驳回上诉人的上诉请求。

最高人民法院认为，上诉人华厦公司在被上诉人新华日报社厂房相邻处修建华荣大厦，本应充分考虑相邻建筑物的安全，但该公司违反《中华人民共和国民法通则》关于处理相邻关系的原则，未作维护工程，即开始敞开式开挖，大量抽排地下水。当初期发现问题后虽采取了补救措施，亦未能完全阻止不均匀沉降，致使新华日报社印刷厂和设备基础地面发生沉降，厂房及胶印机严重受损，故其应对此负全部责任。关于上诉人所持上诉理由，本院审理期间，即根据上诉人的申请，委托了江苏省技术监督建设工程质量检验站（以下简称质检站）就华荣大厦施工中抽取地下水对新华日报社印刷车间厂房及进口胶印机基础有哪些影响等问题进行了鉴定。质检站鉴定认为：华荣大厦施工大量抽排地下水是造成新华日报社胶印车间下沉开裂和胶印机不能正常运行、遭受损伤的直接原因。鉴定针对上诉人提出的新华日报社厂房基础和设备基础的设计和使用均存在问题的主张作出了“该厂房基础和设备基础的结构型式对沉降反应敏感，对环境变化适应性差，但事故发生前三年来的使用尚没有发现问题，在华荣大厦基坑施工期间如不抽水不致突然发生这个事故”的结论。故原审法院认定事实清楚，适用法律正确，其上诉理由不能成立，据此，最高人民法院于 1996 年 5 月 13 日依照《中华人民共和国民事诉讼法》第一百五十三条第一款（一）项之规定，判决如下：

驳回上诉，维持原判。

二审诉讼费 79428 元，鉴定费 232751.7 元均由上诉人华厦公司承担。

044. 建造建筑物，不得违反国家有关工程建设标准，妨碍相邻建筑物的通风、采光和日照[①]

基本案情：孟某、李某系案涉房屋的共有权人。云南某房地产开发有限公司（以下简称某公司）于 2011 年 8 月取得案涉地块土地使用权，在该地块上建设楼盘。孟某、李某诉至法院，请求某公司赔偿因建盖楼盘，侵害其通风、采光、日照时间而造成的损失。一审审理中，经鉴定确认，案涉建设行为对鉴定对象通风无影响；对日照、采光有影响，该影响不符合《城市居住区规划设计规范》（GBJ 50180—93）、《住宅设计规范》（GB 50096—2011）、《民用建筑设计通则》（GB 50352—2005）和《昆明市城乡规划管理技术规定》（2016 版）的要求。

裁判结果：云南省昆明市盘龙区人民法院一审认为，在建筑物相邻关系制度中，判断是否构成采光、日照妨碍，应以是否违反国家有关工程建设标准为依据。鉴定结论显示，案涉建设行为对鉴定对象通风无影响，对鉴定对象采光、日照有影响。一审判决，某公司赔偿孟某、李某采光、日照损失 16.50 万元；

① 《2019 年度人民法院环境资源典型案例》（最高人民法院 2020 年 5 月 8 日发布），十一、孟某、李某诉云南某房地产开发有限公司相邻采光、日照纠纷案，载最高人民法院网站，https：//www.court.gov.cn/zixun-xiangqing-228361.html，最后访问日期：2023 年 7 月 5 日。

并支付鉴定费5500元。云南省昆明市中级人民法院二审维持原判。

典型意义

本案系相邻关系中日照、采光侵权纠纷案件。在土地之上建造建筑物，是土地的所有权人或者使用权人利用土地实现土地效益最为通常的形式，但日照、采光和通风，也是人类需要共同分享的资源。我国《中华人民共和国物权法》中规定，建造建筑物，不得违反国家有关工程建设标准，妨碍相邻建筑物的通风、采光和日照。本案判决按照鉴定结论，以是否违反国家有关工程建设标准为判断依据，认定铜业公司的日照、采光、通风妨碍行为是否超出必要容忍限度，符合法律规定和有利生产、方便生活、团结互助、公平合理原则，有助于相邻不动产权利人之间的利益平衡，促进社会和谐安宁。

（二）地方法院典型案例

045. 不动产的相邻各方应当正确处理通风、采光、通行等相邻关系，给相邻方造成妨碍的，应当排除妨碍[①]

基本案情：原告与被告系邻居。被告常年在外捡拾垃圾，堆放在自家2楼公寓内，多年已累积大量垃圾并溢出进户门，垃圾高达一人多高致被告进出家中只能在垃圾上面爬行，房屋内散发浓重恶臭。此外，垃圾中含有大量纸板箱、木制品、塑料制品等易燃物，并有暴露的电线。原告诉请要求被告清空房屋内超出日常生活与居住所需所用的杂物。被告辩称自家堆物系其行

① 《上海高院发布十起弘扬社会主义核心价值观典型案例》（2022年1月10日发布），五、“房屋堆放垃圾成山案”，载上海市高级人民法院网站，https://www.hshfy.sh.cn/shfy/web/xxnr.jsp?pa=aaWQ9MjAyNTgzNzkmeGg9MSZsbWRtPWxtMTcxz，最后访问日期：2023年7月5日。

使自身权利，与他人无关。

裁判结果：静安法院审理后认为，不动产的相邻各方应当正确处理通风、采光、通行等相邻关系，给相邻方造成妨碍的，应当排除妨碍。法律虽保障权利人自由处分自有房屋的权利，但当个人处分行为与集体的合法权益相冲突时，在价值取向上更应倾向于后者。被告在家中堆放大量废旧电线、废旧纸板箱、废旧塑料制品等物品，对房屋的使用已然超出了正常生活与居住的范畴，更是存在消防安全隐患。因进户门无法关闭，房屋内散发难闻刺鼻的味道，显然影响了整个楼宇正常的生活环境和居住安宁。故判决被告清空超出日常生活与居住所需所用的杂物。后期执行中在被告56平方米的家中清运垃圾1000余袋、装运9辆卡车。

点评

“家是最小国，国是千万家。”个人生活离不开集体，集体是个人生存的依靠，而集体的发展也离不开个人的努力。集体主义是社会主义道德的基本原则，只有在集体中才可能有个人自由。因此，个人在实现个人自由时理应有所限制，不应以牺牲其他个体利益或罔顾集体利益为代价。本案判决积极引导民众正确处理好个人利益与集体利益及他人相邻权益之间的关系，大力维护社会公共利益与秩序，弘扬自由、法治、友善的核心价值观。

046. 道路施工行为一旦超过必要容忍限度（如超长期施工）则应当认定市政道路权利人侵犯了相邻权[①]

基本案情：2015年12月至2016年9月，原告罗某为从事餐饮经营，先

① 《重庆法院第七批民营经济司法保护十大典型案例》（2021年6月30日发布），二、罗某与巫山县A开发有限公司等相邻土地、建筑物利用关系纠纷案，载重庆市高级人民法院，https：//mp. weixin. qq. com/s/ep64ZSzkIP6i_ NUqW3_ cvQ，最后访问日期：2023年7月5日。

后投入109万余元对租赁房屋进行了装饰装修，并设立个体工商户从事餐饮服务。2017年4月1日，被告巫山县A开发有限公司（以下简称A开发公司）将罗某餐馆门前道路的改拓建工程发包给被告巫山县B有限公司（以下简称B公司）。B公司获得巫山县公安局交通巡逻警察大队的施工审批，施工时间为2017年11月22日至2018年6月30日和2019年3月15日至4月30日（共计9个月零23日）。但实际上，路桥公司对罗某餐馆门前的道路持续施工至2020年6月（总施工期限近31个月），造成罗某长期无法经营。施工过程中，罗某因无法预计施工结束时间，于2019年8月12日与出租方解除租赁合同。2020年1月14日，罗某诉至人民法院，以A开发公司、B公司违背有利生产的相邻关系处理原则为由，要求A开发公司、B公司连带赔偿其2017年11月22日至2019年8月12日的装饰装修（折旧）损失。

裁判结果：重庆市巫山县人民法院经审理认为，案涉道路经有关主管部门批准修建，是为了社会公共利益。该道路建成后，包括罗某在内的广大公众都将受益。罗某提供的证据不足以证明A开发公司、B公司的行为构成共同侵权，应当承担举证不能的法律后果。遂判决驳回罗某的诉讼请求。宣判后，罗某不服，提起上诉。

重庆市第二中级人民法院经审理认为，A开发公司将案涉道路发包给B公司施工，罗某作为相邻权人应对A开发公司获审批期间的施工提供便利、予以容忍。同时，A开发公司作为相邻市政道路权利人，负有依法规范施工行为、尽量减少对相邻权人罗某的损害的义务。A开发公司在获批的施工期限届满前未依法变更审批手续，超期施工近2年，严重损害罗某正常生产经营，其行为构成侵权，应承担相应的侵权责任。本案系相邻土地、建筑物利用关系纠纷，交通开发公司作为案涉道路建设期间的权利人，就案涉道路建设期间所发生的相邻关系享有权利、承担义务。B公司不是案涉路段的权利人，罗某请求其承担连带赔偿于法无据。遂依法改判A开发公司赔偿罗某装饰装修（折旧）损失107802.3元。

典型意义

本案是人民法院依法规范市政施工行为，平等保护个体工商户合法权益，优化营商环境的典型案例。市政道路施工是改善城市基础设施的重要方式，不可避免地对相邻餐馆、商店等市场主体的经营造成影响。相邻商户应当为相邻市政道路施工提供便利，对市政道路施工造成的影响负有一定限度的容忍义务。但施工行为一旦超过必要容忍限度（如超长期施工）则应当认定市政道路权利人侵犯了相邻权。本案中，人民法院依法监督支持市政工程建设，保护市场主体合法权益，为营造良好的法治化营商环境提供了司法指引。

047. 建造建筑物时严格遵守国家有关工程建设标准，采取合理措施保障相邻建筑物的通风、采光和日照[①]

基本案情：王某某的房屋位于白山市江源区，白山市江源区某供热公司承建该区域集中供热改造项目，在案涉房屋附近改造扩建供热站。王某某认为扩建的供热站严重影响案涉房屋采光，向法院起诉请求供热公司赔偿侵害其采光、日照损失。供热公司委托有资质的机构对案涉区域日照进行分析，该机构出具的《日照计算报告》显示供热公司建造的供热站对案涉房屋采光、日照时间产生不利影响。

裁判结果：吉林省临江市人民法院一审认为，案涉房屋与供热公司所建供热站东西相邻，供热公司提交的《日照计算报告》是有资质的机构作出的评估报告，王某某认可供热公司提供的评估报告，在案证据能够证明供热公

① 《吉林高院发布环境资源典型案例》（2023 年 6 月 5 日发布），七、依法保障人民群众日照、采光等环境权益——王某某诉白山市江源区某供热公司相邻采光、日照纠纷案，载吉林法院网，http：//jlfy.e-court.gov.cn/article/detail/2023/06/id/7326486.shtml，最后访问日期：2023 年 7 月 5 日。

司建造的供热站对案涉房屋采光、日照时间产生影响，供热公司应当赔偿王某某采光、日照损失。根据王某某的实际受损情况，结合当地的经济发展水平、房屋价值等因素，一审法院酌定供热公司向王某某赔偿采光、日照损失11000元。

典型意义

本案系相邻关系中日照、采光侵权纠纷案件。习近平总书记指出“良好生态环境是最公平的公共产品，是最普惠的民生福祉”。日照、采光和通风是人类需要共同分享的资源，采光权、通风权是与公民生存、居住密切相关的环境权益。人民法院深入贯彻落实生态环境民生福祉观，依法保障人民群众包括采光权在内的各类环境权益，筑牢民生之基，提升百姓福祉。本案中，人民法院根据《中华人民共和国民法典》相关规定，依法认定不动产的相邻各方应当按照有利生产、方便生活、团结互助、公平合理的原则，正确处理通风、采光、日照等方面的相邻关系，通过判决侵权人赔偿采光、日照损失，引导社会主体在建造建筑物时严格遵守国家有关工程建设标准，采取合理措施保障相邻建筑物的通风、采光和日照。

（三）裁判依据

《中华人民共和国民法典》

第二百三十六条　妨害物权或者可能妨害物权的，权利人可以请求排除妨害或者消除危险。

第二百三十七条　造成不动产或者动产毁损的，权利人可以依法请求修理、重作、更换或者恢复原状。

第二百八十八条　不动产的相邻权利人应当按照有利生产、方便生活、团结互助、公平合理的原则，正确处理相邻关系。

第二百八十九条 法律、法规对处理相邻关系有规定的，依照其规定；法律、法规没有规定的，可以按照当地习惯。

第二百九十条 不动产权利人应当为相邻权利人用水、排水提供必要的便利。

对自然流水的利用，应当在不动产的相邻权利人之间合理分配。对自然流水的排放，应当尊重自然流向。

第二百九十一条 不动产权利人对相邻权利人因通行等必须利用其土地的，应当提供必要的便利。

第二百九十二条 不动产权利人因建造、修缮建筑物以及铺设电线、电缆、水管、暖气和燃气管线等必须利用相邻土地、建筑物的，该土地、建筑物的权利人应当提供必要的便利。

第二百九十三条 建造建筑物，不得违反国家有关工程建设标准，不得妨碍相邻建筑物的通风、采光和日照。

第二百九十四条 不动产权利人不得违反国家规定弃置固体废物，排放大气污染物、水污染物、土壤污染物、噪声、光辐射、电磁辐射等有害物质。

第二百九十五条 不动产权利人挖掘土地、建造建筑物、铺设管线以及安装设备等，不得危及相邻不动产的安全。

第二百九十六条 不动产权利人因用水、排水、通行、铺设管线等利用相邻不动产的，应当尽量避免对相邻的不动产权利人造成损害。

五、共有纠纷

（一）最高人民法院公报案例及典型案例

048. 当事人主张分割政府解决贫困户基本住房问题的特定款项，法院应如何处理[①]

基本案情：高某琴与高某明系同胞兄妹，高某航、高某雪系高某琴的子女，上述4人均与案外人高某宝（高某琴之父）属同一户籍，被识别为贫困户。高某明肢体二级残疾，其妻视力一级残疾。2017年5月，户主高某宝与镇政府签订了《易地扶贫搬迁协议》和《易地扶贫搬迁旧宅基地腾退协议》，享受易地扶贫搬迁安置政策人均补助25000元，共计125000元；享受旧房宅基地腾退补助政策人均补助10000元，共计50000元，上述款项均汇入高某明指定的账户。2016年10月，高某明购买房屋一套，支付购房款140000元，契税、印花税合计1860元，该房屋系该户唯一住房。高某琴等起诉请求高某明支付贫困户移民搬迁款75000元、旧宅基地腾退款30000元，合计105000元。

裁判结果：陕西省安康市白河县人民法院经审理认为，易地扶贫搬迁政策和旧房宅基地腾退政策，其目的均为保障当事人的基本居住权利。高某明

① 《最高人民法院、中国残疾人联合会残疾人权益保护十大典型案例》（2021年12月2日发布），八、高某琴等诉高某明共有物分割纠纷案，载最高人民法院网站，https：//www. court. gov. cn/zixun/xiangqing/334501. html，最后访问日期：2023年7月6日。

按照上述政策购买住房，该住房现为其唯一住房，高某琴等与高某明、案外人高某宝均享有该房屋的居住权，在该房屋未被处置的情况下不能主张已享受政策资金的返还，遂判决驳回高某琴等的诉讼请求。

陕西省安康市中级人民法院经审理认为，案涉款项是政府为解决贫困户基本住房问题的特定款项，具有专款专用的性质，高某琴分割款项用于生活开支的主张，与政府发放该款项的特定用途相悖，维持一审判决。

典型意义

本案既涉及残疾人的居住权又涉及扶贫安置政策的具体落实。扶贫安置政策是政府为改善贫困户的生活质量、从自然条件恶劣地区搬迁到生存与发展条件较好的地方、解决农民基本住房的惠民政策，应当用好，以真正解决当事人住房需求。高某明等四人均在高某宝户内，与高某琴系同胞兄妹，高某明夫妻均为重度残疾人，虽高某琴等三人对案涉款项享有权利，但案涉款项购买房屋为当事人唯一住房，判决驳回高某琴等人的诉请对保障残疾人的居住权益、对落实国家扶贫政策的目标具有积极意义。

（二）地方法院典型案例

049. 嫁入的儿媳及其未成年子女是否享有房屋征收补偿资格以及如何分配补偿款[①]

基本案情：鲁某某（女）与吴某1于2011年登记结婚，婚后生育女孩吴

① 《省法院发布全省法院维护妇女儿童权益工作情况和典型案例》（甘肃省高级人民法院2022年3月1日发布），四、鲁某某、吴某2与吴某1、汤某某、吴某3共有纠纷案，载甘肃高院微信公众号，https：//mp.weixin.qq.com/s/eJDxYHUsyb5q-fj-Cb0wvA，最后访问日期：2023年7月6日。

某2，并与吴某1的父亲吴某3、母亲汤某某共同居住生活。因居住地棚户区改造，其五人共同居住的房屋被征收，吴某3与政府签订《房屋征收补偿协议书》后领取了房屋征收补偿款2438037元。2018年，鲁某某与吴某1离婚，孩子吴某2由鲁某某抚养。鲁某某认为房屋征收补偿款中有其与孩子的份额，向人民法院起诉请求分割共有关系存续期间的房屋征收补偿款。

裁判结果：一、二审法院认为，被征收房屋系吴某3、汤某某的夫妻共同财产。鲁某某在2014年加盖二楼房屋时投入了一定劳力，对加盖的二楼补偿款享有四分之一份额；吴某2系未成年人，未对房屋修建出资或投入劳力，对房屋征收补偿款不享有份额。判决：吴某3、汤某某、吴某1向鲁某某支付房屋补偿款26194.25元。再审认为，鲁某某、吴某2属于《某县2017年棚户区改造项目房屋征收安置补偿方案》确定的安置对象，具有取得房屋征收补偿款的资格，有权要求分割房屋征收补偿款。综合考虑各方当事人对被征收房屋所作贡献及当事人的实际情况，酌情认定吴某3、汤某某夫妇享有房屋征收补偿款总额的70%，吴某1、鲁某某、吴某2共同享有30%。虽然吴某2系未成年人，未对房屋建设作出贡献，但其亦具有取得征收补偿款的资格，本着照顾未成年人利益的原则，其应享有父母相同的财产份额，故吴某1、鲁某某、吴某2所共同享有的房屋征收补偿款份额，应由其三人平均分配。因此，再审改判吴某3、汤某某、吴某1向鲁某某、吴某2支付房屋补偿款487607.40元。

典型意义

随着我国城镇化步伐的加快及老城区改造的推进，涉及家庭成员间因房屋征收补偿款分配产生的纠纷越来越多涌入人民法院。在此类纠纷中，嫁入的儿媳及其未成年子女是否享有房屋征收补偿资格以及如何分配补偿款成为困扰人民法院审判工作的难题，审判实践中存在裁判尺度不一的情况。本案的典型意义在于，再审充分体现了房屋征收补偿款具有一定身份属性的特性，将其与普通共同财产予以区分。在考量共有财产权利人对财产的贡献的同时，坚持维护妇女儿童合法权益的原则，对维护社会和谐稳定具有积极作用和意义。

（三）裁判依据

《中华人民共和国民法典》

第二百三十四条 因物权的归属、内容发生争议的，利害关系人可以请求确认权利。

第二百四十三条 为了公共利益的需要，依照法律规定的权限和程序可以征收集体所有的土地和组织、个人的房屋以及其他不动产。

征收集体所有的土地，应当依法及时足额支付土地补偿费、安置补助费以及农村村民住宅、其他地上附着物和青苗等的补偿费用，并安排被征地农民的社会保障费用，保障被征地农民的生活，维护被征地农民的合法权益。

征收组织、个人的房屋以及其他不动产，应当依法给予征收补偿，维护被征收人的合法权益；征收个人住宅的，还应当保障被征收人的居住条件。

任何组织或者个人不得贪污、挪用、私分、截留、拖欠征收补偿费等费用。

第二百九十八条 按份共有人对共有的不动产或者动产按照其份额享有所有权。

第二百九十九条 共同共有人对共有的不动产或者动产共同享有所有权。

第三百条 共有人按照约定管理共有的不动产或者动产；没有约定或者约定不明确的，各共有人都有管理的权利和义务。

第三百零一条 处分共有的不动产或者动产以及对共有的不动产或者动产作重大修缮、变更性质或者用途的，应当经占份额三分之二以上的按份共有人或者全体共同共有人同意，但是共有人之间另有约定的除外。

第三百零二条 共有人对共有物的管理费用以及其他负担，有约定的，按照其约定；没有约定或者约定不明确的，按份共有人按照其份额负担，共同共有人共同负担。

第三百零三条 共有人约定不得分割共有的不动产或者动产，以维持共有关系的，应当按照约定，但是共有人有重大理由需要分割的，可以请求分割；没有约定或者约定不明确的，按份共有人可以随时请求分割，共同共有人在共有的基础丧失或者有重大理由需要分割时可以请求分割。因分割造成其他共有人损害的，应当给予赔偿。

第三百零四条 共有人可以协商确定分割方式。达不成协议，共有的不动产或者动产可以分割且不会因分割减损价值的，应当对实物予以分割；难以分割或者因分割会减损价值的，应当对折价或者拍卖、变卖取得的价款予以分割。

共有人分割所得的不动产或者动产有瑕疵的，其他共有人应当分担损失。

第三百零五条 按份共有人可以转让其享有的共有的不动产或者动产份额。其他共有人在同等条件下享有优先购买的权利。

第三百零六条 按份共有人转让其享有的共有的不动产或者动产份额的，应当将转让条件及时通知其他共有人。其他共有人应当在合理期限内行使优先购买权。

两个以上其他共有人主张行使优先购买权的，协商确定各自的购买比例；协商不成的，按照转让时各自的共有份额比例行使优先购买权。

第三百零七条 因共有的不动产或者动产产生的债权债务，在对外关系上，共有人享有连带债权、承担连带债务，但是法律另有规定或者第三人知道共有人不具有连带债权债务关系的除外；在共有人内部关系上，除共有人另有约定外，按份共有人按照份额享有债权、承担债务，共同共有人共同享有债权、承担债务。偿还债务超过自己应当承担份额的按份共有人，有权向其他共有人追偿。

第三百零八条 共有人对共有的不动产或者动产没有约定为按份共有或者共同共有，或者约定不明确的，除共有人具有家庭关系等外，视为按份共有。

第三百零九条 按份共有人对共有的不动产或者动产享有的份额，没有约定或者约定不明确的，按照出资额确定；不能确定出资额的，视为等额享有。

第三百一十条 两个以上组织、个人共同享有用益物权、担保物权的，参照适用本章的有关规定。

第四百六十条 不动产或者动产被占有人占有的，权利人可以请求返还原物及其孳息；但是，应当支付善意占有人因维护该不动产或者动产支出的必要费用。

第一千零六十五条 男女双方可以约定婚姻关系存续期间所得的财产以及婚前财产归各自所有、共同所有或者部分各自所有、部分共同所有。约定应当采用书面形式。没有约定或者约定不明确的，适用本法第一千零六十二条、第一千零六十三条的规定。

夫妻对婚姻关系存续期间所得的财产以及婚前财产的约定，对双方具有法律约束力。

夫妻对婚姻关系存续期间所得的财产约定归各自所有，夫或者妻一方对外所负的债务，相对人知道该约定的，以夫或者妻一方的个人财产清偿。

《最高人民法院关于适用〈中华人民共和国民法典〉物权编的解释（一）》

第九条 共有份额的权利主体因继承、遗赠等原因发生变化时，其他按份共有人主张优先购买的，不予支持，但按份共有人之间另有约定的除外。

第十条 民法典第三百零五条所称的“同等条件”，应当综合共有份额的转让价格、价款履行方式及期限等因素确定。

第十一条 优先购买权的行使期间，按份共有人之间有约定的，按照约定处理；没有约定或者约定不明的，按照下列情形确定：

（一）转让人向其他按份共有人发出的包含同等条件内容的通知中载明行使期间的，以该期间为准；

（二）通知中未载明行使期间，或者载明的期间短于通知送达之日起十五日的，为十五日；

（三）转让人未通知的，为其他按份共有人知道或者应当知道最终确定的同等条件之日起十五日；

（四）转让人未通知，且无法确定其他按份共有人知道或者应当知道最终确定的同等条件的，为共有份额权属转移之日起六个月。

第十二条　按份共有人向共有人之外的人转让其份额，其他按份共有人根据法律、司法解释规定，请求按照同等条件优先购买该共有份额的，应予支持。其他按份共有人的请求具有下列情形之一的，不予支持：

（一）未在本解释第十一条规定的期间内主张优先购买，或者虽主张优先购买，但提出减少转让价款、增加转让人负担等实质性变更要求；

（二）以其优先购买权受到侵害为由，仅请求撤销共有份额转让合同或者认定该合同无效。

第十三条　按份共有人之间转让共有份额，其他按份共有人主张依据民法典第三百零五条规定优先购买的，不予支持，但按份共有人之间另有约定的除外。

第三编　用益物权纠纷

一、探矿权采矿权纠纷

（一）最高人民法院公报案例及典型案例

050. 未经审批管理机关批准的采矿权转让合同，是否生效[①]

陈允斗与宽甸满族自治县虎山镇老边墙村民委员会
采矿权转让合同纠纷案

裁判摘要

一、租赁采矿权属于一种特殊的矿业权转让方式，采矿权转让合同属于批准后才生效的合同。根据国务院《探矿权采矿权转让管理办法》第十条第三款的规定，出租采矿权须经有权批准的机关审批，批准转让的，转让合同自批准之日起生效。

二、诉讼中，采矿权租赁合同未经批准，人民法院应认定该合同未生效。采矿权合同虽未生效，但合同约定的报批条款依然有效。如果一方当事人据此请求对方继续履行报批义务，人民法院经审查认为客观条件允许的，对其请求应予支持；继续报批缺乏客观条件的，依法驳回其请求。

① 参见《最高人民法院公报》2012 年第 3 期。

最高人民法院
民事判决书

（2011）民提字第 81 号

申诉人（一审原告、二审上诉人、再审申请人）：陈允斗。

委托代理人：曲凤智，辽宁明格律师事务所律师。

被申诉人（一审被告、二审被上诉人、再审被申请人）：宽甸满族自治县虎山镇老边墙村民委员会，住所地辽宁省宽甸满族自治县虎山镇老边墙村。

法定代表人：刘家发，该村村民委员会主任。

委托代理人：潘宁。

委托代理人：程绍武。

陈允斗因与宽甸满族自治县虎山镇老边墙村民委员会（以下简称村委会）采矿权转让合同纠纷一案，不服辽宁省高级人民法院（以下简称辽宁高院）于 2009 年 8 月 14 日作出的（2008）辽民再字第 26 号民事判决，向本院提出申诉。本院于 2010 年 12 月 15 日作出（2010）民监字第 2 号民事裁定，本案由本院提审。本院依法组成合议庭，于 2011 年 4 月 1 日开庭审理了本案。申诉人陈允斗及其委托代理人曲凤智，村委会的法定代表人刘家发及其委托代理人潘宁、程绍武到庭参加了诉讼。本案现已审理终结。

陈允斗于 2006 年 8 月 8 日向辽宁省丹东市中级人民法院（以下简称丹东中院）起诉称，2001 年 10 月 6 日，陈允斗经依法投标取得村委会所有的老边墙第一、第二金矿的开采经营权，同日双方又签订了《老边墙金矿租赁协议书》，约定：开采经营期限为五年，即自 2001 年 10 月至 2006 年 10 月。合同签订后，由于案外人程绍武对村委会提起诉讼，村委会至今未将老边墙第一金矿（以下简称第一金矿）交给陈允斗经营。老边墙第二金矿（以下简称第二金矿）由于村委会不能全部交付金矿设施，陈允斗不得不另行投资重开巷道开采。并且由于村委会与他人的纠纷，致使第二金矿的采矿证有三年无法办理，合同无法履行。陈允斗请求法院判令：1. 村委会履行合同约定的将第一金矿交给其经营的义务；2. 如不能交付，由第二金矿代为履行；3. 村委会顺延履行第二金矿的合同期限三年；4. 村委会赔偿其经济损失160万元。

村委会一审答辩称，陈允斗的诉讼请求没有事实和法律依据，村委会没有义务向陈允斗交付金矿的设施，陈允斗无法办理采矿许可证与村委会无关。陈允斗请求村委会赔偿损失没有客观依据，其损失不应由村委会承担。

丹东中院一审查明：2001年8月31日，村委会与老边墙金矿（分为第一金矿、第二金矿）原承包人的承包协议到期，村委会于同年9月28日发布了《老边墙金矿租赁告示》，其主要内容为：老边墙金矿于2001年9月1日承包到期，根据矿产资源法的有关规定和县政府1999年第34、35号文件精神，经村民代表大会讨论决定，现对外公开招标：标的40万元，格外加投标总额20%镇政府管理费；合同期限五年；金矿所有手续由承包者自行办理，费用自负；设备和电力及毛台上矿石归原承包者，限期在投标之日起20日内撤除；在承包期内矿山发生的一切法律责任、经济纠纷等均由新承包者承担，村委会不承担经济责任。

2001年10月6日，陈允斗（乙方）中标并与村委会（甲方）签订《老边墙金矿租赁协议书》，约定：村委会通过招标将老边墙金矿租赁给陈允斗开采经营，开采经营期限五年，即自2001年10月至2006年10月，陈允斗一次性向村委会缴纳五年的经济补偿金，并按中标数额的20%一次性向所在镇政府缴纳补偿金；金矿所有手续由承包者自行办理，费用自负。如因有关手续办理不妥无法开采，租金不予返还，所造成的损失亦由陈允斗自负，设备、电力、毛台上矿石及矿井内原承包者开采的矿石归原承包者所有；在租赁期内矿山产生的一切经济、法律责任均由陈允斗承担，村委会不承担任何责任。五年期满后，村委会与陈允斗协商另行签订协议，但补偿金不得低于本次中标数和按中标额20%上交给镇政府的补偿金。如陈允斗不继续经营，村委会收回金矿开采权进行招标；陈允斗不继续经营必须在20日内将设备拆除，否则村委会有权强行拆除，费用由陈允斗承担，后果自负：如有一方违约要赔偿给对方造成的直接经济损失，另赔偿违约金 2 万元。双方还对其他事宜进行了约定。

协议签订后，由于老边墙金矿原承包人程绍武未及时将其设备从第一金矿撤出，致使陈允斗不能依据协议约定正常经营该矿。同时，也由于程绍武及其亲属的原因，致使辽宁省国土资源厅只颁发了第二金矿 2002 年和 2005 年的采矿许可证。第二金矿 2001 年、2003 年和 2004 年的采矿许可证未予办理和颁发。另查，陈允斗经营老边墙金矿期间，对矿山的井巷工程进行了增建。经评估，陈允斗增建的矿山井巷工程价值 706874. 90 元。

丹东中院一审认为，陈允斗与村委会签订租赁协议之前，均知道该矿的原租赁人程绍武因刑事犯罪被拘押，其租赁合同的期限已经届满，但采矿证没有交还村委会，其采矿设备及部分矿石仍在矿内没有运走。村委会在告示中也示明了有关情况。村委会的做法属于规避商业风险，维护自身利益的行为，该行为并不违反法律规定。陈允斗自愿接受村委会设定的条件参加竞标，双方在协议中就有关情况的约定亦为有效。

在协议履行过程中，村委会在排除案外人妨碍、办理采矿权证等方面，均对陈允斗尽了协助义务。对此陈允斗、村委会均无异议。现陈允斗主张在协议履行过程中，因案外人妨碍使其无法行使五年开采权，而要求由村委会顺延履行协议规定的租赁期限，其理由是村委会应从案外人处收回已出租的金矿，不符合双方签订的租赁协议的约定。造成陈允斗不能完全履行租赁协议的原因，是案外人的侵权行为所致，陈允斗应向侵权人主张权利。村委会在租赁协议履行过程中并无过错，不应承担民事责任。该院遂于 2006 年 12 月 18 日作出（2006）丹民三初字第 52 号民事判决，驳回陈允斗的诉讼请求。

陈允斗不服一审判决，于 2006 年 12 月 30 日向辽宁高院上诉称，（一）一审判决认定事实错误。该判决认定租赁协议未能完全履行的原因是案外人侵权行为所致，陈允斗应向侵权人主张权利。村委会在协议履行过程中并无过错，不应承担民事责任，这种认定是错误的。村委会未履行协议本身就是一种违约行为。村委会在《老边墙金矿租赁告示》中示明："设备和电力及毛台上矿石归原承包者，限期在投标之日起20日内将原承包者的所有设备撤除。"陈允斗正是对此相信才参与投标并与村委会签租赁协议的。村委会作为采矿权人，只有它能够从原承包人手中索回采矿许可证，一审判决认定该风险由陈允斗承担是错误的。（二）一审判决未适用《中华人民共和国合同法》是错误的。本案是合同纠纷。《中华人民共和国合同法》第一百二十一条规定，"当事人一方因第三人的原因造成违约的，应当向对方承担违约责任，当事人一方和第三方之间的纠纷，依照法律规定或者按照约定解决"。但一审判决却认定应由陈允斗向案外人主张权利。本案租赁协议合法有效，陈允斗按照中标的租金数额交纳了相应的款额，理应享有协议中约定的权利。其上诉请求是：1. 撤销一审判决；2. 村委会履行协议约定的将第一金矿交给陈允斗经营的义务；如不能交付，则由第二金矿代为履行五年；3. 村委会赔偿陈允斗经济损失706874.90元。

村委会在二审庭审中答辩称，根据合同约定和客观事实，村委会没有任何违约事实，其已经交付了金矿，陈允斗请求如不能交付第一金矿则由第二金矿代为交付没有法律依据；对于没有办理采矿权证的问题，协议约定由陈允斗自行办理，如无法开采，损失自负，并且在合同履行过程中，陈允斗也有开采行为。另按照国务院《民用爆炸物品安全管理条例》第六条的规定，受过刑事处罚的人不得从事民用爆炸物品的购买和爆破作业，陈允斗因盗伐林木被判刑，依法不能从事矿山开采经营，其提出顺延履行合同的请求和理由，不能成立。因村委会没有任何违约行为，不应承担赔偿责任。原审法院认定事实清楚，适用法律正确，审判程序合法，二审法院应驳回其上诉，维持原判。

辽宁高院对一审法院查明的事实予以确认。二审中双方当事人没有提供新证据。

辽宁高院另查明：一审法院于2005年3月7日对关联另案作出（2003）丹民一合初字第117号民事判决，该案原告为案外人程绍武，被告为陈允斗和村委会，案由是金矿承包合同经营权、财产所有权、财产返还纠纷。该院判决驳回程绍武的诉讼请求。程绍武上诉后，辽宁高院于2005年10月11日作出（2005）辽民一终字第235号民事判决，驳回上诉，维持原判。

辽宁高院二审认为，涉案租赁协议是双方当事人的真实意思表示，已经成立。关于采矿经营权的取得和转让，《中华人民共和国矿产资源法》及其实施细则，国务院《探矿权采矿权转让管理办法》、国土资源部《矿业权出让转让管理暂行规定》等法律法规的相关内容，均明确规定采矿经营权是特许经营权，其批准应严格履行审批程序。涉案租赁协议没有履行法定强制性规定的审批手续，符合《中华人民共和国合同法》第五十二条第（五）项的规定，应为无效。

无效协议自始没有效力，部分无效，不影响其他部分效力。陈允斗所诉村委会违约行为的请求，没有法律依据，不予采纳。协议无效涉及的损失赔偿，应以签约时双方的过错情况予以考虑。但鉴于陈允斗在一审中并未主张村委会应承担缔约过失责任及举出相关证据，因此，其所称损失应予赔偿的理由，法律依据不充分，不予支持。该院于2007年7月30日作出（2007）辽民二终字第91号民事判决，驳回上诉，维持原判。

陈允斗不服二审判决，向辽宁高院申请再审称，（一）二审判决认定事实、适用法律均有错误。二审法院将陈允斗与村委会之间的租赁关系认定为采矿权的承包转让关系，并认定协议没有履行法定强制性规定的审批手续的主要证据不足，认定事实错误。二审判决依据法律、行政法规和行政规章的规定，认定协议无效属适用法律错误。该判决依据之一的矿业权出让转让管理暂行规定是行政规章，不能作为认定协议无效的依据。即便当事人未办理登记手续也不影响协议的效力，因为相关法律和行政法规既未规定采矿租赁协议应当办理登记手续，更未规定登记后才生效。（二）村委会的违约行为，致使陈允斗未能完全取得金矿租赁权，村委会应当承担违约责任，赔偿给陈允斗造成的损失。故请求：1. 撤销本案二审判决；2. 改判按照租赁协议约定，村委会交付第一金矿给陈允斗；如不能交付，则由第二金矿代为履行五年；顺延履行第二金矿的协议期限三年；3. 村委会赔偿陈允斗经济损失 160 万元。

村委会再审答辩称，原审判决正确、应予维持。

辽宁高院于 2008 年 5 月 20 日以（2007）辽立民监字第 489 号民事裁定书裁定再审本案。

辽宁高院再审查明：2001 年 10 月 14 日，村委会填报《采矿权出租申请登记表》，此表载明租赁期限为五年，宽甸满族自治县地矿办公室及丹东市规划和国土资源局签署同意，但未经辽宁省国土资源厅审批。有效期分别截止 2004 年 4 月 30 日和 2006 年 4 月 30 日的《企业法人执照》副本载明，陈允斗是第二金矿的法定代表人，村委会于 2005 年 7 月 5 日决定免去陈允斗该职务，任命江新德为该矿法定代表人。

辽宁高院再审查明的其他事实与二审查明的事实一致。

辽宁高院再审认为，关于涉案租赁协议是否有效的问题。根据《中华人民共和国矿产资源法》第六条、《探矿权采矿权转让管理办法》第三条第二项规定，除非发生合并、分立、合资、合营等几种变更企业资产产权的情形，变更采矿权主体，经依法批准可以将采矿权转让外，不得转让采矿权。《矿业权出让转让管理暂行规定》第三十六条规定，矿业权转让是指矿业权人将矿业权转移的行为，包括出售、作价出资、合作、重组改制等；矿业权的出租、抵押，按照矿业权转让的条件和程序进行管理，由原发证机关审查批准。上述法律、行政法规对采矿权的出租及其他转让方式设定了强行性规范。对涉案金矿采矿权的出租，亦应符合国务院规定的条件，并按照条件和程序管理，由原发证机关审查批准。陈允斗与村委会于 2001 年填报的《采矿权出租申请登记表》，虽经宽甸满族自治县地矿办公室及丹东市规划和国土资源局同意，但其是作为下一级地矿主管部门的审查意见呈请审批的，是请批过程中需要履行的行政程序，不具有行政许可的效力。根据《中华人民共和国矿产资源法》第十一条第二款的规定，市级地矿部门没有审批权。在辽宁省国土资源厅作出行政许可前，应认定该项请批尚处于申请阶段，并未得到审批管理机关的批准。因此，本案金矿租赁协议因违反法律的强制性规定而无效。

关于村委会是否构成违约、应否对陈允斗进行赔偿的问题。因涉案租赁协议无效，故不存在按该协议有效追究违约责任的问题。无效的后果是在当事人之间产生返还财产及赔偿损失的请求权。陈允斗在一、二审及再审程序中，均要求追究违约赔偿责任，而未诉缔约过失责任。鉴于陈允斗并未以村委会应承担缔约过失责任诉请赔偿损失和提供证据，因此，其所提由于第一金矿没有交付，致使其投入巨资重新打造井巷工程造成的损失予以赔偿的理由，法律依据不充分，不应支持。

经辽宁高院审判委员会讨论决定，该院于2009年8月14日作出（2008）辽民再字第26号民事判决，维持（2007）辽民二终字第91号民事判决。

陈允斗不服（2008）辽民再字第26号民事再审判决，于2009年11月27日向本院申诉称，其与村委会之间是租赁合同关系，租赁合同内容不违反法律的强制性规定，而且按照有关规定履行了登记手续，辽宁省国土资源厅亦在2002年为其办理过采矿许可证，原再审判决认定协议无效是错误的。再则，在程绍武诉村委会和陈允斗一案中，法院已经认定本案所涉租赁协议有效，并据此驳回程绍武的诉讼请求。同样的协议，原审法院作出相反的判决，显然错误。故请求：1. 撤销辽宁高院（2008）辽民再字第26号民事判决；2. 支持陈允斗的诉讼请求。

本院再审查明：涉案租赁协议签订后，陈允斗依约一次性交清了补偿金（即租金）54万元。2006年10月9日，村委会与程显锋签订《宽甸县虎山镇老边墙村第二金矿采矿权转让协议书》。此后，程显锋又将该矿的采矿许可证办理到自己名下，成为该矿的采矿权人，有效期至2012年3月7日。村委会现已不是第一金矿、第二金矿的采矿权人。

本院查明的其他事实与辽宁高院查明的事实一致。

本院认为，本案是出租人村委会与承租人陈允斗因《老边墙金矿租赁协议书》的履行发生的纠纷，在此法律关系中，村委会是采矿权人，双方约定租赁的是采矿权而非包括采矿设备在内的整个矿山。采矿权租赁是采矿权转让的一种特殊形式，不发生采矿权主体的变更。根据本案当事人主张的民事法律关系性质，应确定本案案由为采矿权转让合同纠纷。原判决确定本案案由为“矿山租赁合同租期延续及赔偿纠纷”不妥，应予变更。

根据本院查明的事实和双方当事人的诉辩情况，本案当事人争议的焦点问题是：（一）涉案《老边墙金矿租赁协议书》是否有效；（二）村委会是否违约并应承担违约责任以及租赁协议应否继续履行。现分别分析论述如下：

（一）关于涉案《老边墙金矿租赁协议书》的效力问题。

陈允斗主张涉案租赁协议有效。其理由是：1. 涉案金矿此前已办理采矿许可证并已承包给他人；2. 当地县、市国土部门已同意村委会报批的采矿权出租申请，只因另一诉讼影响未办成；3. 在另一类似诉讼中法院认定采矿权租赁协议有效。村委会则主张涉案租赁协议未经辽宁省国土资源厅批准，因此无效。本院认为，采矿业属于特许行业，根据有关法律、行政法规的规定，取得涉案金矿的采矿权和租赁权都要经过辽宁省国土资源厅审批，其中任何一项权利未经批准，其采矿行为不受法律保护。1998年2月12日国务院《探矿权采矿权转让管理办法》第十条第三款规定：“批准转让的，转让合同自批准之日起生效。”2000年11月1日国土资源部《矿业权出让转让管理暂行规定》第三十六条第二款规定：“矿业权的出租、抵押，按照矿业权转让的条件和程序进行管理，由原发证机关审查批准。”据此，本院认定涉案租赁协议已合法成立，尚未生效，该协议条款对双方当事人没有约束力，也不产生违约责任。

涉案《老边墙金矿租赁告示》和《老边墙金矿租赁协议书》均属于合同

的组成部分，后者是对前者的确认和补充。两者第四条均约定：“金矿所有手续由承包者自行办理，费用自负。”后者还约定：“如因有关手续办理不妥无法开采，租金不予返还。所造成的损失亦由乙方（即陈允斗）负担。”由此看出，协议约定的办理金矿所有手续的义务人是陈允斗，手续办理不全的责任亦由陈允斗承担。签约当时，陈允斗明知村委会尚未从原承包人手中收回采矿许可证，租赁该金矿会冒巨大商业风险，却执意投标并签订上述协议，是一种甘冒风险的行为。协议签订后，村委会积极办理采矿权租赁审批手续，当地县、市政府有关主管部门已审核同意，只因程绍武拒不交出原采矿许可证并起诉村委会而未获辽宁省国土资源厅批准。村委会对此尽了协助义务，没有过错。据此，村委会对采矿权租赁手续不全并不构成违约，不应承担违约责任。

（二）关于村委会是否违约并应承担违约责任以及租赁协议应否继续履行的问题。

陈允斗主张村委会未办理全部采矿许可证并交付涉案金矿，使其不得不重开巷道，构成违约，应承担违约责任。村委会则主张涉案租赁协议无效，不产生违约责任。本院认为，涉案租赁协议签订后，由于多种原因导致协议没有全部履行，致使陈允斗无法正常开矿，确实遭受了经济损失。但由于该协议未生效，对双方当事人不具有约束力，陈允斗遭受的损失不能依据该协议的违约条款获得救济，故对于陈允斗主张的协议无法履行的责任在村委会，村委会应承担违约责任的主张，不予支持。出租采矿权以拥有合法采矿权为前提，鉴于目前村委会已不是涉案金矿的采矿权主体，丧失了履约条件和能力，依约办理相关审批手续，继续履行涉案租赁协议已不可能，对于陈允斗关于涉案租赁协议应继续履行的主张，本院不予支持。

陈允斗虽然因采矿遭受了经济损失，但其在明知租赁协议未生效的情况下，擅自开挖巷道，属于违法开采行为，该行为不受法律保护，后果自负。对其关于村委会因违约应赔偿其160万元的请求，因缺乏法律依据，本院不予支持。涉案租赁协议未生效，村委会据此取得的陈允斗交付的租金本应返还，但鉴于陈允斗在本案中对此未提出主张，本院不能直接判决返还，陈允斗可以另循法律途径解决。

综上，涉案采矿权租赁协议未生效，村委会不应承担违约责任。退一步讲，即使认定租赁协议有效，鉴于该协议均约定村委会免责，陈允斗对不能依约采矿经营产生的风险自担，村委会同样不应承担违约责任。鉴于村委会现已不是采矿权主体，涉案租赁协议已无法继续履行，陈允斗主张继续履行该协议的依据不足，对其诉求不予支持。辽宁高院再审判决认定事实基本清楚，虽在认定涉案租赁协议无效和案由方面存在瑕疵，但判决结果正确，应予维持。依照《中华人民共和国民事诉讼法》第一百八十六条第一款、《最高人民法院关于适用〈中华人民共和国民事诉讼法〉审判监督程序若干问题的解释》第三十七条的规定，判决如下：

维持辽宁省高级人民法院（2008）辽民再字第26号民事判决。

本判决为终审判决。

051. 一方利用另一方提供的资金及办证所需资料，篡改名头、制作虚假申报材料，以欺骗手段取得勘查许可证的，另一方应如何维护自己的权益①

基本案情：孙某等三人于2004年投资承包某林地，承包期15年，用于开发铁矿。孙某等三人委托玄某办理勘查许可证，并将委托勘查合同书、林地承包合同书、存款证明、探矿权申请登记书等相关资料及办证资金114万元交付玄某。2005年12月28日，经内蒙古自治区国土资源厅批准，通辽市

① 《人民法院关于依法审理矿业权民事纠纷案件典型案例》（最高人民法院2016年7月12日发布），一、孙某等三人与玄某探矿权权属纠纷案，载最高人民法院网站，https：//www.court.gov.cn/zixun/xiangqing/23431.html，最后访问日期：2023年7月6日。

国土资源局对铁矿普查探矿权实行挂牌出让，并予以公告。玄某将办证资料上孙某的名字篡改成自己的名字，并私刻“辽宁省第四地质大队”的公章伪造勘查合同，用孙某等三人交给他的办证资金，以某建筑公司（该公司法定代表人为玄某）名义竞标，将勘查许可证办至玄某自己名下；2006年2月13日，内蒙古自治区国土资源厅向玄正军颁发了《矿产资源勘查许可证》。孙素贤等三人提起诉讼，请求：确认案涉《矿产资源勘查许可证》归孙某等三人所有。

裁判结果：内蒙古自治区通辽市中级人民法院一审认为，玄某利用孙某等三人提供的资金及办证所需资料，篡改名头、制作虚假申报材料，以欺骗手段取得勘查许可证，侵犯了孙某等三人的探矿申请权，遂判决案涉《矿产资源勘查许可证》上设立的探矿权为孙某等三人所有。内蒙古自治区高级人民法院二审认为，孙某等三人主张玄某采取伪造资料等方式取得案涉勘查许可权，其应向国土资源主管部门反映情况，由主管部门查清事实后采取措施，也可以依法向人民法院提起行政诉讼，请求撤销玄某取得的勘查许可证。孙某等三人提起的诉讼，不属于民事诉讼范围。二审法院裁定撤销一审判决，驳回孙某等三人的起诉。最高人民法院经再审审查认为，探矿权的取得须经国土资源主管部门的许可，此种行政许可具有赋权性质，属行政机关管理职能。在探矿权须经行政许可方能设立、变更或者撤销的情况下，孙某等三人请求确认《矿产资源勘查许可证》归其所有，不符合法律规定的民事诉讼受案范围，二审法院裁定驳回起诉，并无不当。

典型意义

矿业权兼具民事物权属性和行政许可特性。矿业权的权利行使和救济关涉行政权和司法权的职责分工。探矿权的取得须经国土资源主管部门许可，《矿产资源勘查许可证》的登记、变更等属于国土资源主管部门的行政管理职能。委托人委托他人办理勘查许可证，受托人未忠实履行受托义务，采取欺诈的手段，将勘查许可证办理在自己名下，委托人直接提起民事诉讼，请求确认勘查许可证归其所有，是权利救济渠道的不当选择，人民法院裁定驳回起诉是对行政机关行政管理职能的尊重，准确把握了司法权介入的法定边界。本案情形下，委托人可以利害关系人身份向国土资源主管部门提出撤销申请，并请求对探矿权的归属依法作出处理；也可以依法提起行政诉讼，请求人民法院对国土资源主管部门的具体行政行为进行审查；还可以依据合同向受托人主张违约责任或者民事损害赔偿，实现权利被侵害后的法律救济。

052. 乡政府是否可以出让辖区内的矿产资源[①]

基本案情：2003 年 1 月 16 日，某乡政府与傅某签订合同，约定由傅某开发某矿山。合同签订后，傅某依约投资道路等设施并实施探矿行为。2005 年 1 月 24 日，县政府批准挂牌出让案涉矿山采矿权。2007 年 7 月，县政府将案涉矿山列入禁采范围。傅某未能依法取得案涉矿山的采矿许可证。傅某提起诉讼，请求某乡政府赔偿损失，并支付投资款的资金占用期间利息。

裁判结果：福建省莆田市中级人民法院一审查明傅某实际投资款 153.3561 万元，判令某乡政府承担 50%的赔偿责任。福建省高级人民法院二审认为，某乡政府明知自己无权出让辖区内矿产资源，未经有权机关审批以签订承包合同的方式将案涉矿山交由傅某开发，所签合同应为无效。案涉矿山已被列为禁采区，不具备办理合法审批手续的可能，由此产生的法律后果应依傅钦其投入资产性质分类处理，其中押金属于某乡政府因合同收取的保证金，

① 《人民法院关于依法审理矿业权民事纠纷案件典型案例》（最高人民法院 2016 年 7 月 12 日发布），二、傅某与仙游县某乡人民政府采矿权纠纷案，载最高人民法院网站，https：//www. court. gov. cn/zixun/xiangqing/23431. html，最后访问日期：2023 年 7 月 6 日。

应直接返还；所修公路位于某乡政府辖区范围，属于其获益部分，应按照实际支出折价补偿；其余投资属于履行合同受到的损失，应按照过错比例承担民事赔偿责任。遂判令某乡政府返还傅某押金和修路支出费用共计67.0712万元，对傅某86.2849万元投资损失承担80%的赔偿责任。

典型意义

矿产资源归国家所有，国家对矿产资源的勘查、开采实施严格的许可证管理制度。矿业权的出让应由县级以上国土资源主管部门根据法定权限依法进行，乡级政府并非适格的矿业权出让主体。在不拥有矿山勘查、采矿许可证的情况下，乡级政府签订合同擅自将国家所有的矿产资源交由他人勘查、开采，不仅严重侵害国家对矿产资源的所有权，造成矿业权税费流失，而且极易造成矿产资源的乱采滥挖，甚至导致环境污染、生态破坏。对此类合同应给予否定性法律评价。人民法院应在认定合同无效的前提下，区别返还财产和赔偿损失等不同责任方式，在维护矿产资源国家所有权的同时，综合考虑过错因素，保护当事人的合法利益和矿业权流转市场的交易秩序。

（二）地方法院典型案例

053. 探矿权转让合同解除条件的认定[①]

基本案情：陈某某与通化某有限责任公司（以下简称通化某公司）于2013年2月1日签订《探矿权转让合同》，约定了案涉探矿权转让价款，通

① 《吉林法院环境资源典型案例》（2020年6月5日发布），七、陈某某与通化某有限责任公司、徐某某探矿权转让合同纠纷案，载吉林省高级人民法院司法公开网，http：//www.jlsfy.gov.cn/zxdxal/392514.jhtml，最后访问日期：2023年7月6日。

化某公司在合同生效后九个月内仍未能将案涉探矿权更名到通化某公司名下，陈某某有权解除合同。2014 年 6 月 9 日，通化市人民政府同意国土资源局将案涉探矿权转让给通化某公司。2015 年 9 月 21 日，国土资源局将案涉探矿权由详查项目升级为勘探，有效期为 2014 年 8 月 7 日至 2016 年 8 月 7 日；另于 2016 年 9 月 16 日下发责令改正通知书，明确勘察许可证到期，责令办理相关手续。通化某公司未能将合同所涉探矿权变更登记在其名下，案涉探矿权灭失，双方成讼。

裁判结果：吉林省通化市中级人民法院一审认为，双方合同约定的解除条件已经成就，陈某某有权解除合同。陈某某与通化某公司均存在合理损失，通化某公司应承担陈某某的合理损失；陈某某因未依约提供最低勘探投入对探矿权灭失存在过错，应承担通化某公司合理损失的 70%。遂判决解除双方签订的《探矿权转让合同书》，通化某公司给付陈某某 121 万余元。吉林省高级人民法院二审认为，案涉探矿权转让合同成立未生效但具有法律约束力。按照合同约定陈某某享有单方解除权，案涉合同应予解除。陈某某对于探矿权灭失不承担责任，通化某公司的损失应由其自行承担。对于陈某某的合理损失，在案涉探矿权转让合同违约责任约定不明，且双方不能协商一致的情况下，依据诚实信用原则，结合本案具体情况，合理认定双方损失负担。故对双方承担损失部分予以改判，判决通化某公司给付陈某某 501 万余元。

典型意义

本案系探矿权转让合同纠纷案件。矿产资源关涉国民经济发展、国家战略安全和生态环境保护。探矿权兼具民事物权属性和行政许可特性，本身具有相当大的投资风险，是否能获得收益有很大的不确定性。探矿权转让合同纠纷案件作为新型案件在吉林省并不多见，法律适用涵涉《中华人民共和国民法总则》《中华人民共和国合同法》《中华人民共和国物权法》《中华人民共和国矿产资源法》《最高人民法院关于审理矿业权纠纷案件适用法律若干问题的解释》及《探矿权采矿权转让管理办法》等诸多法律法规，审理该类案件具有一定难度。不仅要树立产权保护意识，贯彻物权变动与合同效力适度区分原则，也要注意区分司法裁判与行政监管的边界以及相互衔接协调，保护矿产权依法流转，促进资源节约与环境保护。

（三）裁判依据

《中华人民共和国民法典》

第三百二十九条 依法取得的探矿权、采矿权、取水权和使用水域、滩涂从事养殖、捕捞的权利受法律保护。

《中华人民共和国矿产资源法》

第三条 矿产资源属于国家所有，由国务院行使国家对矿产资源的所有权。地表或者地下的矿产资源的国家所有权，不因其所依附的土地的所有权或者使用权的不同而改变。

国家保障矿产资源的合理开发利用。禁止任何组织或者个人用任何手段侵占或者破坏矿产资源。各级人民政府必须加强矿产资源的保护工作。

勘查、开采矿产资源，必须依法分别申请、经批准取得探矿权、采矿权，并办理登记；但是，已经依法申请取得采矿权的矿山企业在划定的矿区范围内为本企业的生产而进行的勘查除外。国家保护探矿权和采矿权不受侵犯，保障矿区和勘查作业区的生产秩序、工作秩序不受影响和破坏。

从事矿产资源勘查和开采的，必须符合规定的资质条件。

第四条 国家保障依法设立的矿山企业开采矿产资源的合法权益。

国有矿山企业是开采矿产资源的主体。国家保障国有矿业经济的巩固和发展。

第五条 国家实行探矿权、采矿权有偿取得的制度；但是，国家对探矿权、采矿权有偿取得的费用，可以根据不同情况规定予以减缴、免缴。具体办法和实施步骤由国务院规定。

开采矿产资源，必须按照国家有关规定缴纳资源税和资源补偿费。

第六条 除按下列规定可以转让外，探矿权、采矿权不得转让：

（一）探矿权人有权在划定的勘查作业区内进行规定的勘查作业，有权优先取得勘查作业区内矿产资源的采矿权。探矿权人在完成规定的最低勘查投入后，经依法批准，可以将探矿权转让他人。

（二）已取得采矿权的矿山企业，因企业合并、分立，与他人合资、合作经营，或者因企业资产出售以及有其他变更企业资产产权的情形而需要变更采矿权主体的，经依法批准可以将采矿权转让他人采矿。

前款规定的具体办法和实施步骤由国务院规定。

禁止将探矿权、采矿权倒卖牟利。

《最高人民法院关于审理矿业权纠纷案件适用法律若干问题的解释》

第一条 人民法院审理探矿权、采矿权等矿业权纠纷案件，应当依法保护矿业权流转，维护市场秩序和交易安全，保障矿产资源合理开发利用，促进资源节约与环境保护。

第三条 受让人请求自矿产资源勘查许可证、采矿许可证载明的有效期起始日确认其探矿权、采矿权的，人民法院应予支持。

矿业权出让合同生效后、矿产资源勘查许可证或者采矿许可证颁发前，第三人越界或者以其他方式非法勘查开采，经出让人同意已实际占有勘查作业区或者矿区的受让人，请求第三人承担停止侵害、排除妨碍、赔偿损失等侵权责任的，人民法院应予支持。

第十八条 当事人约定在自然保护区、风景名胜区、重点生态功能区、生态环境敏感区和脆弱区等区域内勘查开采矿产资源，违反法律、行政法规的强制性规定或者损害环境公共利益的，人民法院应依法认定合同无效。

第十九条 因越界勘查开采矿产资源引发的侵权责任纠纷，涉及自然资源主管部门批准的勘查开采范围重复或者界限不清的，人民法院应告知当事人先向自然资源主管部门申请解决。

第二十条 因他人越界勘查开采矿产资源，矿业权人请求侵权人承担停止侵害、排除妨碍、返还财产、赔偿损失等侵权责任的，人民法院应予支持，但探矿权人请求侵权人返还越界开采的矿产品及收益的除外。

第二十一条 勘查开采矿产资源造成环境污染，或者导致地质灾害、植被毁损等生态破坏，国家规定的机关或者法律规定的组织提起环境公益诉讼的，人民法院应依法予以受理。

国家规定的机关或者法律规定的组织为保护国家利益、环境公共利益提起诉讼的，不影响因同一勘查开采行为受到人身、财产损害的自然人、法人和非法人组织依据民事诉讼法第一百一十九条的规定提起诉讼。

第二十二条 人民法院在审理案件中，发现无证勘查开采，勘查资质、地质资料造假，或者勘查开采未履行生态环境修复义务等违法情形的，可以向有关行政主管部门提出司法建议，由其依法处理；涉嫌犯罪的，依法移送侦查机关处理。

《探矿权采矿权转让管理办法》

第三条 除按照下列规定可以转让外，探矿权、采矿权不得转让：

（一）探矿权人有权在划定的勘查作业区内进行规定的勘查作业，有权优先取得勘查作业区内矿产资源的采矿权。探矿权人在完成规定的最低勘查投入后，经依法批准，可以将探矿权转让他人。

（二）已经取得采矿权的矿山企业，因企业合并、分立，与他人合资、合作经营，或者因企业资产出售以及有其他变更企业资产产权的情形，需要变更采矿权主体的，经依法批准，可以将采矿权转让他人采矿。

第四条 国务院地质矿产主管部门和省、自治区、直辖市人民政府地质矿产主管部门是探矿权、采矿权转让的审批管理机关。

国务院地质矿产主管部门负责由其审批发证的探矿权、采矿权转让的审批。

省、自治区、直辖市人民政府地质矿产主管部门负责本条第二款规定以外的探矿权、采矿权转让的审批。

第五条 转让探矿权，应当具备下列条件：

（一）自颁发勘查许可证之日起满2年，或者在勘查作业区内发现可供进一步勘查或者开采的矿产资源；

（二）完成规定的最低勘查投入；

（三）探矿权属无争议；

（四）按照国家有关规定已经缴纳探矿权使用费、探矿权价款；

（五）国务院地质矿产主管部门规定的其他条件。

第六条 转让采矿权，应当具备下列条件：

（一）矿山企业投入采矿生产满1年；

（二）采矿权属无争议；

（三）按照国家有关规定已经缴纳采矿权使用费、采矿权价款、矿产资源补偿费和资源税；

（四）国务院地质矿产主管部门规定的其他条件。

国有矿山企业在申请转让采矿权前，应当征得矿山企业主管部门的同意。

二、土地承包经营权纠纷

（一）最高人民法院公报案例及典型案例

054. 承包期内，全家迁入设区的市，转为非农业户口的，应当将承包的耕地和草地交回发包方[①]

基本案情：2007年10月30日，吉林省白城市洮北区农村土地承包仲裁委员会作出裁决：王淑某对王振某所种土地享有承包经营权。一审原告王振某遂向洮北区人民法院请求：1. 确认三某村村委会与王振某签订的土地承包经营合同有效；2. 确认王淑某对王振某承包的土地无承包经营权。王淑某答辩称其在王振某承包的土地中享有五分之一的承包经营权。王淑某1975年1月25日结婚，由于其丈夫是军人，故户口仍在王振某家。1982年，某跃村发包土地时，王淑某与王振某一家系同一家庭成员，5口人承包5.4亩地，人均1.08亩，承包户户主为王振某。王淑某的户口于1992年1月迁入白城市并转为非农业户口。1997年第二轮土地承包时，王振某家承包4.82亩土地，并于2005年取得《农村土地承包经营权证》，共有人没有记载王淑某。

王振某于2010年10月死亡，被申请人由王振某变更为其妻何福某、其子王某东、王某胜。

---

① 《王淑某与何福某、王某胜等农村土地承包经营权纠纷案》，载中国法院网，https：//www.chinacourt.org/article/detail/2014/03/id/1233533.shtml，最后访问日期：2023年7月6日。

一审法院判决：1. 王振某与村委会签订的土地承包合同有效；2. 王淑某对王振某承包的土地不享有1.08亩承包经营权。白城中院二审判决：驳回王淑某的上诉，维持原判。白城中院再审后判决：1. 撤销二审判决和一审判决第二项；2. 维持一审判决第一项。2009年12月吉林高院裁定驳回王淑某的再审申请。2012年6月吉林高院提审后判决：1. 撤销一、二审判决及原再审民事判决；2. 驳回王振某的诉讼请求。

裁判结果：最高人民法院提审认为，王淑某作为城市居民，在二轮土地延包中不享有土地承包经营权。第一，王淑某于1992年1月将户口从王振某家迁至白城市新立派出所辖区内落户。《中华人民共和国农村土地承包法》第二十六条第三款之规定："承包期内，全家迁入设区的市，转为非农业户口的，应当将承包的耕地和草地交回发包方。承包方不交回的，发包方可以收回承包的耕地和草地。"可见迁入设区的市、转为非农业户口，是丧失农村土地承包经营权的条件。由于目前我国法律没有对农村居民个人丧失土地承包经营权的条件作出明确具体的规定，因此，只能比照法律中最相类似的条款进行认定，上述规定应当成为认定在第二轮土地承包中，王淑某是否对王振某家承包的土地享有承包经营权的法律依据。此时王淑某的户口已经迁入设区的市，成为城市居民，因此不应再享有农村土地承包经营权。当地第二轮土地承包仍依照《中华人民共和国农村土地承包法》第十五条之规定，以本集体经济组织的农户为单位。延包的含义是只丈量土地，不进行调整。符合增人不增地、减人不减地的政策。王淑某此时已不是王振某家庭成员，在二轮土地延包中不享有土地承包经营权。第二，《农村土地承包经营权证》是民事案件中认定当事人是否具有农村土地承包经营权的重要依据。

王振某起诉是因为洮北区农村土地承包仲裁委员会作出的裁决，确认王淑某在其家庭承包的土地中享有0.964亩土地承包经营权。该裁决书中有如不服裁决，可在30日内向法院起诉的内容。因此，法院应当受理此案并作出判决。另外，王淑某并未请求当地村委会另行向其发包土地，而是主张在王振某一家承包的土地中，享有1.08亩承包经营权。故对于上述发生在平等主体之间的民事权益之争，不应通过行政诉讼解决。最高法院判决撤销了吉林高院的再审判决和白城中院民事判决，维持白城中院的二审判决。

典型意义

从吉林省三级法院的四个裁判结果看，部分法院对是否应当受理当事人以其在他人承包的土地中享有承包经营权为由提起的民事诉讼以及是否可以在一定条件下对某个自然人是否具有某个农村集体经济组织成员资格作出认定的问题，认识不一。本案明确了法院在审理此类案件中，应当比照《中华人民共和国农村土地承包法》第二十六条第三款之规定，在认定当事人是否具有某个农村集体经济组织成员资格的基础上对其是否享有农村土地承包经营权问题作出裁决，因而具有一定指导意义。

055. 多次催要土地租金未果，村委会可否要求解除合同，返还承租土地[①]

基本案情：2007年，经江苏省镇江市某区人民政府招商引资，镇江A生态农业开发有限公司（以下简称A公司）与该区B村村民委员会签订多份土地承包经营权转让协议，先期承包该村近900亩土地，计划投资4.45亿元用于特色农业生产开发。合同签订后，A公司介绍已先后投入3亿余元用于拆迁、道路、机耕道、土地整形、生态沟渠、日光温室、苗木栽培等项目建设。后由于A公司法定代表人遭遇交通事故等原因，A公司自2015年起开始拖延

① 《人民法院助推民营经济高质量发展典型民商事案例》（2021年9月3日公布），五、江苏镇江市某区B村委会与镇江A生态农业开发有限公司土地承包经营权纠纷案，载最高人民法院网站，https://www.court.gov.cn/zixun/xiangqing/320231.html，最后访问日期：2023年7月6日。

支付土地流转使用费。2016年度的土地承包使用费由B村村委会提供担保，A公司向他人借款后支付给村委会，再由村委会发放给各农户；2017年度土地承包使用费由A公司向B村村委会借款70万元向各农户发放；2017年年底起，B村村委会又多次向A公司催要2018年度的土地租金未果，遂诉至法院要求解除合同，返还所承租的近900亩土地。

裁判结果：镇江市丹徒区人民法院一审认定A公司违约，判令解除合同并返还土地。镇江市中级人民法院二审认为，A公司在本案争议发生前，已经取得了相关部门的项目规划许可，并投入大量资金和人力用于项目建设。本案中，A公司的违约并未根本影响合同目的的实现，如果判令解除合同将造成社会资源的巨大浪费。二审法院积极与B村村委会沟通，分析A公司运营给村集体带来的经济利益，最终村委会同意就合同继续履行与A公司进行协商。之后，法院又积极联系A公司，提出改善经营的意见建议。经过多次耐心细致工作，最终B村村委会与A公司双方达成了调解协议，土地承包协议继续履行，A公司限期支付土地承包费。

典型意义

实施乡村振兴战略，是以习近平同志为核心的党中央从党和国家事业全局出发，从实现中华民族伟大复兴着眼，顺应亿万农民对美好生活向往作出的重大决策。人民法院积极服务乡村振兴战略，精准对接脱贫地区司法需求，鼓励引导民营企业投身乡村振兴，实现民营企业“万企帮万村”精准扶贫和乡村振兴阶段“万企兴万村”的有效衔接。本案A公司开发项目包括田园综合体、文旅、康养等，为附近村民提供了更多的就业机会，支付给村委会的租金增加了部分农户收入，并带动整个乡村生态环境和基础设施的改善。但由于该公司法定代表人遭遇交通事故等原因，未能按时足额缴纳土地承包费，以致产生诉讼。二审法院镇江中院从振兴乡村经济出发，深入乡村考察、积极组织双方在庭外进行协商调解，为企业经营献言献策、解决后顾之忧，既化解了双方之间的矛盾，又推动当地特色农业项目继续推进。

（二）地方法院典型案例

056. 违法改变基本农田用途，行为人应承担土地恢复至能够耕种状态后予以返还的责任①

简要案情：2012年4月22日，王某与刘某涛签订土地租赁合同，约定将土地租赁给刘某涛用于发展棚室生产，租赁期限自2012年至2027年第二轮土地承包结束为止。合同约定“乙方在租赁甲方的土地上有从事农业生产、经营活动的权利”“乙方不得随意改变土地用途、不得从事非农业生产”。刘某涛在案涉土地上种植树苗用于买卖。经向大庆市自然资源局大同分局调取案涉土地情况，可以认定案涉土地属于基本农田。王某向一审法院提起诉讼，诉请解除土地租赁合同，将土地恢复到可耕种状态予以返还，赔偿表土恢复、土壤改良、减产损失共29，6312.5元。

一审法院经审理认为，根据土地承包经营权证，该地块并非基本农田，且刘某涛栽种部分树苗仍属农业行为，部分树苗虽未及时处理但该土地在承包期内具有恢复耕种的可能性，且相关部门并未认定刘某涛种植林木或苗木的行为属于改变土地用途，判决驳回王某的诉讼请求。王某不服一审判决，提起上诉。二审法院认为，王某与刘某涛签订的《土地租赁合同》明确约定

① 《黑龙江省环境资源保护典型案例》（黑龙江省高级人民法院2023年5月31日发布），一、王某诉刘某涛农村土地承包经营权纠纷案，载黑龙江法院网，http：//www.hljcourt.gov.cn/public/detail.php?id=37040，最后访问日期：2023年7月6日。

承包土地用于“发展棚室生产”，并约定刘某涛不得随意改变土地用途。案涉土地属于基本农田。刘某涛自认其在承包地范围内种植树苗，截至二审审理期间，仍有部分土地种植苗木。依据《中华人民共和国土地管理法》《基本农田保护条例》规定，永久基本农田经依法划定后，任何单位和个人不得擅自占用或者改变其用途，禁止任何单位和个人占用基本农田发展林果业和挖塘养鱼。刘某涛在永久基本农田上种植苗木的行为，既违反合同约定，又违反法律、行政法规强制性规定。遂判决撤销一审判决，支持王某关于解除《土地租赁合同》，将土地恢复至能够耕种状态后予以返还的诉讼请求。

典型意义

耕地是粮食生产的命根子，是中华民族永续发展的根基。14 亿中国人的饭碗要牢牢端在自己手上，就要落实最严格的耕地保护制度，坚决遏制耕地“非农化”、基本农田“非粮化”。本案系涉及违法改变基本农田用途的民事案件。二审法院在依法作出裁判的同时，坚持损害担责，落实以土地恢复为中心的损害救济制度，督促指导当事人恢复土地；统筹考虑民事、行政责任的有机衔接，向相关部门下发司法建议书，共同推动“黑土地”保护，体现了保护生态环境、维护耕地安全的决心和力度。尤其是本案民事判决生效正值春耕时节，二审法院协调村民委员会、镇政府等相关部门，对案涉 10.3 亩土地进行实地测量，监督土地恢复至能够耕种的状态，并由当事人完成播种，充分做到“保春耕、促生产”，对于依法治理基本农田“非粮化”问题，具有十分重要的意义。

057. 土地承包经营权受法律保护，冒领他人补偿款要担责[①]

基本案情：原告罗某某与被告王某某均为六盘水市水城区某村村民。2018年水城区人民政府给罗某某颁发《农村土地承包经营权证》，原告罗某某以家庭承包的方式承包了8块地，后原告罗某某的部分承包地被该乡水厂征收。被告王某某领取了案涉土地补偿款并在水厂征地丈量登记表“被征地农户签名栏”处签上自己的名字，原告遂诉至法院，请求被告返案涉土地补偿款。

裁判结果：六盘水市水城区人民法院经审理认为，农户依法获得的土地承包经营权受法律保护，土地承包经营权自土地承包经营权合同生效时设立。本案中双方争议的土地管理使用权已由经《农村土地承包经营权证》确认归原告罗某某管理使用，合法的土地承包经营权受法律保护，任何组织和个人不得非法侵占，被告王某某在罗某某未知的情况下私自将原告经营管理的土地给予第三方丈量，并领走了土地征收补偿款，侵犯了原告罗某某合法权益，应承担侵权责任。被告王某某应依法退还相应的土地征收补偿款。

典型意义

土地是农民赖以生产生存的物质基础和基本生产资料，是农民最重要的生活保障，充分保障农民土地承包经营权，稳定土地承包关系是乡村振兴的核心内容，也是农民合法权益不容侵犯的重要表现。本案中，综合考虑当事人生产生活状况、土地登记状况以及农村土地对农民的基本生活保

① 《贵州高院涉服务“三农”工作典型民事案例》（2023年4月18日发布），五、土地承包经营权受法律保护冒领他人补偿款要担责——罗某某诉王某某土地承包经营权纠纷案，载贵州高院微信公众号，https：//mp. weixin. qq. com/s/C7lhS8ueMWfCP-DZGQCO0A，最后访问日期：2023年7月6日。

障功能等因素，合理认定相关权利主体，判令被告侵犯他人土地承包经营权依法应当承担民事责任，体现了司法服务保障乡村治理体系和治理能力现代化的积极态度。

058. 依法保障土地承包经营权，集体经济组织无权随意排除①

基本案情：原告张某某在内的17户村民属于被告某村某街组的村民，因修建水库政府征收该17户村民的承包地并支付相应征收补偿费。后被告某村某街组召开群众代表大会讨论如何分配案涉补偿费并形成一致方案："征地补偿款在每户应得补偿款抽留12%后以一轮家庭联产承包的人口数为基数均分，要求必须三证（土地承包经营权证、林权证、信用社一折通）合一才能领取补偿款。"原告提交的土地承包经营权证存在部分涂改，于是被告召开群众代表大会形成决议认为原告的土地承包经营权证作废，并据此排除原告的分配权，遂原告张某某诉至法院，请求被告某村某街组支付相应的征收补偿费。

裁判结果：铜仁市印江县人民法院经审理认为，土地承包经营权证及林权证是人民政府代表国家向承包户颁发的土地承包经营权的具体行政行为，属于承包户拥有土地承包经营权的法律凭证。对有涂改土地承包经营权能否作废，不能由群众代表大会决定，且并不能据此排除承包户对承包地征收补偿费的分配权。虽然原告提供的土地承包经营权证中确实存在部分内容涂改，但根据《农村承包土地基本情况登记表》和林权证等相应证据可证明其属于该街组成员，依法对案涉土地享有承包经营权，遂法院判决被告某村某街组

① 《贵州高院涉服务"三农"工作典型民事案例》（2023年4月18日发布），二、依法保障土地承包经营权集体经济组织无权随意排除——张某某诉某村某街组承包地征收补偿费用分配纠纷案，载贵州高院微信公众号，https：//mp. weixin. qq. com/s/C7lhS8ueMWfCP-DZGQCO0A，最后访问日期：2023年7月6日。

应当支付原告张某某相应征地补偿款。

典型意义

农村承包地是农村居民赖以生存的基础生产要素，是农村居民基本生活保障，承包地被征收后产生的补偿款，更是其生活的替代保障。随着经济社会的发展和乡村振兴战略的推进，农村土地被征收开发利用的力度不断加大，农村集体组织的自决事项不断增多。村集体组织虽然依法享有自主决定自治范围内事项的权利，但村民集体经济组织制定的村规民约、规章制度、财产分配方案等必须符合法律法规以及合法有效规章、规范性文件的规定，不得剥夺集体组织成员依法享有的基本权利。

（三）裁判依据

《中华人民共和国民法典》

第一百四十七条 基于重大误解实施的民事法律行为，行为人有权请求人民法院或者仲裁机构予以撤销。

第一百四十八条 一方以欺诈手段，使对方在违背真实意思的情况下实施的民事法律行为，受欺诈方有权请求人民法院或者仲裁机构予以撤销。

第一百五十条 一方或者第三人以胁迫手段，使对方在违背真实意思的情况下实施的民事法律行为，受胁迫方有权请求人民法院或者仲裁机构予以撤销。

第一百五十四条 行为人与相对人恶意串通，损害他人合法权益的民事法律行为无效。

第二百四十三条 为了公共利益的需要，依照法律规定的权限和程序可以征收集体所有的土地和组织、个人的房屋以及其他不动产。

征收集体所有的土地，应当依法及时足额支付土地补偿费、安置补助费以及农村村民住宅、其他地上附着物和青苗等的补偿费用，并安排被征地农民的社会保障费用，保障被征地农民的生活，维护被征地农民的合法权益。

征收组织、个人的房屋以及其他不动产，应当依法给予征收补偿，维护被征收人的合法权益；征收个人住宅的，还应当保障被征收人的居住条件。

任何组织或者个人不得贪污、挪用、私分、截留、拖欠征收补偿费等费用。

第二百四十四条 国家对耕地实行特殊保护，严格限制农用地转为建设用地，控制建设用地总量。不得违反法律规定的权限和程序征收集体所有的土地。

第三百三十一条 土地承包经营权人依法对其承包经营的耕地、林地、草地等享有占有、使用和收益的权利，有权从事种植业、林业、畜牧业等农业生产。

第三百三十二条 耕地的承包期为三十年。草地的承包期为三十年至五十年。林地的承包期为三十年至七十年。

前款规定的承包期限届满，由土地承包经营权人依照农村土地承包的法律规定继续承包。

第三百三十三条 土地承包经营权自土地承包经营权合同生效时设立。

登记机构应当向土地承包经营权人发放土地承包经营权证、林权证等证书，并登记造册，确认土地承包经营权。

第三百三十四条 土地承包经营权人依照法律规定，有权将土地承包经营权互换、转让。未经依法批准，不得将承包地用于非农建设。

第三百三十五条 土地承包经营权互换、转让的，当事人可以向登记机构申请登记；未经登记，不得对抗善意第三人。

第三百三十六条 承包期内发包人不得调整承包地。

因自然灾害严重毁损承包地等特殊情形，需要适当调整承包的耕地和草地的，应当依照农村土地承包的法律规定办理。

第三百三十七条 承包期内发包人不得收回承包地。法律另有规定的，依照其规定。

第三百三十八条 承包地被征收的，土地承包经营权人有权依据本法第二百四十三条的规定获得相应补偿。

第三百三十九条 土地承包经营权人可以自主决定依法采取出租、入股或者其他方式向他人流转土地经营权。

第三百四十条 土地经营权人有权在合同约定的期限内占有农村土地，自主开展农业生产经营并取得收益。

第三百四十一条 流转期限为五年以上的土地经营权，自流转合同生效时设立。当事人可以向登记机构申请土地经营权登记；未经登记，不得对抗善意第三人。

第三百四十二条 通过招标、拍卖、公开协商等方式承包农村土地，经依法登记取得权属证书的，可以依法采取出租、入股、抵押或者其他方式流转土地经营权。

第三百四十三条 国家所有的农用地实行承包经营的，参照适用本编的有关规定。

第五百零六条 合同中的下列免责条款无效：

（一）造成对方人身损害的；

（二）因故意或者重大过失造成对方财产损失的。

第五百四十八条 债务人接到债权转让通知后，债务人对让与人的抗辩，可以向受让人主张。

第五百六十二条 当事人协商一致，可以解除合同。

当事人可以约定一方解除合同的事由。解除合同的事由发生时，解除权人可以解除合同。

第五百六十三条 有下列情形之一的，当事人可以解除合同：

（一）因不可抗力致使不能实现合同目的；

（二）在履行期限届满前，当事人一方明确表示或者以自己的行为表明不履行主要债务；

（三）当事人一方迟延履行主要债务，经催告后在合理期限内仍未履行；

（四）当事人一方迟延履行债务或者有其他违约行为致使不能实现合同

目的；

（五）法律规定的其他情形。

以持续履行的债务为内容的不定期合同，当事人可以随时解除合同，但是应当在合理期限之前通知对方。

第五百六十六条 合同解除后，尚未履行的，终止履行；已经履行的，根据履行情况和合同性质，当事人可以请求恢复原状或者采取其他补救措施，并有权请求赔偿损失。

合同因违约解除的，解除权人可以请求违约方承担违约责任，但是当事人另有约定的除外。

主合同解除后，担保人对债务人应当承担的民事责任仍应当承担担保责任，但是担保合同另有约定的除外。

第五百六十八条 当事人互负债务，该债务的标的物种类、品质相同的，任何一方可以将自己的债务与对方的到期债务抵销；但是，根据债务性质、按照当事人约定或者依照法律规定不得抵销的除外。

当事人主张抵销的，应当通知对方。通知自到达对方时生效。抵销不得附条件或者附期限。

第五百七十七条 当事人一方不履行合同义务或者履行合同义务不符合约定的，应当承担继续履行、采取补救措施或者赔偿损失等违约责任。

第五百七十八条 当事人一方明确表示或者以自己的行为表明不履行合同义务的，对方可以在履行期限届满前请求其承担违约责任。

第九百九十六条 因当事人一方的违约行为，损害对方人格权并造成严重精神损害，受损害方选择请求其承担违约责任的，不影响受损害方请求精神损害赔偿。

《中华人民共和国农村土地承包法》

第九条 承包方承包土地后，享有土地承包经营权，可以自己经营，也可以保留土地承包权，流转其承包地的土地经营权，由他人经营。

第十条 国家保护承包方依法、自愿、有偿流转土地经营权，保护土地经营权人的合法权益，任何组织和个人不得侵犯。

第三十条 承包期内，承包方可以自愿将承包地交回发包方。承包方自愿交回承包地的，可以获得合理补偿，但是应当提前半年以书面形式通知发包方。承包方在承包期内交回承包地的，在承包期内不得再要求承包土地。

第三十二条 承包人应得的承包收益，依照继承法的规定继承。

林地承包的承包人死亡，其继承人可以在承包期内继续承包。

第三十三条 承包方之间为方便耕种或者各自需要，可以对属于同一集体经济组织的土地的土地承包经营权进行互换，并向发包方备案。

第三十六条 承包方可以自主决定依法采取出租（转包）、入股或者其他方式向他人流转土地经营权，并向发包方备案。

第三十八条 土地经营权流转应当遵循以下原则：

（一）依法、自愿、有偿，任何组织和个人不得强迫或者阻碍土地经营权流转；

（二）不得改变土地所有权的性质和土地的农业用途，不得破坏农业综合生产能力和农业生态环境；

（三）流转期限不得超过承包期的剩余期限；

（四）受让方须有农业经营能力或者资质；

（五）在同等条件下，本集体经济组织成员享有优先权。

第三十九条 土地经营权流转的价款，应当由当事人双方协商确定。流转的收益归承包方所有，任何组织和个人不得擅自截留、扣缴。

第四十条 土地经营权流转，当事人双方应当签订书面流转合同。

土地经营权流转合同一般包括以下条款：

（一）双方当事人的姓名、住所；

（二）流转土地的名称、坐落、面积、质量等级；

（三）流转期限和起止日期；

（四）流转土地的用途；

（五）双方当事人的权利和义务；

（六）流转价款及支付方式；

（七）土地被依法征收、征用、占用时有关补偿费的归属；

（八）违约责任。

承包方将土地交由他人代耕不超过一年的，可以不签订书面合同。

第四十一条 土地经营权流转期限为五年以上的，当事人可以向登记机构申请土地经营权登记。未经登记，不得对抗善意第三人。

第四十二条 承包方不得单方解除土地经营权流转合同，但受让方有下列情形之一的除外：

（一）擅自改变土地的农业用途；

（二）弃耕抛荒连续两年以上；

（三）给土地造成严重损害或者严重破坏土地生态环境；

（四）其他严重违约行为。

第四十三条 经承包方同意，受让方可以依法投资改良土壤，建设农业生产附属、配套设施，并按照合同约定对其投资部分获得合理补偿。

第四十四条 承包方流转土地经营权的，其与发包方的承包关系不变。

第四十五条 县级以上地方人民政府应当建立工商企业等社会资本通过流转取得土地经营权的资格审查、项目审核和风险防范制度。

工商企业等社会资本通过流转取得土地经营权的，本集体经济组织可以收取适量管理费用。

具体办法由国务院农业农村、林业和草原主管部门规定。

第四十六条 经承包方书面同意，并向本集体经济组织备案，受让方可以再流转土地经营权。

第四十七条 承包方可以用承包地的土地经营权向金融机构融资担保，并向发包方备案。受让方通过流转取得的土地经营权，经承包方书面同意并向发包方备案，可以向金融机构融资担保。

担保物权自融资担保合同生效时设立。当事人可以向登记机构申请登记；未经登记，不得对抗善意第三人。

实现担保物权时，担保物权人有权就土地经营权优先受偿。

土地经营权融资担保办法由国务院有关部门规定。

第五十条 荒山、荒沟、荒丘、荒滩等可以直接通过招标、拍卖、公开协商等方式实行承包经营，也可以将土地经营权折股分给本集体经济组织成员后，再实行承包经营或者股份合作经营。

承包荒山、荒沟、荒丘、荒滩的，应当遵守有关法律、行政法规的规定，防止水土流失，保护生态环境。

第五十一条 以其他方式承包农村土地，在同等条件下，本集体经济组织成员有权优先承包。

第五十二条 发包方将农村土地发包给本集体经济组织以外的单位或者个人承包，应当事先经本集体经济组织成员的村民会议三分之二以上成员或者三分之二以上村民代表的同意，并报乡（镇）人民政府批准。

由本集体经济组织以外的单位或者个人承包的，应当对承包方的资信情况和经营能力进行审查后，再签订承包合同。

第五十三条 通过招标、拍卖、公开协商等方式承包农村土地，经依法登记取得权属证书的，可以依法采取出租、入股、抵押或者其他方式流转土地经营权。

第五十四条 依照本章规定通过招标、拍卖、公开协商等方式取得土地经营权的，该承包人死亡，其应得的承包收益，依照继承法的规定继承；在承包期内，其继承人可以继续承包。

第五十六条 任何组织和个人侵害土地承包经营权、土地经营权的，应当承担民事责任。

第五十七条 发包方有下列行为之一的，应当承担停止侵害、排除妨碍、消除危险、返还财产、恢复原状、赔偿损失等民事责任：

（一）干涉承包方依法享有的生产经营自主权；

（二）违反本法规定收回、调整承包地；

（三）强迫或者阻碍承包方进行土地承包经营权的互换、转让或者土地经营权流转；

（四）假借少数服从多数强迫承包方放弃或者变更土地承包经营权；

（五）以划分“口粮田”和“责任田”等为由收回承包地搞招标承包；

（六）将承包地收回抵顶欠款；

（七）剥夺、侵害妇女依法享有的土地承包经营权；

（八）其他侵害土地承包经营权的行为。

第五十九条 当事人一方不履行合同义务或者履行义务不符合约定的，应当依法承担违约责任。

第六十一条 任何组织和个人擅自截留、扣缴土地承包经营权互换、转让或者土地经营权流转收益的，应当退还。

第六十二条 违反土地管理法规，非法征收、征用、占用土地或者贪污、挪用土地征收、征用补偿费用，构成犯罪的，依法追究刑事责任；造成他人损害的，应当承担损害赔偿等责任。

第六十三条 承包方、土地经营权人违法将承包地用于非农建设的，由县级以上地方人民政府有关主管部门依法予以处罚。

承包方给承包地造成永久性损害的，发包方有权制止，并有权要求赔偿由此造成的损失。

第六十四条 土地经营权人擅自改变土地的农业用途、弃耕抛荒连续两年以上、给土地造成严重损害或者严重破坏土地生态环境，承包方在合理期限内不解除土地经营权流转合同的，发包方有权要求终止土地经营权流转合同。土地经营权人对土地和土地生态环境造成的损害应当予以赔偿。

第六十五条 国家机关及其工作人员有利用职权干涉农村土地承包经营，变更、解除承包经营合同，干涉承包经营当事人依法享有的生产经营自主权，强迫、阻碍承包经营当事人进行土地承包经营权互换、转让或者土地经营权流转等侵害土地承包经营权、土地经营权的行为，给承包经营当事人造成损失的，应当承担损害赔偿等责任；情节严重的，由上级机关或者所在单位给予直接责任人员处分；构成犯罪的，依法追究刑事责任。

三、居住权纠纷

（一）最高人民法院公报案例及典型案例

059. 成年子女对父母所有的房屋是否享有居住权①

核心价值：独立自强、家风文明

基本案情：杨某顺系杨某洪、吴某春夫妇的儿子。杨某顺出生后一直随其父母在农村同一房屋中居住生活。杨某顺成年后，长期沉迷赌博，欠下巨额赌债。后该房屋被列入平改范围，经拆迁征收补偿后置换楼房三套。三套楼房交付后，其中一套房屋出售他人，所得款项用于帮助杨某顺偿还赌债；剩余两套一套出租给他人，一套供三人共同居住生活。后因产生家庭矛盾，杨某洪、吴某春夫妇不再允许杨某顺在二人的房屋内居住。杨某顺遂以自出生以来一直与父母在一起居住生活，双方形成事实上的共同居住关系，从而对案涉房屋享有居住权为由，将杨某洪、吴某春夫妇诉至法院，请求判决其对用于出租的房屋享有居住的权利。

裁判结果：人民法院认为，杨某顺成年后具有完全民事行为能力和劳动能力，应当为了自身及家庭的美好生活自力更生，而非依靠父母。杨某洪、

① 《第二批人民法院大力弘扬社会主义核心价值观典型民事案例》（最高人民法院 2022 年 2 月 23 日发布），二、父母有权拒绝成年子女“啃老”——杨某顺诉杨某洪、吴某春居住权纠纷案，载最高人民法院网站，https：//www. court. gov. cn/zixun/xiangqing/346671. html，最后访问日期：2023 年 7 月 6 日。

吴某春夫妇虽为父母，但对成年子女已没有法定抚养义务。案涉房屋系夫妻共同财产，杨某洪、吴某春夫妇有权决定如何使用和处分该房屋，其他人无权干涉。杨某顺虽然自出生就与杨某洪、吴某春夫妇共同生活，但并不因此当然享有案涉房屋的居住权，无权要求继续居住在父母所有的房屋中。故判决驳回杨某顺的诉讼请求。

典型意义

青年自立自强是家庭和睦、国家兴旺的前提条件。只有一代又一代人的独立自强、不懈奋斗，才有全体人民的幸福生活。《中华人民共和国民法典》第二十六条规定："父母对未成年子女负有抚养、教育和保护的义务。成年子女对父母负有赡养、扶助和保护的义务。"对于有劳动能力的成年子女，父母不再负担抚养义务。如果父母自愿向成年子女提供物质帮助，这是父母自愿处分自己的权利；如果父母不愿意或者没有能力向成年子女提供物质帮助，子女强行"啃老"，就侵害了父母的民事权利，父母有权拒绝。司法裁判在保护当事人合法权益的同时，也引导人们自尊、自立、自强、自爱。本案的裁判明确了有劳动能力的成年子女在父母明确拒绝的情形下无权继续居住父母所有的房屋，对于成年子女自己"躺平"却让父母负重前行的行为予以了否定，体现了文明、法治的社会主义核心价值观，有助于引导青年人摒弃"啃老"的错误思想，树立正确的人生观、价值观，鼓励青年人用勤劳的汗水创造属于自己的美好生活；有助于弘扬中华民族艰苦奋斗、自力更生、爱老敬老的传统美德；有助于引导社会形成正确价值导向，促进社会养成良好家德家风，传递社会正能量。

（二）地方法院典型案例

060. 对房屋的居住权签订协议，协议双方的权利义务应如何确定[①]

基本案情：徐某道与梁某威系继母子关系。梁某威的父亲于2007年购入中山市三乡镇涉案商品房。2011年，梁某威的父亲与徐某道登记结婚。2014年，梁某威的父亲去世。同年，徐某道与梁某威签订关于涉案商品房居住权的协议，约定在未取得徐某道同意的情况下，梁某威不得出售该商品房，徐某道可在该商品房内居住至百年归老，后徐某道也一直居住在该房屋。2019年，涉案商品房变更登记至梁某威名下。2021年2月，徐某道以担心日后梁某威出售或抵押房屋，其居住权没有保障，且梁某威不配合办理居住权登记为由诉至法院，要求判令徐某道享有该商品房的永久居住权，梁某威协助办理居住权登记手续。

裁判结果：中山市第一人民法院审理认为，徐某道与梁某威之间系继母子关系，身份关系比较特殊，而且双方之间感情基础和信任基础较为薄弱，日常交往较少。双方虽然就涉案商品房的居住权签订了协议，但在居住权实际履行过程中产生多次争执，梁某威拒绝到产权登记机关办理居住权登记，双方矛盾历时多年仍未得到有效解决，且矛盾日益加深。考虑到双方之间特殊的身份关系及《中华人民共和国民法典》第三百六十六条关于居住权制度的立法目的主要是满足特定人群的居住需求，法院认为本案最好的处理方式是调解结案。为此，法院积极主持双方进行调解，消除双方顾虑，最终促成

---

① 《广东法院贯彻实施民法典典型案例（第二批）》（2021年1月12日发布），七、依法保护老年人居住权——徐某道与梁某威居住权纠纷案，载广州法院网，https：//www. gdcourts. gov. cn/gsxx/quanwei-fabu/anlihuicui/content/post_ 1047303. html，最后访问日期：2023年7月6日。

双方达成如下调解协议：梁某威确认徐某道对涉案房屋享有永久居住权，同意到产权登记机关办理居住权登记手续；梁某威作为产权人可以定期察看房屋状态，但察看前需与徐某道提前沟通。2021年4月28日，法院出具调解书对调解协议进行确认。

典型意义

《中华人民共和国民法典》首次规定居住权制度，将居住权作为一种新型的用益物权，对于满足特定人群的居住需求，建立我国多主体供给、多渠道保障的住房制度，让全体人民居有其所具有重要意义。本案依法适用居住权制度，积极促使双方当事人调解结案，确保老年人老有所居，维护老年人合法权益，是社会主义核心价值观融入司法的重要体现。

061. 是否应为生活困难妇女离婚后设立居住权①

基本案情：黄某某（女）系多重残疾人，肢体残疾达到二级，精神残疾达到三级。法院曾判决宣告黄某某为限制民事行为能力人。1992年10月，黄某某与叶某某登记结婚并生育一子。婚后，双方曾为家庭琐事发生争执。黄某某于2012年左右独自回娘家生活至今。现叶某某以双方分居数年、夫妻感情已破裂为由起诉要求离婚。夫妻共同财产有且仅有一间三层半房屋，但没有房产证。该房屋的一楼目前已出租，二楼和三楼分别由叶某某和儿子居住。黄某某不同意离婚，并要求居住在该房屋的一楼或二楼。

法院经审理认为，双方共同生活期间因感情不和分居近十年，且经法院给予双方一个月的冷静期后，叶某某仍坚持要求离婚，应认定夫妻感情确已

---

① 《关爱妇女司法护航丨看看这些维护妇女权益典型案例!》（温州市中级人民法院2022年3月7日发布），七、叶某某诉黄某某离婚纠纷案——为生活困难妇女离婚后设立居住权，载温州市中级人民法院微信公众号，https：//mp. weixin. qq. com/s/hEUQD565GlSBuWpQN98N7Q，最后访问日期：2023年7月6日。

彻底破裂，故对叶某某离婚的诉请予以准许。

双方确认该间三层半房屋系夫妻共同财产，由于双方均未能提供该房产的权属证书，本案中不宜分割，而叶某某又无经济能力支付黄某某补偿款。为避免黄某某可能面临离婚后无处可住的困境，通过适用民法典“居住权”规则，对涉案房屋“分而不割”，女方仍然可以居住在涉案房屋内。考虑到房屋的第一层（地面）已出租，涉及案外人的权益暂不宜处理。黄某某系限制行为能力人且行动不方便，酌定房屋的第二层由黄某某使用，第三层由叶某某使用，楼梯和第四层（三层半）由双方共同使用。

典型意义

受传统观念的影响，夫妻住房通常由男方家庭购置。在离婚纠纷中，有些夫妻感情确已破裂，但因住房困难或收入较低而不愿意解除婚姻关系，造成妇女陷入选择离婚便失去住所，还是维持婚姻却又饱受精神痛苦的两难境地。因此，在保障离婚自由的同时，需要注重实现保护弱者利益的社会正义，在夫妻共同财产的分割、住房的处理、离婚时的经济帮助、离婚后的子女抚养等方面对生活困难妇女给予适当倾斜照顾。本案中，女方作为残疾人很大可能将会因离婚而无房屋居住，生活将陷入更加困顿的境地。在房产处理问题上适用民法典关于“居住权”的规定，女方对该房屋享有居住权，双方各居一层。同时为方便女方生活，确定女方居住在较低楼层，保障残疾妇女在离婚后仍有稳定住处，以更好地维护妇女、残疾人等弱势群体的合法权益。

062.《中华人民共和国民法典》实施前通过离婚协议约定的居住权合法有效且无需登记[①]

基本案情：2018年9月，曾某云、胡某英夫妻因感情不和，经法院调解自愿离婚，并约定婚生子曾某凡由曾某云抚养，婚生女曾某妹、曾某由胡某英抚养，抚养费各自负担；夫妻共有的一栋三层砖混结构房屋归原告曾某凡、曾某妹、曾某共有，胡某英、曾某云只享有居住权。后三原告一直随母亲胡某英在外婆家生活。2021年9月，胡某英向法院起诉要求变更曾某凡的抚养关系，法院判决曾某凡由胡某英抚养至十八周岁。曾某云不服提起上诉，二审法院驳回上诉，维持原判。曾某云离婚后于2021年2月再婚，其长年在外务工，每年的节假日基本都会回来与家人团聚。曾某云的父亲曾某志因老房子年久失修，一直在案涉房屋中独自生活。案涉房屋于2022年3月登记为三原告共有。后三原告以居住权纠纷为由诉至法院，要求撤销父亲曾某云对案涉房屋的居住权，责令祖父曾某志搬出案涉房屋，并赔偿损失、排除妨害等。

裁判结果：井冈山市人民法院经审理认为，曾某云与胡某英约定居住权的行为发生于《中华人民共和国民法典》施行前，当时的法律没有设立居住权的规定，更无登记居住权的要求。《中华人民共和国民法典》实施后，才要求对居住权进行登记，这增加了曾某云的法定义务，可以不适用居住权登记的规定。案涉离婚协议中的房屋处置部分系附条件的赠与，三原告已经办理不动产权属证，取得了该房屋的所有权，故三原告也应保证父亲曾某云的

① 《江西高院发布2022年度全省法院贯彻实施民法典十大典型案例》（2023年2月7日发布），三、适用《民法典》第三百六十六条认定在《民法典》实施前通过离婚协议约定的居住权合法有效且无需登记之案例——曾某妹、曾某、曾某凡诉曾某云、曾某志居住权纠纷案，载江西法院网，http://jxgy.jxfy.gov.cn/article/detail/2023/02/id/7131118.shtml，最后访问日期：2023年6月28日。

居住权。曾某志系三原告的祖父，在案涉房屋的一楼居住多年，其原来居住的老房子年久失修，虽然三原告不是曾某志的赡养人，但作为家庭成员，有关心和照料祖父的义务。曾某志年事已高，三原告强行要求其搬离现有住所有违公序良俗。遂判决驳回三原告的诉讼请求。宣判后，三原告提出上诉，吉安市中级人民法院二审判决驳回上诉、维持原判。

典型意义

为贯彻党的十九大提出的加快建立多主体供给、多渠道保障住房制度的要求，《中华人民共和国民法典》增加规定了“居住权”这一新型用益物权，明确居住权原则上无偿设立，居住权人有权按照合同约定或者遗嘱，经登记占有、使用他人的住宅，以满足其稳定的生活居住需要。对于《中华人民共和国民法典》施行前所设立的“居住权”，根据《最高人民法院关于适用〈中华人民共和国民法典〉时间效力的若干规定》之规定，当时的法律、司法解释没有规定而《中华人民共和国民法典》有规定的，可以适用《中华人民共和国民法典》的规定，但是明显增加当事人法定义务的除外。本案审理法院准确适用《中华人民共和国民法典》关于居住权的相关规定，同时不适用《中华人民共和国民法典》关于居住权登记的规定，认为在《中华人民共和国民法典》实施前通过离婚协议约定的居住权合法有效且无需登记，合理平衡了房屋所有权人和居住权人及其赡养人的合法权益，有效地维护了特定身份居住人的生存利益，为“住有所居”筑牢了司法保障，维护了公序良俗，守住了道德底线，符合法理与情理，充分发挥了居住权制度在家庭伦理方面的稳固功能。

063. 协议约定居住权益，老有所居应予保护[①]

基本案情：袁某（女）系杨某（男）的母亲，杨某与张某原系夫妻关系，两人育有一女杨小某。2008年10月，因袁某家中旧房拆迁，袁某夫妇与儿子儿媳签订协议书，袁某夫妇以相关拆迁权益为对价约定由杨某与张某为其购买拆迁安置房供袁某夫妇居住至终老。2010年1月，杨某与张某按约购买A房屋及车库并登记在袁某夫妇名下。2010年2月，杨某代表尚未成年的杨小某与袁某夫妇签订房屋买卖合同，将A房屋以10万元的价格出售过户给杨小某。其后，袁某夫妇一直居住在A房屋内直至袁某丈夫去世。2018年3月，杨某与张某协议离婚，约定二人名下的B房屋归张某所有。2020年2月，袁某应杨某与张某的要求临时搬至B房屋居住，张某搬至A房屋居住。后因张某不同意袁某继续居住B房屋也不同意其回到A房屋居住，袁某无奈之下诉至法院，要求确认其对A房屋享有居住权，杨某、张某、杨小某将A房屋交付其居住。

裁判结果：江苏省南通经济技术开发区人民法院经审理认为，案涉协议书约定袁某夫妇对拆迁安置房不管是在其名下还是过户给他人均享有居住至终老的权利，袁某对A房屋享有独立、排他的居住权益。张某是协议书的当事人，对协议书内容及袁某长期居住案涉房屋的事实是明知的，其在离婚后让袁某搬出临时居住的B房屋并拒绝让其迁回A房屋，非良善之举，侵害了袁某的居住权益，应依法纠正。

案涉房屋买卖合同约定的房价远低于市场价且无证据证明已支付房款，考虑到双方已签订协议书并为了家庭和睦，袁某才同意提前处置A房屋并配

① 《江苏法院发布家事纠纷典型案例（2021—2022年度）》（2023年3月7日发布），十一、协议约定居住权益老有所居应予保护，载江苏法院网，http://www.jsfy.gov.cn/article/95069.html，最后访问日期：2023年7月6日。

合办理过户，杨小某作为继受取得人应对袁某在A房屋长期居住的现状予以尊重，其对物权的行使不得损害袁某的居住权益。遂判决：杨某、张某、杨小某将A房屋及车库交付袁某居住。

典型意义

《中华人民共和国民法典》第三百六十六条规定："居住权人有权按照合同约定，对他人的住宅享有占有、使用的用益物权，以满足生活居住的需要。"《中华人民共和国民法典》首次提出了居住权的概念，既拓展了房屋价值利用多元化功能，又为老年人实现"以房养老"目的提供了司法保障，真正实现房屋物尽其用和保护弱势群体居住生存利益的价值理念。

因居住权是《中华人民共和国民法典》新创设的制度，其设立有严格的实体和程序性要求，本案纠纷发生时法律没有居住权的规定，故案涉协议书并非严格意义上的居住权合同，而袁某对拆迁安置房屋有权居住至终老的约定也非法律意义上的居住权，但协议书中有关老人对房屋享有居住权益的约定却不容忽视，当事人的意思自治应予尊重。让老年人居有定所是赡养义务中"经济上供养、生活上照料"的应有之义。本案裁判与《中华人民共和国民法典》关于居住权规定的相关精神一致，切实维护了老年人老有所居的合法权益，对类似案件的裁判起到了示范作用。

（三）裁判依据

《中华人民共和国民法典》

第三百六十六条　居住权人有权按照合同约定，对他人的住宅享有占有、使用的用益物权，以满足生活居住的需要。

第三百六十七条　设立居住权，当事人应当采用书面形式订立居住权合同。

居住权合同一般包括下列条款：

（一）当事人的姓名或者名称和住所；

（二）住宅的位置；

（三）居住的条件和要求；

（四）居住权期限；

（五）解决争议的方法。

第三百六十八条 居住权无偿设立，但是当事人另有约定的除外。设立居住权的，应当向登记机构申请居住权登记。居住权自登记时设立。

第三百六十九条 居住权不得转让、继承。设立居住权的住宅不得出租，但是当事人另有约定的除外。

第三百七十条 居住权期限届满或者居住权人死亡的，居住权消灭。居住权消灭的，应当及时办理注销登记。

第三百七十一条 以遗嘱方式设立居住权的，参照适用本章的有关规定。

第四编　担保物权纠纷

一、抵押权纠纷

（一）最高人民法院公报案例及典型案例

064. 在涉外抵押纠纷中，查明外国法的规定并予准确适用的作用[①]

案情摘要：1997年6月19日，JP摩根大通银行（以下简称摩根大通）与包括海流航运公司（以下简称海流公司）在内的五借款人订立贷款合同，约定由摩根大通向五借款人提供贷款3500万美元。同年6月27日，摩根大通与海流公司签订担保契据，约定以海流公司所有的“航海者”轮向摩根大通抵押，为3500万美元贷款设立第一优先抵押权，并在伦敦巴哈马籍船舶注册官处办理了抵押登记手续。1999年7月7日，摩根大通与海运国际公司签订了一份200万美元透支贷款协议，海流公司同意对该透支贷款承担连带清偿责任。2000年7月18日，双方又签订第二份担保契据，以“航海者”轮再次为200万美元透支贷款设立抵押并进行了登记。2002年3月14日，摩根大通以海流公司拖欠其抵押贷款本息7323377.26美元为由，向广州海事法院申请扣押“航海者”轮，随后该院裁定扣押了该轮。3月22日摩根大通在广州海事法院提起诉讼。后经摩根大通申请，“航海者”轮被依法拍卖，由摩根大通以594万美元买得。

① 参见《最高人民法院公报》2015年第9期。

裁判结果：广州海事法院审理认为，涉案贷款合同合法有效。本案抵押船舶的船旗国为巴哈马，依据《中华人民共和国海商法》第二百七十一条的规定，本案船舶抵押权纠纷应适用船旗国法律即《巴哈马商船法》。涉案"航海者"轮项下两项船舶抵押登记不违反《巴哈马商船法》中船舶抵押权的规定，为有效抵押登记，遂于2002年7月25日判决海流公司偿付摩根大通贷款、透支款及其利息与相关费用，摩根大通对"航海者"轮享有船舶抵押权，有权从该轮拍卖款项中优先受偿。

典型意义

本案是一起典型的涉外船舶抵押权纠纷案，涉案"航海者"轮是大型油轮，原、被告均为外国当事人，且案件事实发生在境外，但原告摩根大通主动选择在我国扣押船舶、进行诉讼。海事法院积极依法查明《巴哈马商船法》的规定并予准确适用，判决结果公正，受到国际航运界广泛好评。本案判决在外国法查明与适用、涉外民事关系的法律适用等方面具有指导意义。本案审理所遵循的"涉外因素——管辖权——法律适用"三步走的裁判思路，已成为我国涉外民商事审判的基本裁判方法，对规范涉外民商事案件的审判实践亦具有重要意义。

（二）地方法院典型案例

065. 未经登记的动产抵押权人，在债务人进入破产程序后，是否还能够对抵押的动产享有优先受偿权①

基本案情：2016年2月29日，A公司与B集团签订《工业气体设备运行权收购与服务合同》，约定由A公司收购B集团现有空分装置运行权以及提供后续管理服务，2016年4月5日至11月28日，A公司陆续分三次支付合同约定的收购款1800万元。2016年11月17日，双方签订《设备抵押合同》，约定B集团将以案涉空分设备将A公司设置为第一顺位抵押权人，并约定了抵押期限担保的范围，但未到相关部门办理抵押登记。2020年10月1日，B集团按照主管部门《2020年工业行业淘汰落后产能目标任务的通知》的要求关停了相关的生产设施和生产线，因相关的生产设施和生产线的停运，案涉的空分装置也将纳入长期停运范畴。为此，双方多次函件往来协商解决设备停运及用气服务费的支付问题。

本案中A公司请求B集团支付自2020年9月21日起至起诉之日的用气服务费5732027.49元及违约金、返还收购设备运营权费用5515200元；在抵押设备的财产范围内优先受偿。一审判决作出后，2021年12月28日，河南省安阳市中级人民法院作出民事裁定，受理B集团破产重整申请。

裁判结果：郑州市中级人民法院于2021年11月11日作出（2021）豫01民初554号民事判决：1. B集团于判决生效之日起十日内向A公司支付用气

---

① 《2021年度全省法院十大商事暨涉企典型案例》（河南省高级人民法院2022年4月19日发布），七、安阳B工业集团有限责任公司与深圳市A科技有限公司合同纠纷案——债务人进入破产程序后，抵押权人对未经登记的抵押动产不再享有优先受偿权，载豫法阳光微信公众号，https://mp.weixin.qq.com/s/Zcg6BUHuKixeAkLIS9tTDw，最后访问日期：2023年7月6日。

服务费 1454743.4 元及逾期付款违约金；2. B 集团于判决生效之日起十日内向 A 公司返还设备运行权收购摊销费用 5515200 元；3. B 集团不履行上述给付义务的，A 公司有权依法对 B 集团提供的抵押设备折价或者以拍卖、变卖所得的价款优先受偿，但不得对抗对该抵押设备已经办理抵押登记的抵押权人；4. 驳回 A 公司的其他诉讼请求。B 集团不服，提起上诉。河南省高级人民法院于 2022 年 3 月 18 日作出（2021）豫民终 1437 号民事判决：一、维持河南省郑州市中级人民法院（2021）豫 01 民初 554 号民事判决第一项、第二项，即“安阳化学工业集团有限责任公司于判决生效之日起十日内向深圳市海格金谷工业科技有限公司支付用气服务费 1454743.4 元及逾期付款违约金；返还设备运行权收购摊销费用 5515200 元；前述款项，深圳市海格金谷工业科技有限公司只能在安阳化学工业集团有限责任公司破产程序中依法申报债权，不得据此获得个别清偿；二、撤销河南省郑州市中级人民法院（2021）豫 01 民初 554 号民事判决第三、四项；三、驳回深圳市海格金谷工业科技有限公司的其他诉讼请求。

裁判理由：生效裁判认为，本案的争议焦点为：B 集团进入破产程序后，A 公司对债务人 B 集团的提供的未经登记的抵押设备是否享有优先受偿权。本案中，A 公司与 B 集团签订《设备抵押合同》但未办理抵押登记，因涉案《设备抵押合同》成立于 2016 年 11 月 17 日，由此引起的民事纠纷案件，应适用当时的《中华人民共和国物权法》的相关规定。《中华人民共和国物权法》第一百八十八条对未经登记的动产抵押权效力规定为“不得对抗善意第三人”，该部分内容延续规定至《中华人民共和国民法典》第四百零三条中。《最高人民法院关于适用〈中华人民共和国民法典〉有关担保制度的解释》（以下简称担保解释）第五十四条第四项系关于在破产程序中未办理登记时动产抵押权效力的规定，系对《中华人民共和国物权法》第一百八十八条和《中华人民共和国民法典》第四百零三条规定的“不得对抗善意第三人”在破产程序中适用的解释，本案可参照适用。抵押人进入破产程序后，如果认定未经登记的动产抵押权具有优先受偿的效力，一方面与动产抵押实行登记对抗主义的法律规定相冲突，另一方面与破产程序概括清偿，保障债权人公平受偿的理念相违背，损害债权的平等性。故，A 公司主张对涉案抵押物价款享有优先受偿权没有法律依据。B 集团该项上诉理由成立，予以支持。

A 公司提起的本案合同纠纷之诉系给付之诉，一审法院作出判决后，B 集团进入破产程序，二审依法继续审理，无需变更案由。B 集团该项上诉理由不能成立，不予支持。

典型意义

未经登记的动产抵押权人，在债务人进入破产程序后，是否还能够对抵押的动产享有优先受偿权，在实践中争议比较大。本案从动产抵押登记对抗主义和破产程序概括清偿的法理出发，通过对《中华人民共和国物权法》《中华人民共和国民法典》及担保解释相关内容和立法演进的梳理分析，支持了破产企业的诉求，未支持未经登记的动产抵押权人在债务人进入破产程序后的优先受偿权，本案例对于引导市场主体防范投融资担保法律风险，规范融资担保等行为，依法平等保护破产债权人的利益具有积极的意义。

（三）裁判依据

《中华人民共和国民法典》

第三百九十四条 为担保债务的履行，债务人或者第三人不转移财产的占有，将该财产抵押给债权人的，债务人不履行到期债务或者发生当事人约定的实现抵押权的情形，债权人有权就该财产优先受偿。

前款规定的债务人或者第三人为抵押人，债权人为抵押权人，提供担保的财产为抵押财产。

第三百九十五条 债务人或者第三人有权处分的下列财产可以抵押：

（一）建筑物和其他土地附着物；

（二）建设用地使用权；

（三）海域使用权；

（四）生产设备、原材料、半成品、产品；

（五）正在建造的建筑物、船舶、航空器；

（六）交通运输工具；

（七）法律、行政法规未禁止抵押的其他财产。

抵押人可以将前款所列财产一并抵押。

第三百九十六条 企业、个体工商户、农业生产经营者可以将现有的以及将有的生产设备、原材料、半成品、产品抵押，债务人不履行到期债务或者发生当事人约定的实现抵押权的情形，债权人有权就抵押财产确定时的动产优先受偿。

第三百九十七条 以建筑物抵押的，该建筑物占用范围内的建设用地使用权一并抵押。以建设用地使用权抵押的，该土地上的建筑物一并抵押。

抵押人未依据前款规定一并抵押的，未抵押的财产视为一并抵押。

第三百九十八条 乡镇、村企业的建设用地使用权不得单独抵押。以乡镇、村企业的厂房等建筑物抵押的，其占用范围内的建设用地使用权一并抵押。

第三百九十九条 下列财产不得抵押：

（一）土地所有权；

（二）宅基地、自留地、自留山等集体所有土地的使用权，但是法律规定可以抵押的除外；

（三）学校、幼儿园、医疗机构等为公益目的成立的非营利法人的教育设施、医疗卫生设施和其他公益设施；

（四）所有权、使用权不明或者有争议的财产；

（五）依法被查封、扣押、监管的财产；

（六）法律、行政法规规定不得抵押的其他财产。

第四百条 设立抵押权，当事人应当采用书面形式订立抵押合同。

抵押合同一般包括下列条款：

（一）被担保债权的种类和数额；

（二）债务人履行债务的期限；

（三）抵押财产的名称、数量等情况；

（四）担保的范围。

第四百零一条 抵押权人在债务履行期限届满前，与抵押人约定债务人不履行到期债务时抵押财产归债权人所有的，只能依法就抵押财产优先受偿。

第四百零二条 以本法第三百九十五条第一款第一项至第三项规定的财产或者第五项规定的正在建造的建筑物抵押的，应当办理抵押登记。抵押权自登记时设立。

第四百零三条 以动产抵押的，抵押权自抵押合同生效时设立；未经登记，不得对抗善意第三人。

第四百零四条 以动产抵押的，不得对抗正常经营活动中已经支付合理价款并取得抵押财产的买受人。

第四百零五条 抵押权设立前，抵押财产已经出租并转移占有的，原租赁关系不受该抵押权的影响。

第四百零六条 抵押期间，抵押人可以转让抵押财产。当事人另有约定的，按照其约定。抵押财产转让的，抵押权不受影响。

抵押人转让抵押财产的，应当及时通知抵押权人。抵押权人能够证明抵押财产转让可能损害抵押权的，可以请求抵押人将转让所得的价款向抵押权人提前清偿债务或者提存。转让的价款超过债权数额的部分归抵押人所有，不足部分由债务人清偿。

第四百零七条 抵押权不得与债权分离而单独转让或者作为其他债权的担保。债权转让的，担保该债权的抵押权一并转让，但是法律另有规定或者当事人另有约定的除外。

第四百零八条 抵押人的行为足以使抵押财产价值减少的，抵押权人有权请求抵押人停止其行为；抵押财产价值减少的，抵押权人有权请求恢复抵押财产的价值，或者提供与减少的价值相应的担保。抵押人不恢复抵押财产的价值，也不提供担保的，抵押权人有权请求债务人提前清偿债务。

第四百零九条 抵押权人可以放弃抵押权或者抵押权的顺位。抵押权人与抵押人可以协议变更抵押权顺位以及被担保的债权数额等内容。但是，抵押权的变更未经其他抵押权人书面同意的，不得对其他抵押权人产生不利影响。

债务人以自己的财产设定抵押，抵押权人放弃该抵押权、抵押权顺位或者变更抵押权的，其他担保人在抵押权人丧失优先受偿权益的范围内免除担保责任，但是其他担保人承诺仍然提供担保的除外。

第四百一十条 债务人不履行到期债务或者发生当事人约定的实现抵押权的情形，抵押权人可以与抵押人协议以抵押财产折价或者以拍卖、变卖该抵押财产所得的价款优先受偿。协议损害其他债权人利益的，其他债权人可以请求人民法院撤销该协议。

抵押权人与抵押人未就抵押权实现方式达成协议的，抵押权人可以请求人民法院拍卖、变卖抵押财产。

抵押财产折价或者变卖的，应当参照市场价格。

第四百一十一条 依据本法第三百九十六条规定设定抵押的，抵押财产自下列情形之一发生时确定：

（一）债务履行期限届满，债权未实现；

（二）抵押人被宣告破产或者解散；

（三）当事人约定的实现抵押权的情形；

（四）严重影响债权实现的其他情形。

第四百一十二条 债务人不履行到期债务或者发生当事人约定的实现抵押权的情形，致使抵押财产被人民法院依法扣押的，自扣押之日起，抵押权人有权收取该抵押财产的天然孳息或者法定孳息，但是抵押权人未通知应当清偿法定孳息义务人的除外。

前款规定的孳息应当先充抵收取孳息的费用。

第四百一十三条 抵押财产折价或者拍卖、变卖后，其价款超过债权数额的部分归抵押人所有，不足部分由债务人清偿。

第四百一十四条 同一财产向两个以上债权人抵押的，拍卖、变卖抵押财产所得的价款依照下列规定清偿：

（一）抵押权已经登记的，按照登记的时间先后确定清偿顺序；

（二）抵押权已经登记的先于未登记的受偿；

（三）抵押权未登记的，按照债权比例清偿。

其他可以登记的担保物权，清偿顺序参照适用前款规定。

第四百一十五条 同一财产既设立抵押权又设立质权的，拍卖、变卖该财产所得的价款按照登记、交付的时间先后确定清偿顺序。

第四百一十六条 动产抵押担保的主债权是抵押物的价款，标的物交付后十日内办理抵押登记的，该抵押权人优先于抵押物买受人的其他担保物权人受偿，但是留置权人除外。

第四百一十七条 建设用地使用权抵押后，该土地上新增的建筑物不属于抵押财产。该建设用地使用权实现抵押权时，应当将该土地上新增的建筑物与建设用地使用权一并处分。但是，新增建筑物所得的价款，抵押权人无权优先受偿。

第四百一十八条 以集体所有土地的使用权依法抵押的，实现抵押权后，未经法定程序，不得改变土地所有权的性质和土地用途。

第四百一十九条 抵押权人应当在主债权诉讼时效期间行使抵押权；未行使的，人民法院不予保护。

第四百二十条 为担保债务的履行，债务人或者第三人对一定期间内将要连续发生的债权提供担保财产的，债务人不履行到期债务或者发生当事人约定的实现抵押权的情形，抵押权人有权在最高债权额限度内就该担保财产优先受偿。

最高额抵押权设立前已经存在的债权，经当事人同意，可以转入最高额抵押担保的债权范围。

第四百二十一条 最高额抵押担保的债权确定前，部分债权转让的，最高额抵押权不得转让，但是当事人另有约定的除外。

第四百二十二条 最高额抵押担保的债权确定前，抵押权人与抵押人可以通过协议变更债权确定的期间、债权范围以及最高债权额。但是，变更的内容不得对其他抵押权人产生不利影响。

第四百二十三条 有下列情形之一的，抵押权人的债权确定：

（一）约定的债权确定期间届满；

（二）没有约定债权确定期间或者约定不明确，抵押权人或者抵押人自最高额抵押权设立之日起满二年后请求确定债权；

（三）新的债权不可能发生；

（四）抵押权人知道或者应当知道抵押财产被查封、扣押；

（五）债务人、抵押人被宣告破产或者解散；

（六）法律规定债权确定的其他情形。

第四百二十四条 最高额抵押权除适用本节规定外，适用本章第一节的有关规定。

《中华人民共和国城市房地产管理法》

第四十八条 依法取得的房屋所有权连同该房屋占用范围内的土地使用权，可以设定抵押权。

以出让方式取得的土地使用权，可以设定抵押权。

第四十九条 房地产抵押，应当凭土地使用权证书、房屋所有权证书办理。

第五十一条 设定房地产抵押权的土地使用权是以划拨方式取得的，依法拍卖该房地产后，应当从拍卖所得的价款中缴纳相当于应缴纳的土地使用权出让金的款额后，抵押权人方可优先受偿。

第五十二条 房地产抵押合同签订后，土地上新增的房屋不属于抵押财产。需要拍卖该抵押的房地产时，可以依法将土地上新增的房屋与抵押财产一同拍卖，但对拍卖新增房屋所得，抵押权人无权优先受偿。

《中华人民共和国海商法》

第十三条 设定船舶抵押权，由抵押权人和抵押人共同向船舶登记机关办理抵押权登记；未经登记的，不得对抗第三人。

船舶抵押权登记，包括下列主要项目：

（一）船舶抵押权人和抵押人的姓名或者名称、地址；

（二）被抵押船舶的名称、国籍、船舶所有权证书的颁发机关和证书号码；

（三）所担保的债权数额、利息率、受偿期限。

船舶抵押权的登记状况，允许公众查询。

《中华人民共和国民用航空法》

第十六条 设定民用航空器抵押权，由抵押权人和抵押人共同向国务院民用航空主管部门办理抵押权登记；未经登记的，不得对抗第三人。

《最高人民法院关于适用〈中华人民共和国民法典〉有关担保制度的解释》

第四十条 从物产生于抵押权依法设立前，抵押权人主张抵押权的效力及于从物的，人民法院应予支持，但是当事人另有约定的除外。

从物产生于抵押权依法设立后，抵押权人主张抵押权的效力及于从物的，人民法院不予支持，但是在抵押权实现时可以一并处分。

第四十一条 抵押权依法设立后，抵押财产被添附，添附物归第三人所有，抵押权人主张抵押权效力及于补偿金的，人民法院应予支持。

抵押权依法设立后，抵押财产被添附，抵押人对添附物享有所有权，抵押权人主张抵押权的效力及于添附物的，人民法院应予支持，但是添附导致抵押财产价值增加的，抵押权的效力不及于增加的价值部分。

抵押权依法设立后，抵押人与第三人因添附成为添附物的共有人，抵押权人主张抵押权的效力及于抵押人对共有物享有的份额的，人民法院应予支持。

本条所称添附，包括附合、混合与加工。

第四十二条 抵押权依法设立后，抵押财产毁损、灭失或者被征收等，抵押权人请求按照原抵押权的顺位就保险金、赔偿金或者补偿金等优先受偿的，人民法院应予支持。

给付义务人已经向抵押人给付了保险金、赔偿金或者补偿金，抵押权人请求给付义务人向其给付保险金、赔偿金或者补偿金的，人民法院不予支持，但是给付义务人接到抵押权人要求向其给付的通知后仍然向抵押人给付的除外。

抵押权人请求给付义务人向其给付保险金、赔偿金或者补偿金的，人民法院可以通知抵押人作为第三人参加诉讼。

第四十三条 当事人约定禁止或者限制转让抵押财产但是未将约定登记，抵押人违反约定转让抵押财产，抵押权人请求确认转让合同无效的，人民法院不予支持；抵押财产已经交付或者登记，抵押权人请求确认转让不发生物权效力的，人民法院不予支持，但是抵押权人有证据证明受让人知道的除外；抵押权人请求抵押人承担违约责任的，人民法院依法予以支持。

当事人约定禁止或者限制转让抵押财产且已经将约定登记，抵押人违反约定转让抵押财产，抵押权人请求确认转让合同无效的，人民法院不予支持；抵押财产已经交付或者登记，抵押权人主张转让不发生物权效力的，人民法院应予支持，但是因受让人代替债务人清偿债务导致抵押权消灭的除外。

第四十四条 主债权诉讼时效期间届满后，抵押权人主张行使抵押权的，人民法院不予支持；抵押人以主债权诉讼时效期间届满为由，主张不承担担保责任的，人民法院应予支持。主债权诉讼时效期间届满前，债权人仅对债务人提起诉讼，经人民法院判决或者调解后未在民事诉讼法规定的申请执行时效期间内对债务人申请强制执行，其向抵押人主张行使抵押权的，人民法院不予支持。

主债权诉讼时效期间届满后，财产被留置的债务人或者对留置财产享有所有权的第三人请求债权人返还留置财产的，人民法院不予支持；债务人或者第三人请求拍卖、变卖留置财产并以所得价款清偿债务的，人民法院应予支持。

主债权诉讼时效期间届满的法律后果，以登记作为公示方式的权利质权，参照适用第一款的规定；动产质权、以交付权利凭证作为公示方式的权利质权，参照适用第二款的规定。

第四十五条 当事人约定当债务人不履行到期债务或者发生当事人约定的实现担保物权的情形，担保物权人有权将担保财产自行拍卖、变卖并就所得的价款优先受偿的，该约定有效。因担保人的原因导致担保物权人无法自行对担保财产进行拍卖、变卖，担保物权人请求担保人承担因此增加的费用的，人民法院应予支持。

当事人依照民事诉讼法有关“实现担保物权案件”的规定，申请拍卖、变卖担保财产，被申请人以担保合同约定仲裁条款为由主张驳回申请的，人民法院经审查后，应当按照以下情形分别处理：

（一）当事人对担保物权无实质性争议且实现担保物权条件已经成就的，应当裁定准许拍卖、变卖担保财产；

（二）当事人对实现担保物权有部分实质性争议的，可以就无争议的部分裁定准许拍卖、变卖担保财产，并告知可以就有争议的部分申请仲裁；

（三）当事人对实现担保物权有实质性争议的，裁定驳回申请，并告知可以向仲裁机构申请仲裁。

债权人以诉讼方式行使担保物权的，应当以债务人和担保人作为共同被告。

第四十六条 不动产抵押合同生效后未办理抵押登记手续，债权人请求抵押人办理抵押登记手续的，人民法院应予支持。

抵押财产因不可归责于抵押人自身的原因灭失或者被征收等导致不能办理抵押登记，债权人请求抵押人在约定的担保范围内承担责任的，人民法院不予支持；但是抵押人已经获得保险金、赔偿金或者补偿金等，债权人请求抵押人在其所获金额范围内承担赔偿责任的，人民法院依法予以支持。

因抵押人转让抵押财产或者其他可归责于抵押人自身的原因导致不能办理抵押登记，债权人请求抵押人在约定的担保范围内承担责任的，人民法院依法予以支持，但是不得超过抵押权能够设立时抵押人应当承担的责任范围。

第四十七条 不动产登记簿就抵押财产、被担保的债权范围等所作的记载与抵押合同约定不一致的，人民法院应当根据登记簿的记载确定抵押财产、被担保的债权范围等事项。

第四十八条 当事人申请办理抵押登记手续时，因登记机构的过错致使其不能办理抵押登记，当事人请求登记机构承担赔偿责任的，人民法院依法予以支持。

第四十九条 以违法的建筑物抵押的，抵押合同无效，但是一审法庭辩论终结前已经办理合法手续的除外。抵押合同无效的法律后果，依照本解释第十七条的有关规定处理。

当事人以建设用地使用权依法设立抵押，抵押人以土地上存在违法的建筑物为由主张抵押合同无效的，人民法院不予支持。

第五十条 抵押人以划拨建设用地上的建筑物抵押，当事人以该建设用地使用权不能抵押或者未办理批准手续为由主张抵押合同无效或者不生效的，人民法院不予支持。抵押权依法实现时，拍卖、变卖建筑物所得的价款，应当优先用于补缴建设用地使用权出让金。

当事人以划拨方式取得的建设用地使用权抵押，抵押人以未办理批准手续为由主张抵押合同无效或者不生效的，人民法院不予支持。已经依法办理抵押登记，抵押权人主张行使抵押权的，人民法院应予支持。抵押权依法实现时所得的价款，参照前款有关规定处理。

第五十一条 当事人仅以建设用地使用权抵押，债权人主张抵押权的效力及于土地上已有的建筑物以及正在建造的建筑物已完成部分的，人民法院应予支持。债权人主张抵押权的效力及于正在建造的建筑物的续建部分以及新增建筑物的，人民法院不予支持。

当事人以正在建造的建筑物抵押，抵押权的效力范围限于已办理抵押登记的部分。当事人按照担保合同的约定，主张抵押权的效力及于续建部分、新增建筑物以及规划中尚未建造的建筑物的，人民法院不予支持。

抵押人将建设用地使用权、土地上的建筑物或者正在建造的建筑物分别抵押给不同债权人的，人民法院应当根据抵押登记的时间先后确定清偿顺序。

第五十二条 当事人办理抵押预告登记后，预告登记权利人请求就抵押财产优先受偿，经审查存在尚未办理建筑物所有权首次登记、预告登记的财产与办理建筑物所有权首次登记时的财产不一致、抵押预告登记已经失效等情形，导致不具备办理抵押登记条件的，人民法院不予支持；经审查已经办理建筑物所有权首次登记，且不存在预告登记失效等情形的，人民法院应予支持，并应当认定抵押权自预告登记之日起设立。

当事人办理了抵押预告登记，抵押人破产，经审查抵押财产属于破产财产，预告登记权利人主张就抵押财产优先受偿的，人民法院应当在受理破产申请时抵押财产的价值范围内予以支持，但是在人民法院受理破产申请前一年内，债务人对没有财产担保的债务设立抵押预告登记的除外。

第五十三条 当事人在动产和权利担保合同中对担保财产进行概括描述，该描述能够合理识别担保财产的，人民法院应当认定担保成立。

第五十四条 动产抵押合同订立后未办理抵押登记，动产抵押权的效力按照下列情形分别处理：

（一）抵押人转让抵押财产，受让人占有抵押财产后，抵押权人向受让人请求行使抵押权的，人民法院不予支持，但是抵押权人能够举证证明受让人知道或者应当知道已经订立抵押合同的除外；

（二）抵押人将抵押财产出租给他人并移转占有，抵押权人行使抵押权的，租赁关系不受影响，但是抵押权人能够举证证明承租人知道或者应当知道已经订立抵押合同的除外；

（三）抵押人的其他债权人向人民法院申请保全或者执行抵押财产，人民法院已经作出财产保全裁定或者采取执行措施，抵押权人主张对抵押财产优先受偿的，人民法院不予支持；

（四）抵押人破产，抵押权人主张对抵押财产优先受偿的，人民法院不予支持。

第五十七条 担保人在设立动产浮动抵押并办理抵押登记后又购入或者以融资租赁方式承租新的动产，下列权利人为担保价款债权或者租金的实现而订立担保合同，并在该动产交付后十日内办理登记，主张其权利优先于在先设立的浮动抵押权的，人民法院应予支持：

（一）在该动产上设立抵押权或者保留所有权的出卖人；

（二）为价款支付提供融资而在该动产上设立抵押权的债权人；

（三）以融资租赁方式出租该动产的出租人。

买受人取得动产但未付清价款或者承租人以融资租赁方式占有租赁物但是未付清全部租金，又以标的物为他人设立担保物权，前款所列权利人为担保价款债权或者租金的实现而订立担保合同，并在该动产交付后十日内办理登记，主张其权利优先于买受人为他人设立的担保物权的，人民法院应予支持。

同一动产上存在多个价款优先权的，人民法院应当按照登记的时间先后确定清偿顺序。

《最高人民法院关于适用〈中华人民共和国民法典〉时间效力的若干规定》

第七条 民法典施行前，当事人在债务履行期限届满前约定债务人不履行到期债务时抵押财产或者质押财产归债权人所有的，适用民法典第四百零一条和第四百二十八条的规定。

《动产抵押登记办法》

第二条 企业、个体工商户、农业生产经营者以《中华人民共和国物权法》第一百八十条第一款第四项、第一百八十一条规定的动产抵押的，应当向抵押人住所地的县级市场监督管理部门（以下简称登记机关）办理登记。抵押权自抵押合同生效时设立；未经登记，不得对抗善意第三人。

第三条 动产抵押登记的设立、变更和注销，可以由抵押合同一方作为代表到登记机关办理，也可以由抵押合同双方共同委托的代理人到登记机关办理。

当事人应当保证其提交的材料内容真实准确。

第四条 当事人设立抵押权符合本办法第二条所规定情形的，应当持下列文件向登记机关办理设立登记：

（一）抵押人、抵押权人签字或者盖章的《动产抵押登记书》；

（二）抵押人、抵押权人主体资格证明或者自然人身份证明文件；

（三）抵押合同双方指定代表或者共同委托代理人的身份证明。

第十一条 当事人有证据证明登记机关的动产抵押登记信息与其提交材料内容不一致的，有权要求登记机关予以更正。

登记机关发现其登记的动产抵押登记信息与当事人提交材料内容不一致的，应当对有关信息进行更正。

第十二条 经当事人或者利害关系人申请，登记机关可以根据人民法院、仲裁委员会生效的法律文书或者人民政府生效的决定等，对相关的动产抵押登记进行变更或者撤销。动产抵押登记变更或者撤销后，登记机关应当告知原抵押合同双方当事人。

《最高人民法院关于审理矿业权纠纷案件适用法律若干问题的解释》

第十四条 矿业权人为担保自己或者他人债务的履行，将矿业权抵押给债权人的，抵押合同自依法成立之日起生效，但法律、行政法规规定不得抵押的除外。

当事人仅以未经主管部门批准或者登记、备案为由请求确认抵押合同无效的，人民法院不予支持。

第十五条 当事人请求确认矿业权之抵押权自依法登记时设立的，人民法院应予支持。

颁发矿产资源勘查许可证或者采矿许可证的自然资源主管部门根据相关规定办理的矿业权抵押备案手续，视为前款规定的登记。

第十六条 债务人不履行到期债务或者发生当事人约定的实现抵押权的情形，抵押权人依据民事诉讼法第一百九十六条、第一百九十七条规定申请实现抵押权的，人民法院可以拍卖、变卖矿业权或者裁定以矿业权抵债，但矿业权竞买人、受让人应具备相应的资质条件。

第十七条 矿业权抵押期间因抵押人被兼并重组或者矿床被压覆等原因导致矿业权全部或者部分灭失，抵押权人请求就抵押人因此获得的保险金、赔偿金或者补偿金等款项优先受偿或者将该款项予以提存的，人民法院应予支持。

《最高人民法院关于印发〈全国法院民商事审判工作会议纪要〉的通知》

60.**【未办理登记的不动产抵押合同的效力】**不动产抵押合同依法成立，但未办理抵押登记手续，债权人请求抵押人办理抵押登记手续的，人民法院依法予以支持。因抵押物灭失以及抵押物转让他人等原因不能办理抵押登记，债权人请求抵押人以抵押物的价值为限承担责任的，人民法院依法予以支持，但其范围不得超过抵押权有效设立时抵押人所应当承担的责任。

61.**【房地分别抵押】**根据《物权法》第182条之规定，仅以建筑物设定抵押的，抵押权的效力及于占用范围内的土地；仅以建设用地使用权抵押的，抵押权的效力亦及于其上的建筑物。在房地分别抵押，即建设用地使用权抵押给一个债权人，而其上的建筑物又抵押给另一个人的情况下，可能产生两个抵押权的冲突问题。基于"房地一体"规则，此时应当将建筑物和建设用地使用权视为同一财产，从而依照《物权法》第199条的规定确定清偿顺序：登记在先的先清偿；同时登记的，按照债权比例清偿。同一天登记的，视为同时登记。应予注意的是，根据《物权法》第200条的规定，建设用地使用权抵押后，该土地上新增的建筑物不属于抵押财产。

62.**【抵押权随主债权转让】**抵押权是从属于主合同的从权利，根据"从随主"规则，债权转让的，除法律另有规定或者当事人另有约定外，担保该债权的抵押权一并转让。受让人向抵押人主张行使抵押权，抵押人以受让人不是抵押合同的当事人、未办理变更登记等为由提出抗辩的，人民法院不予支持。

63.**【流动质押的设立与监管人的责任】**在流动质押中，经常由债权人、出质人与监管人订立三方监管协议，此时应当查明监管人究竟是受债权人的委托还是受出质人的委托监管质物，确定质物是否已经交付债权人，从而判断质权是否有效设立。如果监管人系受债权人的委托监管质物，则其是债权人的直接占有人，应当认定完成了质物交付，质权有效设立。监管人违反监管协议约定，违规向出质人放货、因保管不善导致质物毁损灭失，债权人请求监管人承担违约责任的，人民法院依法予以支持。

如果监管人系受出质人委托监管质物，表明质物并未交付债权人，应当认定质权未有效设立。尽管监管协议约定监管人系受债权人的委托监管质物，但有证据证明其并未履行监管职责，质物实际上仍由出质人管领控制的，也应当认定质物并未实际交付，质权未有效设立。此时，债权人可以基于质押合同的约定请求质押人承担违约责任，但其范围不得超过质权有效设立时质押人所应当承担的责任。监管人未履行监管职责的，债权人也可以请求监管人承担违约责任。

64. **【浮动抵押的效力】**企业将其现有的以及将有的生产设备、原材料、半成品及产品等财产设定浮动抵押后，又将其中的生产设备等部分财产设定了动产抵押，并都办理了抵押登记的，根据《物权法》第 199 条的规定，登记在先的浮动抵押优先于登记在后的动产抵押。

65. **【动产抵押权与质权竞存】**同一动产上同时设立质权和抵押权的，应当参照适用《物权法》第 199 条的规定，根据是否完成公示以及公示先后情况来确定清偿顺序：质权有效设立、抵押权办理了抵押登记的，按照公示先后确定清偿顺序；顺序相同的，按照债权比例清偿；质权有效设立，抵押权未办理抵押登记的，质权优先于抵押权；质权未有效设立，抵押权未办理抵押登记的，因此时抵押权已经有效设立，故抵押权优先受偿。根据《物权法》第 178 条规定的精神，担保法司法解释第 79 条第 1 款不再适用。

二、质权纠纷

（一）最高人民法院公报案例及典型案例

066. 应收账款质权的标的仅限于金钱之债，故质权人行使质权时有权直接要求应收账款债务人给付相应款项，而无需采取折价、拍卖或变卖之方式①

2018年4月，盾安集团及87家子公司爆发债务危机，浙江高院和杭州中院共受理盾安系案件868件，涉诉金额合计243亿余元。为有效解决全国各地债权人分散诉讼、分散保全，甚至可能引发区域性金融风险和社会不稳定因素的不利局面，杭州市中级人民法院经报请最高人民法院批准后对盾安系案件进行集中管辖。其中，中国信达资产管理股份有限公司浙江省分公司等应收账款质权人就其与盾安集团下属沈阳华创风能有限公司、大唐系企业之间的应收账款质权纠纷先后向杭州中院提起诉讼共50余件，诉讼标的高达29.48亿元。杭州中院受理该批案件后，充分发挥集中管辖优势，"引""疏"

① 《最高法民二庭发布2022年度全国法院十大商事案件》（2023年1月19日发布），一、化解民营企业特大债务风险，完善金融纠纷案件集约化专业化审理机制——中国信达资产管理股份有限公司浙江省分公司等应收账款质权人诉大唐系企业等应收账款质权纠纷系列案，载最高人民法院网站，https://www.court.gov.cn/zixun-xiangqing-387081.html，最后访问日期：2023年7月6日；本案的一审民事判决书［（2019）浙01民初3421号］由浙江省杭州市中级人民法院作出，二审民事判决书［（2020）浙民终1408号］由浙江省高级人民法院作出，再审民事裁定书［（2021）最高法民申4393号］由最高人民法院作出，载中国裁判文书网。

“调”并举，既防止债权人挤兑式诉讼，又避免盾安系企业消极应诉，先后就50余起应收账款质权纠纷案件进行调解或作出判决：一、应收账款质权人对沈阳华创风能有限公司在大唐系企业处的应收账款及逾期付款利息损失范围内享有优先受偿权；二、大唐系企业应于判决生效之日起十日内向应收账款质权人支付应收账款及逾期付款利息损失；三、驳回应收账款质权人的其他诉讼请求。

浙江省杭州市中级人民法院
民事判决书

（2019）浙01民初3421号

原告：中国信达资产管理股份有限公司浙江省分公司。住所地：浙江省杭州市延安路528号11、12层。

负责人：屠遵明。

委托诉讼代理人：陈小明、蔡妮，浙江星韵律师事务所律师。

被告：中国华电科工集团有限公司（原名称：中国华电工程（集团）有限公司），住所地北京市丰台区汽车博物馆东路6号院1号楼。

法定代表人：文端超。

委托诉讼代理人：冯小清、陈静。

被告：沈阳华创风能有限公司。住所地：辽宁省沈阳经济技术开发区十二号路3号。

法定代表人：姚素亚。

委托诉讼代理人：王谭海、陈家欣，浙江金道律师事务所律师。

原告中国信达资产管理股份有限公司浙江省分公司（以下简称信达资产）与被告中国华电科工集团有限公司（以下简称华电科工）、沈阳华创风能有限公司（以下简称沈阳华创）应收账款质权纠纷一案，本院于2019年9

月14日立案受理后，依法适用普通程序，公开开庭进行了审理。信达资产的委托诉讼代理人陈小明、蔡妮，华电科工的委托诉讼代理人冯小清、陈静，沈阳华创的委托诉讼代理人王谭海、陈家欣到庭参加了诉讼。本案现已审理终结。

信达资产向本院提出诉讼请求：1. 判令信达资产对沈阳华创质押给信达资产的对华电科工的应收账款人民币3995.24万元及其逾期付款损失享有优先受偿权。2. 判令华电科工向信达资产支付其应付给沈阳华创的应付账款人民币3995.24万元及其逾期付款损失。3. 判令沈阳华创对华电科工上述第2项付款义务承担连带责任。4. 判令华电科工和沈阳华创共同承担案件受理费等信达资产实现质权的费用。庭审中，信达资产确认逾期付款损失为，以预验收款2438.14万元为基数，自2016年10月12日开始计算逾期付款损失；以质保金1557.1万元为基数，自2018年10月11日开始计算逾期付款损失，计算标准为2019年8月19日之前是按照中国人民银行同期贷款基准利率，2019年的8月20日及之后，按照同期全国银行间同业拆借中心公布的贷款市场报价利率（LPR）上浮50%。实现质权的费用为诉讼费及财产保全费。事实与理由：2017年12月22日，信达资产作为收购方与转让方浙江盾安惠众实业投资有限公司（以下简称盾安惠众）、债务人沈阳华创、共同债务人浙江盾安精工集团有限公司（以下简称盾安精工）签订信浙-A-2017-047号《债权收购暨债务重组协议》一份，约定转让方盾安惠众将其持有的对债务人的到期债权人民币壹拾壹亿贰仟贰佰贰拾肆万叁仟捌佰元（小写1122243800元）转让给信达资产，收购方（受让人）信达资产向债权转让方盾安惠众支付（债权）收购价款人民币壹拾壹亿元；协议还约定了债务重整及违约责任等事项。同年12月28日，信达资产按约向债权转让方盾安惠众支付了人民币11亿元的（债权）收购款，受让了盾安惠众对债务人即沈阳华创和共同债务人盾安精工的到期债权1122243800元。2018年4月26日，信达资产（债权人）作为质押权人与沈阳华创（债务人）作为出质人签订信浙

-A-2017-047-02-01号《债权收购暨债务重组应收账款质押合同》，约定出质人沈阳华创将其享有的对包括华电科工在内的共41笔应收款项债权112673.18万元质押给信达资产，并约定信达资产对质押标的（即沈阳华创的应收款债权）享有第一顺位的优先受偿权。该质押合同附件一之“质押标的清单”包含“34.债务人华电科工，应收账款金额3995.24万元，合同编号CHEC-XNY-WP-NTW-SB-2010-01”。上述应收账款于2018年11月30日在中国人民银行征信中心办理了质押初始登记（登记证明编号×××97）。沈阳华创（卖方）与华电科工（买方）于2010年5月5日签订编号为CHEC-XNY-WP-NTW-SB-2010-01《福清牛头尾风力发电项目风电机组采购合同》一份，约定沈阳华创向华电科工销售20台CC×-1500/70风力发电机组及附属设备，合同总价15571万元，其中预付款10%，投料款20%，交货付款40%，初步验收付款30%，质保金10%，分三批交货，每批次交货后付该批设备价款的50%，预验收通过后付10%，质保期满后付10%；中国华电工程（集团）有限公司于2015年12月3日起更名为“中国华电科工集团有限公司”。上述设备采购合同签订后，沈阳华创履行了合同约定的全部货物交付义务，且前述货物均已通过240小时可靠性试运行考核。沈阳华创向华电科工开具并交付了总价15571万元的增值税专用发票，华电科工向沈阳华创支付了货款11575.76万元，尚欠沈阳华创货款3995.24万元，已构成违约。质权人信达资产与出质人沈阳华创的应收账款质押合同合法有效，并办理了应收账款质押登记，质权也已成立。信达资产通过发函等方式向沈阳华创和华电科工催讨债务行使质权，但出质人沈阳华创和出质债权的债务人华电科工均未履行。根据《最高人民法院关于适用〈中华人民共和国担保法〉若干问题的解释》第一百零六条“质权人向出质人、出质债权的债务人行使质权时，出质人、出质债权的债务人拒绝的，质权人可以起诉出质人和出质债权的债务人，也可以单独起诉出质债权的债务人”之规定，提起本案诉讼。

华电科工答辩称：一、因风机严重质量问题导致沈阳华创至今未完成质保义务，双方采购合同目前尚未履行完毕，不具备结算条件，即沈阳华创的债权尚未到清偿期，华电科工并未违约；2010 年 5 月 5 日，华电科工与沈阳华创签订《福清牛头尾风力发电项目风电机组采购合同》（合同编号：CHEC-XNY-WP-NHT-SB-2010-01），合同金额为 15571 万元。合同范围为向福清牛头尾风电 30MW 项目共提供 20 台（套）CCWE-1500/70 风力发电机组及其备品备件、易耗品、专用工具、运输及相关服务。2010 年 5 月 7 日、2016 年 6 月，双方分别订调次补充协议，约定扣除工程监管费用 1236.37 万元、风机机组出现故障及备品备件供应不及时等费用 1190.379123 万元，风机采购合同金额变更为 13144.250877 万元。从 2011 年 12 月 6 日开始，该项目多台风机发生多起叶片断裂事故以及设备故障，严重影响风电场所在地周边的公共安全以及风电场的正常安全运行，给当地社会带来极其恶劣的影响。2017 年 3 月 14 日，沈阳华创、华电科工及业主华电（福清）风电有限公司（以下简称华电福清）牛头尾风电场签署“关于华电福清牛头尾项目更换叶片联络会会议纪要”，三方约定由沈阳华创负责更换叶片。沈阳华创按照上述会议纪要要求，与东方电气（天津）风电叶片工程有限公司（以下简称东方电气）签订《福清项目 1.5MW70 型叶片采购合同》，采购 20 套风力发电机组叶片。东方电气供货 2 套后，沈阳华创资金困难，无力继续支付尾款。为确保叶片更换顺利进行，只得由华电科工代沈阳华创支付后续风机叶片更换的各项费用，并相应扣与其签订的风机采购合同金额。时至今日，该项目的风机叶片更换工作仍未完成，相关费用仍在发生，风机采购合同尚未履行完毕，不具备结算条件，华电科工不存在任何违约，反而是沈阳华创供货出现严重质量问题，致使项目十年未出质保，存在重大违约。二、根据会议纪要，截至 2018 年 8 月 9 日，华电科工与沈阳华创共同确认未支付给沈阳华创的设备款及质保金共计 2758.870877 万元，而并非所称的 3995.24 万元。另外，截至目前统计数据，因早已经超出华电科工对沈阳华创应付账款的金额。沈阳华创风机质量问题，华电科工代扣金额已达到 2789723176 万元，2018 年 8 月

9日，华电科工、沈阳华创以及该项目业主华电福清签订《华电（福清）风电有限公司牛头尾风电场风机出质保前叶片更换及运维工作的专题会会议纪要》。会议纪要第八条华电科工与沈阳华创共同确认当时未支付给华创风能的设备款及质保金共计2758.870877万元。2018年10月30日，华电科工与沈阳华创签订《华电（福清）风电有限公司牛头尾风电场风机更换叶片及维护补充协议》，双方细化2018年8月9日的会议纪要中约定的各项扣款金额共计2501.423176。因最终华电科工、沈阳华创及西安风创能源科技有限公司（以下简称西安风创）签订的运维合同金额为90万元，故扣款金额调增至2531.423176万元。2019年9月，华电科工与东方电气签订《华电福清风力发电有限公司福清牛头尾项目叶片设备采购合同》，采购12套用于华创1.5MW70型号华电福清牛头尾风电项目风力发电机组的叶片设备。每套价格97万元，合同总价为1164万元。2019年10月，华电科工与东方电气签订《华电福清风力发电有限公司福清牛头尾项目叶片设备采购合同补充协议》，因国内风电场抢装潮来临，叶片原材料价格大幅上涨，原合同调增60万元。华电科工认为，该60万元应相应扣减沈阳华创设备款及质保金。2019年10月21日，华电科工收到业主华电福清“关于扣减华创13号风机齿轮箱设备更换及风机运维服务合同垫付款的函”，称2019年9月23日，为解决牛头尾项目沈阳华创13号风机发生齿轮箱行星齿断齿事故发生费用124.70万元。另，华电科工、沈阳华创与西安风创电场维护服务合同到期后，因现场叶片尚未装完且未出质保，沈阳华创经营财务状况又无法继续提供运维服务，所以，华电科工不得不要求华电科工的全资子公司华电中光新能源技术有限公司（以下简称华电中光）紧急为业主提供运维（合同金额为49.6万元）、定检服务（合同金额为24万元），共计73.6万元。上述各项费用扣除共计2789.723176万元，已超过2018年8月9日华电科工与沈阳华创共同确认的剩余设备款及质保金2758.870877万元。除上述损失外，因风机叶片等质量问题，还导致华电科工巨额的发电量损失，所以，事实上，华电科工未欠付沈阳华创设备款，沈阳华创也并不是华电科工的债权人，而是债务人。三、沈阳华创本质上是进行了一个债权转移，但是直至2019年6月30日华电科工收到信达资产寄送通知时，华电科工才知道其将对华电科工的债权转移给了信达资产，期间沈阳华创仍以分包商的身份履行合同、参加会议、确认未支付金额等，从未将债权已经转移的事实告知华电科工，因此华电科工不存在《最高人民法院关于适用〈中华人民共和国担保法〉若干问题的解释》第一百零六条所规定的拒绝出质人的行为。2019年6月30日，华电科工收到信达资产的应收账款质押通知书，方才得知沈阳华创已于2018年1月将对华电科工的债权质押给信达资产。2019年8月23日，华电科工回函告知关于沈阳华创债务债权情况。华电科工认为，信达资产作为质权人、沈阳华创作为出质人，双方对设定质押的行为未对华电科工进行及时告知，而华电科工与沈阳华创约定的代扣行为在其告知之前，理应合法有效，且该应收账款的基础风机采购合同尚未履行完毕，不具备清偿条件。因此，华电科工不存在《最高人民法院关于适用〈中华人民共和国担保法〉若干问题的解释》第一百零六条所规定的拒绝出质人的行为，信达资产也无权要求华电科工直接清偿应收账款。四、信达资产请求华电科工与沈阳华创共同承担案件受理费等实现质权的费用，没有法律依据，请求予以驳回。华电科工未欠付沈阳华创设备款。上述费用无法律依据，请求法院予以驳回此项诉讼请求。综上所述，请求驳回信达资产的诉讼请求。

沈阳华创答辩称：对信达资产的诉讼请求没有异议。

当事人围绕诉讼请求依法提交了证据，本院组织当事人进行了证据交换和质证，并予以记录在卷。

信达资产提交的证据有：1.《债权收购暨债务重组协议》及其附件；2. 中国建设银行网上银行电子回执；3.《债权收购暨债务重组应收账款质押合同》、中国人民银行征信中心动产权属统一登记——初始登记；4.《采购合同》；5. 预验收证书；6. 华电科工官网截图；7. 关于要求立即履行相关债务的函及回执、往来账项询证函。8. 应收账款质押通知书及其邮寄签收信息。

华电科工提交的证据有：1.《采购合同》、补充协议；2. 会议纪要；3.《福清牛头尾风力发电项目华电科工对沈阳华创的扣款明细表》，《华电（福清）风电有限公司牛头尾风电场风机更换叶片及维护补充协议》，委托授权书、合同款代支付三方协议，关于华电福清牛头尾项目更换叶片联络会会议纪要。采购合同及补充协议，《关于扣减华创13号风机齿轮箱设备更换及风机运维服务合同垫付款的函》。《福建福清牛头尾风电场风机运维协作技术服务合同》《福建福清牛头尾风电场风机定检技术服务合同》，国家企业信息网，华电中光新能源技术有限公司报告；4. 部分风机叶片折断事故现场照片；5. 华电科工关于沈阳华创债权债务情况的说明回函，邮寄记录及信达资产签收记录。6. 律师函，发票、付款凭证、《关于华电福清牛头尾风电项目叶片设备采购的函》及送达、《华电（福清）风电有限公司FL1500A主齿轮箱合同书》，《福清牛头尾风电场#13风机齿轮箱更换服务合同》、《华电（福清）风电有限公司牛头尾风电场维护确认单》、《项目进场单》、关于华电福清牛头尾风电项目继续更换风机叶片工作开展及相关费用处理的函。

沈阳华创未提交证据。

本院结合各方的举证质证意见，对上述证据综合评判如下：对证据中当事人之间的合同、函件、通知、会议纪要及相关国家职能部门出具的文件的真实性予以认可，有关媒体报道及相关行政处罚和本案无关，在没有确凿证据证明的情况下，无法认定本案所涉相应基础债权为虚假债权。华电科工因沈阳华创提供设备的质量问题所产生的代付款项对于本案的影响将在本院认为中予以一并认定阐述。

本院认定事实如下：

一、2017年12月22日，盾安惠众（转让方）与信达资产（收购方）、沈阳华创（债务人）、盾安精工（共同债务人）签订合同编号为信浙-A-

2017-047 的《债权收购暨债务重组协议》一份，约定债务人向转让方借款共计 1122243800 元，年利率为 8%，截至本协议签署日，债务人尚未偿还转让方到期债务共计 1122243800 元；共同债务人自愿以债务加入的方式与债务人共同向信达资产承担本协议项下债务人的义务和责任；转让方同意依本协议约定将标的债权转让给信达资产，收购价款为 11 亿元；信达资产应自付款条件同时满足之日起 5 个工作日内将收购价款一次性支付至转让方指定的账户，付款条件之一为沈阳华创与信达资产签订《债权收购暨债务重组应收账款质押合同》，并确定 165600 万元拟质押应收账款清单；自权利转移日（含该日）起，标的债权由信达资产所有，信达资产与债务人同意按本协议约定进行债务重组；债务重组宽限期为 36 个月，自付款日起算，重组款项补偿金年率为 9.2%；债务人应于债务重组宽限期终止日之前分十二期向信达资产足额支付 1408097777.78 元，如债务人依据还款计划向信达资产按期足额清偿收购价款和重组款项补偿金，且无其他违约行为的，则本协议项下债务人对信达资产的债务清偿完毕，信达资产免除本协议项下对债务人剩余重组债务 22243800 元。2017 年 12 月 28 日，信达浙江分公司向盾安惠众支付了 11 亿元的收购款。2018 年 8 月 10 日，信达资产向沈阳华创、盾安精工、盾安集团发出《关于要求立即履行相关债务的函》，宣布全部未到期重组债务立即到期。2018 年 8 月 26 日，沈阳华创在回执上签章，表明收到前述函件并确认该函件内容对其发生效力。

二、2018 年 4 月 26 日，沈阳华创（出质人）与信达资产（质权人、债权人）签订合同编号为信浙-A-2017-047-02-01 的《债权收购暨债务重组应收账款质押合同》一份，约定为保障债权人在《债权收购暨债务重组协议》项下债权的实现，出质人以其合法拥有的对华电科工等 41 笔应收账款共计 112673.18 万元为信达资产设定质押担保。该合同附件一《质押标的清单》列表第 34 项即为以华电科工为应收账款债务人的应收账款，应收账款金额（本金）载明为 3995.24 万元。华电科工、沈阳华创签订的《采购合同》记载的合同总价款为 15571 万元。2018 年 11 月 30 日，信达资产向中国人民银行征信中心办理了登记证明编号为×××97 的应收账款质押普通贷款业务登记。另查明，《债权收购暨债务重组应收账款质押合同》第 13.2 条约定，如果因出质人原因导致本合同无效、质权未有效设立，或者导致质押标的价值减少，或者导致债权人未及时或未充分实现质权，债权人有权要求出质人在本合同约定的担保范围内对担保的债务与被担保人承担连带清偿责任。

三、2010 年 5 月 5 日，华电科工作为买方，沈阳华创作为卖方共同签订《采购合同》一份，约定合同总价为 15571 万元，并就其他交货、安装、调试及验收等内容进行了约定。其中，约定质保金 10%在收到资金往来收据和最终验收证书并核对无误后 30 天内以电汇方式支付。沈阳华创完成上述合同对应货物的交付义务，并通过 240 试运行预验收。华电科工已付款 11575.76 万元。

四、2017 年 3 月 14 日沈阳华创、华电（福清）风电有限公司、华电科工新能源公司、东方电器（天津）风电叶片工程有限公司召开关于华电福清牛头尾项目更换叶片联络会并形成会议纪要，该会议纪要内容主要为：福清牛头尾风场 20 台风机叶片更换。10 天内沈阳华创完成叶片更换计划。2018 年 8 月 9 日沈阳华创、中国华电集团有限公司福建分公司、华电科工、华电福清召开牛头尾风电场风机出质保前叶片更换及运维工作的专题会议并形成会议纪要。该会议纪要内容主要为：沈阳华创同意由华电科工代其支付给叶片制造及运输单位东方电气（天津）风电叶片工程有限公司、吊装单位沈阳华生建设工程有限公司设备及运输、安装及调试、叶片堆场的费用等，该费用从沈阳华创的合同款中扣除。齿轮箱检测费用 4.9 万元，华电科工和沈阳华创同意该工作由华电福清公司自行签订合同并支付，费用最终由华电科工从应支付给沈阳华创的设备款及质保金中扣除。沈阳华创承诺在 2018 年 8 月 30 日前签订齿轮箱油采购及更换、变桨蓄电池采购及更换合同并组织事实，由此产生费用由华电科工从应支付给沈阳华创的设备款及质保金中扣除。从风机机位到叶片临时堆场转运费用、质保期间的第三方运维费用，更换#7，#17风机叶片的调装费用及转运费用，华电科工代为支付，由此产生费用由华电科工从应支付给沈阳华创的设备款及质保金中扣除。华电福清公司代付的#1风机变频器修理费用及#19风机叶片检查及修复费用共计15.5563万元从华电科工的工程款及质保金的尾款中扣除，由此产生费用由华电科工从应支付给沈阳华创的设备款及质保金中扣除。华电科工及沈阳华创确认《福清牛头尾风力发电项目风电机组采购合同》未支付给沈阳华创的设备款及质保金共计2758.870877万元。在沈阳华创完成风机叶片采购及更换，齿轮箱油采购及更换、变桨蓄电池采购及更换合同签订，华电福清公司完成齿轮箱检测合同签订、华电科工将扣除上述全部合同款项及该纪要第五条、第七条费用，并与沈阳华创签订合同补充协议确认剩余合同尾款。剩余合同尾款以每台风机出质保证明为节点，每台风机出质保后的15日内由华电科工向沈阳华创支付剩余合同尾款的5%。华电科工代沈阳华创支付费用的总额不能超过未支付设备款及质保金共计2758.870877元。

五、2018年10月30日，沈阳华创和华电科工签订《华电（福清）风电有限公司牛头尾风电场风机更换叶片及维护补充协议》，该补充协议列举了华电科工代沈阳华创支付的款项共六条、合计2501.423176万元，沈阳华创在完成会议纪要相关工作后，华电科工还应支付的剩余质保金为257.447701万元。沈阳华创认可上述六条发生的费用金额，并同意扣除。

本院认为，本案现争议焦点主要为：一、案涉应收账款质权是否有效设立。二、在上述认定基础上，案涉应收账款享有优先受偿权的范围。三、信达资产是否有权直接要求华电科工履行付款义务及要求沈阳华创承担连带责任。关于焦点一、《中华人民共和国物权法》第二百二十八条第一款规定："以应收账款出质的，当事人应当订立书面合同。质权自信贷征信机构办理出质登记时设立。"本案中，信达资产与沈阳华创签订《债权收购暨债务重组应收账款质押合同》，约定出质人沈阳华创将其在案涉《采购合同》项下对华电科工享有的应收账款债权质押给信达资产，并于2018年11月30日在中国人民银行征信中心办理质押初始登记，故案涉质权依法应认定已有效设立。关于焦点二，首先，应收账款质押登记为形式登记，且实践中应收账款的具体金额可能发生变动，故不能直接依据质押标的清单中载明的数额确定应收账款金额，人民法院仍应对应收账款所对应的基础合同项下的债权金额进行实质审查。应收账款债务人依据基础合同享有的抗辩权，可以对抗该应收账款的质权人。其次，2018年10月30日的《华电（福清）风电有限公司牛头尾风电场风机更换叶片及维护补充协议》中沈阳华创方的签名人邵建春系沈阳华创副总经理，且有沈阳华创的对应授权，也是沈阳华创在2018年8月9日形成的会议纪要上代表沈阳华创的签名人，故上述有关补充协议应认定系沈阳华创的真实意思表示。根据该补充协议，结合2017年3月14日、2018年8月9日的会议纪要，应认定沈阳华创和华电科工确认，华电科工未支付给沈阳华创的设备款及质保金共计2758.870877万元，华电科工代沈阳华创支付的款项共2501.423176万元，华电科工还应支付沈阳华创剩余的质保金257.447701万元。至于华电科工所称其他代付款，涉及华电科工及华电科工子公司与案外人签订的合同，华电科工并未实际支付，相关款项也未得到沈阳华创确认，本院不予确认。因此，信达资产就沈阳华创和华电科工在涉案设备质保期届满后确认的剩余应付质保金享有相应质权。鉴于质保期于2018年8月26日到期，沈阳华创和华电科工于2018年10月30日确定华电科工代付款项及应付剩余质保金，上述剩余应付款项已低于约定的质保金，本院结合信达资产的诉讼请求，认定剩余质保金应于2018年10月30日的次日支付，相应逾期付款损失亦自该日起算。关于焦点三，如前所述，信达资产与沈阳华创之间形成的是应收账款质押法律关系，而我国法律并未规定应收账款质权的具体实现方式。由于应收账款质权的标的仅限于金钱之债，故质权人行使质权时有权直接要求应收账款债务人给付相应款项，而无需采取折价、拍卖或变卖之方式。最高人民法院发布的《福建海峡银行股份有限公司福州五一支行诉长乐亚新污水处理有限公司、福州市政工程有限公司金融借款合同纠纷案》（指导案例 53 号）认为，特许经营权的收益权依其性质不宜折价、拍卖或变卖，质权人主张优先受偿权的，人民法院可以判令出质债权的债务人将收益权的应收账款优先支付质权人。参照上述指导案例，应收账款质权人亦有权请求应收账款债务人直接向其支付所涉应收账款。现沈阳华创认可其对信达资产的重组债务已经全部到期，故信达资产有权要求华电科工就已达到付款条件的应收账款向其予以支付。关于信达资产是否有权要求沈阳华创承担连带责任。根据《债权收购暨债务重组应收账款质押合同》第 13.2 条约定，因出质人原因导致质押标的价值减少，债权人无法充分实现质权，债权人有权要求出质人沈阳华创在担保范围内承担连带清偿责任。如前所述，沈阳华创在履行基础合同过程中亦存在违约行为，导致质押标的价值减少，加之沈阳华创对信达资产的诉讼请求无异议，故信达资产要求沈阳华创承担连带清偿责任，具有合同依据，本院予以支持。综上所述，对信达资产诉讼请求中，具有事实与法律依据部分，本院予以支持；其余部分，不予支持。依照《中华人民共和国物权法》第二百二十三条、第二百二十八条，《中华人民共和国合同法》第六条、第八条，《中华人民共和国民事诉讼法》第六十四条第一款、第一百五十二条之规定，判决如下：

一、中国信达资产管理股份有限公司浙江省分公司对沈阳华创风能有限公司在中国华电科工集团有限公司处的应收账款 2574477.01 元及该款自 2018 年 10 月 31 日起至实际履行日止的逾期付款损失（2019 年 8 月 19 日之前按同期中国人民银行公布的贷款基准利率计付，2019 年 8 月 20 日及之后按同期全国银行间同业拆借中心公布的贷款市场报价利率上浮 50%计付）范围内享有优先受偿权；

二、中国华电科工集团有限公司应于本判决生效之日起十日内向中国信达资产管理股份有限公司浙江省分公司支付应收账款 2574477.01 元及该款自 2018 年 10 月 31 日起至实际履行日止的逾期付款损失（2019 年 8 月 19 日之前按同期中国人民银行公布的贷款基准利率计付，2019 年 8 月 20 日及之后按同期全国银行间同业拆借中心公布的贷款市场报价利率上浮 50%计付）；

三、沈阳华创风能有限公司对中国华电科工集团有限公司的上述第二项付款义务承担连带清偿责任；

四、驳回中国信达资产管理股份有限公司的其他诉讼请求。

如果未按本判决指定的期间履行金钱给付义务，应当按照《中华人民共和国民事诉讼法》第二百五十三条之规定，加倍支付迟延履行期间的债务利息。

案件受理费 241562 元，财产保全申请费 5000 元，由中国信达资产管理有限公司浙江省分公司负担 225996 元，由中国华电科工集团有限公司、沈阳华创风能有限公司负担 20566 元。

如不服本判决，可在判决书送达之日起十五日内，向本院递交上诉状，并按对方当事人的人数提交副本，上诉于浙江省高级人民法院。

一审判决后，中国华电科工集团有限公司不服提起上诉，浙江省高级人民法院经审理后，作出终审判决，驳回中国华电科工集团有限公司的上诉，维持原判。

二审判决后，中国华电科工集团有限公司不服申请再审，最高人民法院经审理后，作出裁定，驳回中国华电科工集团有限公司的再审申请。

（二）裁判依据

《中华人民共和国民法典》

第四百二十五条 为担保债务的履行，债务人或者第三人将其动产出质给债权人占有的，债务人不履行到期债务或者发生当事人约定的实现质权的情形，债权人有权就该动产优先受偿。

前款规定的债务人或者第三人为出质人，债权人为质权人，交付的动产为质押财产。

第四百二十六条 法律、行政法规禁止转让的动产不得出质。

第四百二十七条 设立质权，当事人应当采用书面形式订立质押合同。

质押合同一般包括下列条款：

（一）被担保债权的种类和数额；

（二）债务人履行债务的期限；

（三）质押财产的名称、数量等情况；

（四）担保的范围；

（五）质押财产交付的时间、方式。

第四百二十八条 质权人在债务履行期限届满前，与出质人约定债务人不履行到期债务时质押财产归债权人所有的，只能依法就质押财产优先受偿。

第四百二十九条 质权自出质人交付质押财产时设立。

第四百三十条 质权人有权收取质押财产的孳息，但是合同另有约定的除外。

前款规定的孳息应当先充抵收取孳息的费用。

第四百三十一条 质权人在质权存续期间，未经出质人同意，擅自使用、处分质押财产，造成出质人损害的，应当承担赔偿责任。

第四百三十二条 质权人负有妥善保管质押财产的义务；因保管不善致使质押财产毁损、灭失的，应当承担赔偿责任。

质权人的行为可能使质押财产毁损、灭失的，出质人可以请求质权人将质押财产提存，或者请求提前清偿债务并返还质押财产。

第四百三十三条 因不可归责于质权人的事由可能使质押财产毁损或者价值明显减少，足以危害质权人权利的，质权人有权请求出质人提供相应的担保；出质人不提供的，质权人可以拍卖、变卖质押财产，并与出质人协议将拍卖、变卖所得的价款提前清偿债务或者提存。

第四百三十四条 质权人在质权存续期间，未经出质人同意转质，造成质押财产毁损、灭失的，应当承担赔偿责任。

第四百三十五条 质权人可以放弃质权。债务人以自己的财产出质，质权人放弃该质权的，其他担保人在质权人丧失优先受偿权益的范围内免除担保责任，但是其他担保人承诺仍然提供担保的除外。

第四百三十六条 债务人履行债务或者出质人提前清偿所担保的债权的，质权人应当返还质押财产。

债务人不履行到期债务或者发生当事人约定的实现质权的情形，质权人可以与出质人协议以质押财产折价，也可以就拍卖、变卖质押财产所得的价款优先受偿。

质押财产折价或者变卖的，应当参照市场价格。

第四百三十七条 出质人可以请求质权人在债务履行期限届满后及时行使质权；质权人不行使的，出质人可以请求人民法院拍卖、变卖质押财产。

出质人请求质权人及时行使质权，因质权人怠于行使权利造成出质人损害的，由质权人承担赔偿责任。

第四百三十八条 质押财产折价或者拍卖、变卖后，其价款超过债权数额的部分归出质人所有，不足部分由债务人清偿。

第四百三十九条 出质人与质权人可以协议设立最高额质权。

最高额质权除适用本节有关规定外，参照适用本编第十七章第二节的有关规定。

第四百四十条 债务人或者第三人有权处分的下列权利可以出质：

（一）汇票、本票、支票；

（二）债券、存款单；

（三）仓单、提单；

（四）可以转让的基金份额、股权；

（五）可以转让的注册商标专用权、专利权、著作权等知识产权中的财产权；

（六）现有的以及将有的应收账款；

（七）法律、行政法规规定可以出质的其他财产权利。

第四百四十一条 以汇票、本票、支票、债券、存款单、仓单、提单出质的，质权自权利凭证交付质权人时设立；没有权利凭证的，质权自办理出质登记时设立。法律另有规定的，依照其规定。

第四百四十二条 汇票、本票、支票、债券、存款单、仓单、提单的兑现日期或者提货日期先于主债权到期的，质权人可以兑现或者提货，并与出质人协议将兑现的价款或者提取的货物提前清偿债务或者提存。

第四百四十三条 以基金份额、股权出质的，质权自办理出质登记时设立。

基金份额、股权出质后，不得转让，但是出质人与质权人协商同意的除外。出质人转让基金份额、股权所得的价款，应当向质权人提前清偿债务或者提存。

第四百四十四条 以注册商标专用权、专利权、著作权等知识产权中的财产权出质的，质权自办理出质登记时设立。

知识产权中的财产权出质后，出质人不得转让或者许可他人使用，但是出质人与质权人协商同意的除外。出质人转让或者许可他人使用出质的知识产权中的财产权所得的价款，应当向质权人提前清偿债务或者提存。

第四百四十五条 以应收账款出质的，质权自办理出质登记时设立。

应收账款出质后，不得转让，但是出质人与质权人协商同意的除外。出质人转让应收账款所得的价款，应当向质权人提前清偿债务或者提存。

第四百四十六条 权利质权除适用本节规定外，适用本章第一节的有关规定。

《中华人民共和国涉外民事关系法律适用法》

第三十九条 有价证券，适用有价证券权利实现地法律或者其他与该有价证券有最密切联系的法律。

第四十条 权利质权，适用质权设立地法律。

《最高人民法院关于适用〈中华人民共和国民法典〉有关担保制度的解释》

第五十五条 债权人、出质人与监管人订立三方协议，出质人以通过一定数量、品种等概括描述能够确定范围的货物为债务的履行提供担保，当事人有证据证明监管人系受债权人的委托监管并实际控制该货物的，人民法院应当认定质权于监管人实际控制货物之日起设立。监管人违反约定向出质人或者其他人放货、因保管不善导致货物毁损灭失，债权人请求监管人承担违约责任的，人民法院依法予以支持。

在前款规定情形下，当事人有证据证明监管人系受出质人委托监管该货物，或者虽然受债权人委托但是未实际履行监管职责，导致货物仍由出质人实际控制的，人民法院应当认定质权未设立。债权人可以基于质押合同的约定请求出质人承担违约责任，但是不得超过质权有效设立时出质人应当承担的责任范围。监管人未履行监管职责，债权人请求监管人承担责任的，人民法院依法予以支持。

第五十六条 买受人在出卖人正常经营活动中通过支付合理对价取得已被设立担保物权的动产，担保物权人请求就该动产优先受偿的，人民法院不予支持，但是有下列情形之一的除外：

（一）购买商品的数量明显超过一般买受人；

（二）购买出卖人的生产设备；

（三）订立买卖合同的目的在于担保出卖人或者第三人履行债务；

（四）买受人与出卖人存在直接或者间接的控制关系；

（五）买受人应当查询抵押登记而未查询的其他情形。

前款所称出卖人正常经营活动，是指出卖人的经营活动属于其营业执照明确记载的经营范围，且出卖人持续销售同类商品。前款所称担保物权人，是指已经办理登记的抵押权人、所有权保留买卖的出卖人、融资租赁合同的出租人。

第五十七条 担保人在设立动产浮动抵押并办理抵押登记后又购入或者以融资租赁方式承租新的动产，下列权利人为担保价款债权或者租金的实现而订立担保合同，并在该动产交付后十日内办理登记，主张其权利优先于在先设立的浮动抵押权的，人民法院应予支持：

（一）在该动产上设立抵押权或者保留所有权的出卖人；

（二）为价款支付提供融资而在该动产上设立抵押权的债权人；

（三）以融资租赁方式出租该动产的出租人。

买受人取得动产但未付清价款或者承租人以融资租赁方式占有租赁物但是未付清全部租金，又以标的物为他人设立担保物权，前款所列权利人为担保价款债权或者租金的实现而订立担保合同，并在该动产交付后十日内办理登记，主张其权利优先于买受人为他人设立的担保物权的，人民法院应予支持。

同一动产上存在多个价款优先权的，人民法院应当按照登记的时间先后确定清偿顺序。

第五十八条 以汇票出质，当事人以背书记载“质押”字样并在汇票上签章，汇票已经交付质权人的，人民法院应当认定质权自汇票交付质权人时设立。

第五十九条 存货人或者仓单持有人在仓单上以背书记载“质押”字样，并经保管人签章，仓单已经交付质权人的，人民法院应当认定质权自仓单交付质权人时设立。没有权利凭证的仓单，依法可以办理出质登记的，仓单质权自办理出质登记时设立。

出质人既以仓单出质，又以仓储物设立担保，按照公示的先后确定清偿顺序；难以确定先后的，按照债权比例清偿。

保管人为同一货物签发多份仓单，出质人在多份仓单上设立多个质权，按照公示的先后确定清偿顺序；难以确定先后的，按照债权比例受偿。

存在第二款、第三款规定的情形，债权人举证证明其损失系由出质人与保管人的共同行为所致，请求出质人与保管人承担连带赔偿责任的，人民法院应予支持。

第六十条 在跟单信用证交易中，开证行与开证申请人之间约定以提单作为担保的，人民法院应当依照民法典关于质权的有关规定处理。

在跟单信用证交易中，开证行依据其与开证申请人之间的约定或者跟单信用证的惯例持有提单，开证申请人未按照约定付款赎单，开证行主张对提单项下货物优先受偿的，人民法院应予支持；开证行主张对提单项下货物享有所有权的，人民法院不予支持。

在跟单信用证交易中，开证行依据其与开证申请人之间的约定或者跟单信用证的惯例，通过转让提单或者提单项下货物取得价款，开证申请人请求返还超出债权部分的，人民法院应予支持。

前三款规定不影响合法持有提单的开证行以提单持有人身份主张运输合同项下的权利。

第六十一条 以现有的应收账款出质，应收账款债务人向质权人确认应收账款的真实性后，又以应收账款不存在或者已经消灭为由主张不承担责任的，人民法院不予支持。

以现有的应收账款出质，应收账款债务人未确认应收账款的真实性，质权人以应收账款债务人为被告，请求就应收账款优先受偿，能够举证证明办理出质登记时应收账款真实存在的，人民法院应予支持；质权人不能举证证明办理出质登记时应收账款真实存在，仅以已经办理出质登记为由，请求就应收账款优先受偿的，人民法院不予支持。

以现有的应收账款出质，应收账款债务人已经向应收账款债权人履行了债务，质权人请求应收账款债务人履行债务的，人民法院不予支持，但是应收账款债务人接到质权人要求向其履行的通知后，仍然向应收账款债权人履行的除外。

以基础设施和公用事业项目收益权、提供服务或者劳务产生的债权以及其他将有的应收账款出质，当事人为应收账款设立特定账户，发生法定或者约定的质权实现事由时，质权人请求就该特定账户内的款项优先受偿的，人民法院应予支持；特定账户内的款项不足以清偿债务或者未设立特定账户，质权人请求折价或者拍卖、变卖项目收益权等将有的应收账款，并以所得的价款优先受偿的，人民法院依法予以支持。

《专利权质押登记办法》

第二条 国家知识产权局负责专利权质押登记工作。

第三条 以专利权出质的，出质人与质权人应当订立书面质押合同。

质押合同可以是单独订立的合同，也可以是主合同中的担保条款。

第四条 以共有的专利权出质的，除全体共有人另有约定的以外，应当取得其他共有人的同意。

第五条 在中国没有经常居所或者营业所的外国人、外国企业或者外国其他组织办理专利权质押登记手续的，应当委托依法设立的专利代理机构办理。

中国单位或者个人办理专利权质押登记手续的，可以委托依法设立的专利代理机构办理。

第九条 当事人提交的专利权质押合同应当包括以下与质押登记相关的内容：

（一）当事人的姓名或者名称、地址；

（二）被担保债权的种类和数额；

（三）债务人履行债务的期限；

（四）专利权项数以及每项专利权的名称、专利号、申请日、授权公告日；

（五）质押担保的范围。

第十条 除本办法第九条规定的事项外，当事人可以在专利权质押合同中约定下列事项：

（一）质押期间专利权年费的缴纳；

（二）质押期间专利权的转让、实施许可；

（三）质押期间专利权被宣告无效或者专利权归属发生变更时的处理；

（四）实现质权时，相关技术资料的交付。

第十二条 专利权质押登记申请经审查合格的，国家知识产权局在专利登记簿上予以登记，并向当事人发送《专利权质押登记通知书》。质权自国家知识产权局登记时设立。

经审查发现有下列情形之一的，国家知识产权局作出不予登记的决定，并向当事人发送《专利权质押不予登记通知书》：

（一）出质人与专利登记簿记载的专利权人不一致的；

（二）专利权已终止或者已被宣告无效的；

（三）专利申请尚未被授予专利权的；

（四）专利权处于年费缴纳滞纳期的；

（五）专利权已被启动无效宣告程序的；

（六）因专利权的归属发生纠纷或者人民法院裁定对专利权采取保全措施，专利权的质押手续被暂停办理的；

（七）债务人履行债务的期限超过专利权有效期的；

（八）质押合同约定在债务履行期届满质权人未受清偿时，专利权归质权人所有的；

（九）质押合同不符合本办法第九条规定的；

（十）以共有专利权出质但未取得全体共有人同意的；

（十一）专利权已被申请质押登记且处于质押期间的；

（十二）其他应当不予登记的情形。

第十三条 专利权质押期间，国家知识产权局发现质押登记存在本办法第十二条第二款所列情形并且尚未消除的，或者发现其他应当撤销专利权质押登记的情形的，应当撤销专利权质押登记，并向当事人发出《专利权质押登记撤销通知书》。

专利权质押登记被撤销的，质押登记的效力自始无效。

第十五条 专利权质押期间，出质人未提交质权人同意其放弃该专利权的证明材料的，国家知识产权局不予办理专利权放弃手续。

第十六条 专利权质押期间，出质人未提交质权人同意转让或者许可实施该专利权的证明材料的，国家知识产权局不予办理专利权转让登记手续或者专利实施合同备案手续。

出质人转让或者许可他人实施出质的专利权的，出质人所得的转让费、许可费应当向质权人提前清偿债务或者提存。

第十七条 专利权质押期间，当事人的姓名或者名称、地址、被担保的主债权种类及数额或者质押担保的范围发生变更的，当事人应当自变更之日起30日内持变更协议、原《专利权质押登记通知书》和其他有关文件，向国家知识产权局办理专利权质押登记变更手续。

第十八条 有下列情形之一的，当事人应当持《专利权质押登记通知书》以及相关证明文件，向国家知识产权局办理质押登记注销手续：

（一）债务人按期履行债务或者出质人提前清偿所担保的债务的；

（二）质权已经实现的；

（三）质权人放弃质权的；

（四）因主合同无效、被撤销致使质押合同无效、被撤销的；

（五）法律规定质权消灭的其他情形。

国家知识产权局收到注销登记申请后，经审核，向当事人发出《专利权质押登记注销通知书》。专利权质押登记的效力自注销之日起终止。

《著作权质权登记办法》

第二条 国家版权局负责著作权质权登记工作。

第三条 《中华人民共和国著作权法》规定的著作权以及与著作权有关权利（以下统称“著作权”）中的财产权可以出质。

以共有的著作权出质的，除另有约定外，应当取得全体共有人的同意。

第四条 以著作权出质的，出质人和质权人应当订立书面质权合同，并由双方共同向登记机构办理著作权质权登记。

出质人和质权人可以自行办理，也可以委托代理人办理。

第五条 著作权质权的设立、变更、转让和消灭，自记载于《著作权质权登记簿》时发生效力。

第七条 著作权质权合同一般包括以下内容：

（一）出质人和质权人的基本信息；

（二）被担保债权的种类和数额；

（三）债务人履行债务的期限；

（四）出质著作权的内容和保护期；

（五）质权担保的范围和期限；

（六）当事人约定的其他事项。

第十二条 有下列情形之一的，登记机构不予登记：

（一）出质人不是著作权人的；

（二）合同违反法律法规强制性规定的；

（三）出质著作权的保护期届满的；

（四）债务人履行债务的期限超过著作权保护期的；

（五）出质著作权存在权属争议的；

（六）其他不符合出质条件的。

第十三条 登记机构办理著作权质权登记前，申请人可以撤回登记申请。

第十四条 著作权出质期间，未经质权人同意，出质人不得转让或者许可他人使用已经出质的权利。

出质人转让或者许可他人使用出质的权利所得的价款，应当向质权人提前清偿债务或者提存。

第十五条 有下列情形之一的，登记机构应当撤销质权登记：

（一）登记后发现有第十二条所列情形的；

（二）根据司法机关、仲裁机关或行政管理机关作出的影响质权效力的生效裁决或行政处罚决定书应当撤销的；

（三）著作权质权合同无效或者被撤销的；

（四）申请人提供虚假文件或者以其他手段骗取著作权质权登记的；

（五）其他应当撤销的。

第十六条 著作权出质期间，申请人的基本信息、著作权的基本信息、担保的债权种类及数额、或者担保的范围等事项发生变更的，申请人持变更协议、原《著作权质权登记证书》和其他相关材料向登记机构申请变更登记。

第十七条 申请变更登记的，登记机构自受理之日起10日内完成审查。经审查符合要求的，对变更事项予以登记。

变更事项涉及证书内容变更的，应交回原登记证书，由登记机构发放新的证书。

第十八条 有下列情形之一的，申请人应当申请注销质权登记：

（一）出质人和质权人协商一致同意注销的；

（二）主合同履行完毕的；

（三）质权实现的；

（四）质权人放弃质权的；

（五）其他导致质权消灭的。

《应收账款质押登记办法》

第二条 本办法所称应收账款是指权利人因提供一定的货物、服务或设施而获得的要求义务人付款的权利以及依法享有的其他付款请求权，包括现有的和未来的金钱债权，但不包括因票据或其他有价证券而产生的付款请求权，以及法律、行政法规禁止转让的付款请求权。

本办法所称的应收账款包括下列权利：

（一）销售、出租产生的债权，包括销售货物，供应水、电、气、暖，知识产权的许可使用，出租动产或不动产等；

（二）提供医疗、教育、旅游等服务或劳务产生的债权；

（三）能源、交通运输、水利、环境保护、市政工程等基础设施和公用事业项目收益权；

（四）提供贷款或其他信用活动产生的债权；

（五）其他以合同为基础的具有金钱给付内容的债权。

第三条 本办法所称应收账款质押是指《中华人民共和国物权法》第二百二十三条规定的应收账款出质，具体是指为担保债务的履行，债务人或者第三人将其合法拥有的应收账款出质给债权人，债务人不履行到期债务或者发生当事人约定的实现质权的情形，债权人有权就该应收账款及其收益优先受偿。

前款规定的债务人或者第三人为出质人，债权人为质权人。

第四条 中国人民银行征信中心（以下简称征信中心）是应收账款质押的登记机构。

征信中心建立基于互联网的登记公示系统（以下简称登记公示系统），办理应收账款质押登记，并为社会公众提供查询服务。

第六条 在同一应收账款上设立多个权利的，质权人按照登记的先后顺序行使质权。

第八条 应收账款质押登记由质权人办理。质权人办理质押登记的，应当与出质人就登记内容达成一致。

质权人也可以委托他人办理登记。委托他人办理登记的，适用本办法关于质权人办理登记的规定。

第十条 登记内容包括质权人和出质人的基本信息、应收账款的描述、登记期限。

出质人或质权人为单位的，应当填写单位的法定注册名称、住所、法定代表人或负责人姓名、组织机构代码或金融机构编码、工商注册号、法人和其他组织统一社会信用代码、全球法人机构识别编码等机构代码或编码。

出质人或质权人为个人的，应当填写有效身份证件号码、有效身份证件载明的地址等信息。

质权人可以与出质人约定将主债权金额等项目作为登记内容。

第十一条 质权人应当将填写完毕的登记内容提交登记公示系统。登记公示系统记录提交时间并分配登记编号，生成应收账款质押登记初始登记证明和修改码提供给质权人。

第十二条 质权人应当根据主债权履行期限合理确定登记期限。登记期限最短1个月，最长不超过30年。

第十三条 在登记期限届满前90日内，质权人可以申请展期。

质权人可以多次展期，展期期限最短1个月，每次不得超过30年。

第十四条 登记内容存在遗漏、错误等情形或登记内容发生变化的，质权人应当办理变更登记。

质权人在原质押登记中增加新的应收账款出质的，新增加的部分视为新的质押登记。

第十五条 质权人办理登记时所填写的出质人法定注册名称或有效身份证件号码变更的，质权人应当在变更之日起4个月内办理变更登记。

第十六条 质权人办理展期、变更登记的，应当与出质人就展期、变更事项达成一致。

第十七条 有下列情形之一的，质权人应当自该情形产生之日起10个工作日内办理注销登记：

（一）主债权消灭；

（二）质权实现；

（三）质权人放弃登记载明的应收账款之上的全部质权；

（四）其他导致所登记权利消灭的情形。

质权人迟延办理注销登记，给他人造成损害的，应当承担相应的法律责任。

第十八条 质权人凭修改码办理展期、变更登记、注销登记。

第十九条 出质人或其他利害关系人认为登记内容错误的，可以要求质权人变更登记或注销登记。质权人不同意变更或注销的，出质人或其他利害关系人可以办理异议登记。

办理异议登记的出质人或其他利害关系人可以自行注销异议登记。

第二十条 出质人或其他利害关系人应当在异议登记办理完毕之日起7日内通知质权人。

第二十一条 出质人或其他利害关系人自异议登记之日起30日内，未将争议起诉或提请仲裁并在登记公示系统提交案件受理通知的，征信中心撤销异议登记。

第二十四条 质权人开展应收账款质押融资业务时，应当严格审核确认应收账款的真实性，并在登记公示系统中查询应收账款的权利负担状况。

第二十五条 质权人、出质人和其他利害关系人应当按照登记公示系统提示项目如实登记，并对登记内容的真实性、完整性和合法性负责。办理登记时，存在提供虚假材料等行为给他人造成损害的，应当承担相应的法律责任。

第二十六条 任何单位和个人均可以在注册为登记公示系统的用户后，查询应收账款质押登记信息。

三、留置权纠纷

（一）地方法院典型案例

067. 是否允许债权人在我国领土范围内基于航空器产生的债权对航空器进行留置或扣押以实现债权[1]

基本案情：2007年9月至2009年3月，东星航空公司与白云机场公司签订一系列服务合同，约定由白云机场公司为东星航空公司提供包括机务维修、起降停场等各项服务。合同签订后，白云机场公司依约为东星航空公司营运的八架飞机（所有权人为天穹航空公司）提供了相应的服务。东星航空公司未能按时支付由此产生的各项费用合计人民币4400万元。2009年3月15日，白云机场公司获悉东星航空公司被通用电气航空公司、天穹航空公司等（均为爱尔兰公司）申请破产清算后，将东星航空公司营运的其中一架飞机留置在白云机场，并向法院起诉，请求确认其对飞机留置合法、通用电气航空公司等共同向其支付相关费用。

裁判结果：广州中院认为，根据我国在《移动设备国际利益公约》作出的特别声明以及我国国内法的法律规定，均允许债权人在我国领土范围内基

---

① 《广州法院涉外民商事审判白皮书（2008-2018）暨2018年度“十大”商事典型案例》（2019年4月16日发布），二、白云机场公司诉通用电气航空公司、天穹航空公司等航空器留置权纠纷案，载广州审判网，https：//www.gzcourt.gov.cn/xwzx/bps/2019/04/16150106080.html，最后访问日期：2023年7月6日。

于航空器产生的债权对航空器进行留置或扣押以实现债权。而依照我国留置权法律制度的规定，白云机场公司对案涉飞机进行留置时并不负有对留置标的物所有权人是否债务人本人进行审查的义务，故认定白云机场公司行使留置权的行为合法。通用电气航空公司等行使取回权的条件是需承担东星航空公司在经营中产生的与飞机直接相关的债务，故判决通用电气航空公司等行使飞机取回权后，向白云机场公司赔偿损失。通用电气航空公司等不服，提出上诉。二审中，各方当事人在广东高院的主持下调解结案。

典型意义

本案为我国民用航空器留置权司法第一案。此案案件标的巨大，涉及白云机场公司、通用电气航空公司、天穹航空公司等航空业知名企业，对广州地区机场和航空业的运营秩序具有重大影响，且目前尚无与民用航空器留置权相关的实体法规定，国际及国内亦均没有可供参考的案例。故本案在法学领域、航空业界引起了广泛关注，多位国内知名法学家就该案发表了学术意见，对同类纠纷处理及我国的航空器租赁业务均具有重要的参考价值。

（二）裁判依据

《中华人民共和国民法典》

第四百四十七条 债务人不履行到期债务，债权人可以留置已经合法占有的债务人的动产，并有权就该动产优先受偿。

前款规定的债权人为留置权人，占有的动产为留置财产。

第四百四十八条 债权人留置的动产，应当与债权属于同一法律关系，但是企业之间留置的除外。

第四百四十九条 法律规定或者当事人约定不得留置的动产，不得留置。

第四百五十条 留置财产为可分物的，留置财产的价值应当相当于债务的金额。

第四百五十一条 留置权人负有妥善保管留置财产的义务；因保管不善致使留置财产毁损、灭失的，应当承担赔偿责任。

第四百五十二条 留置权人有权收取留置财产的孳息。

前款规定的孳息应当先充抵收取孳息的费用。

第四百五十三条 留置权人与债务人应当约定留置财产后的债务履行期限；没有约定或者约定不明确的，留置权人应当给债务人六十日以上履行债务的期限，但是鲜活易腐等不易保管的动产除外。债务人逾期未履行的，留置权人可以与债务人协议以留置财产折价，也可以就拍卖、变卖留置财产所得的价款优先受偿。

留置财产折价或者变卖的，应当参照市场价格。

第四百五十四条 债务人可以请求留置权人在债务履行期限届满后行使留置权；留置权人不行使的，债务人可以请求人民法院拍卖、变卖留置财产。

第四百五十五条 留置财产折价或者拍卖、变卖后，其价款超过债权数额的部分归债务人所有，不足部分由债务人清偿。

第四百五十六条 同一动产上已经设立抵押权或者质权，该动产又被留置的，留置权人优先受偿。

第四百五十七条 留置权人对留置财产丧失占有或者留置权人接受债务人另行提供担保的，留置权消灭。

《最高人民法院关于适用〈中华人民共和国民法典〉有关担保制度的解释》

第三十八条 主债权未受全部清偿，担保物权人主张就担保财产的全部行使担保物权的，人民法院应予支持，但是留置权人行使留置权的，应当依照民法典第四百五十条的规定处理。

担保财产被分割或者部分转让，担保物权人主张就分割或者转让后的担保财产行使担保物权的，人民法院应予支持，但是法律或者司法解释另有规定的除外。

第六十二条 债务人不履行到期债务，债权人因同一法律关系留置合法占有的第三人的动产，并主张就该留置财产优先受偿的，人民法院应予支持。第三人以该留置财产并非债务人的财产为由请求返还的，人民法院不予支持。

企业之间留置的动产与债权并非同一法律关系，债务人以该债权不属于企业持续经营中发生的债权为由请求债权人返还留置财产的，人民法院应予支持。

企业之间留置的动产与债权并非同一法律关系，债权人留置第三人的财产，第三人请求债权人返还留置财产的，人民法院应予支持。

第五编　占有保护纠纷

占有物返还纠纷

（一）地方法院典型案例

068. 占有物返还纠纷举证责任的分配，应依照诚实信用原则和公平原则①

基本案情：张某德与张某系继父子关系，张某德与张某生母杜某系夫妻关系，杜某于2019年12月去世。张某德系一级精神残疾，生效判决认定张某德为限制民事行为能力人，张某德亲生女儿为其监护人。2019年，杜某作为张某德的委托代理人将与张某德共有的诉争房屋出售，售房款63万元被存入杜某账户。2019年8月初，张某陪同杜某到银行取款，张某输入密码并代签字后，银行工作人员将现金42万余元交给了张某。张某称取出现金后，杜某自己将现金存放至其养老公寓中一个无锁储物柜内，当时屋内还有杜某的同住室友在场。2019年8月中旬，张某支取杜某银行账户内其余购房款17万元。此外，张某当庭认可取走张某德退休金及残疾人补助金，并为张某德缴纳住院费4500元。后张某德因病情严重住院治疗，张某德监护人以张某德需要得到更好的医治和生活保障为由，以张某德的名义诉请张某返还售房款、退休金。

裁判结果：一审法院认为，诉争房屋为张某德与杜某的夫妻共有财产，

---

① 《张某德诉张某占有物返还纠纷案》，载天津法院网，https：//tjfy. tjcourt. gov. cn/article/detail/2021/12/id/6430261. shtml，最后访问日期：2023年7月6日。

杜某去世后，该售房款的一半应系张某德个人财产。杜某获取上述款项时已经年满70周岁，患有疾病，行动不便。张某陈述杜某在张某陪同取款后，又在有案外人在场的情况下，将42万余元的大额现金放在与他人共住房间的无锁储物柜内，并不再过问，该陈述不符合常理，不予采信。法院认定该现金由张某保存，张某应将上述款项的二分之一返还给张某德。张某在2019年8月中旬取走的另一部分售房款17万余元，亦应返还张某德二分之一。张某取走的张某德退休金及残疾人补助金应一并予以返还。一审法院判决张某返还张某德31万余元。上诉后，二审判决驳回上诉，维持原判。

典型意义

本案系维护失智老人财产权益的典型案例。本案原告张某德为一级精神残疾，起诉时其因病情严重正在医院接受治疗，该案所涉的售房款、残疾人补贴等与其切身利益息息相关。审理本案的难点在于，对于张某德要求张某返还的售房款，其仅能证明张某当天取现后送其母亲杜某回老年公寓，对于现金的存放地及后续流向其并不知晓，举证存在显著困难。对于该大额资金的流向问题，一审法院根据现有证据，依照诚实信用原则和公平原则，准确分配了举证责任，认定应由张某举证证明资金流向，并在其无法证明时，依法推定是由张某保管售房款。本案依法保障了残疾人老有所依、老有所养，对于残疾人家属利用残疾人智力和肢体上的弱势地位侵害其权益的行为，在法律上给予否定性评价。

（二）裁判依据

《中华人民共和国民法典》

第一百七十九条 承担民事责任的方式主要有：

（一）停止侵害；

（二）排除妨碍；

（三）消除危险；

（四）返还财产；

（五）恢复原状；

（六）修理、重作、更换；

（七）继续履行；

（八）赔偿损失；

（九）支付违约金；

（十）消除影响、恢复名誉；

（十一）赔礼道歉。

法律规定惩罚性赔偿的，依照其规定。

本条规定的承担民事责任的方式，可以单独适用，也可以合并适用。

第四百五十八条 基于合同关系等产生的占有，有关不动产或者动产的使用、收益、违约责任等，按照合同约定；合同没有约定或者约定不明确的，依照有关法律规定。

第四百五十九条 占有人因使用占有的不动产或者动产，致使该不动产或者动产受到损害的，恶意占有人应当承担赔偿责任。

第四百六十条 不动产或者动产被占有人占有的，权利人可以请求返还原物及其孳息；但是，应当支付善意占有人因维护该不动产或者动产支出的必要费用。

第四百六十一条 占有的不动产或者动产毁损、灭失，该不动产或者动产的权利人请求赔偿的，占有人应当将因毁损、灭失取得的保险金、赔偿金或者补偿金等返还给权利人；权利人的损害未得到足够弥补的，恶意占有人还应当赔偿损失。

第四百六十二条 占有的不动产或者动产被侵占的，占有人有权请求返还原物；对妨害占有的行为，占有人有权请求排除妨害或者消除危险；因侵占或者妨害造成损害的，占有人有权依法请求损害赔偿。

占有人返还原物的请求权，自侵占发生之日起一年内未行使的，该请求权消灭。

《第八次全国法院民事商事审判工作会议（民事部分）纪要》

24. 已经合法占有转让标的物的受让人请求转让人办理物权变更登记，登记权利人请求无权占有人返还不动产或者动产，利害关系人请求确认物权的归属或内容，权利人请求排除妨害、消除危险，对方当事人以超过诉讼时效期间抗辩的，均应不予支持。